Krüger, H. K. A.

Geschichte der niederdeutschen Literatur

Krüger, H. K. A.

Geschichte der niederdeutschen Literatur

ISBN: 978-3-86741-612-2

Auflage: 1
Erscheinungsjahr: 2010
Erscheinungsort: Bremen, Deutschland

© Europäischer Hochschulverlag GmbH & Co KG, Fahrenheitstr. 1, 28359 Bremen (www.eh-verlag.de). Alle Rechte beim Verlag und bei den jeweiligen Lizenzgebern.

Bei diesem Titel handelt es sich um den Nachdruck eines historischen, lange vergriffenen Buches aus dem Jahr 1913. Da elektronische Druckvorlagen für diese Titel nicht existieren, musste auf alte Vorlagen zurückgegriffen werden. Hieraus zwangsläufig resultierende Qualitätsverluste bitten wir zu entschuldigen.

Geschichte der niederdeutschen oder plattdeutschen Literatur vom Heliand bis zur Gegenwart
Von H. K. A. Krüger

Wird doch die dorische Sprache dem Dorier, denk' ich, erlaubt sein.   J. H. Voß (nach Theokrit).

❖

Wohl mir, daß ich im Land aufwuchs, wo die Sprache der Deutschen
  noch mit lebendigem Leib im Dialekte sich regt,
 Milch der Mutter noch trinkt, noch quellendes Wasser am Borne,
  vom Schulmeister noch nicht rektifiziertes Getränk!
           Friedr. Th. Vischer.

❖

Jede Provinz liebt ihren Dialekt, denn er ist eigentlich das
Element, in dem die Seele ihren Atem schöpft.
           Goethe.

❖

Quid igitur adhuc superest tibi, cur Saxonicae tuae te pudeat
linguae? Quamnam contemtus ejus causam afferre adhuc
poteris?
   Raupach, De Linguae Saxoniae inferioris neglectu atque
    contemtu inujsto. (Von unbilliger Verachtung der plat-
    teutschen Sprache.) Rostock 1704.

❖

Vorwort.

He is wys, be kan vorbraghen
unde liben vorbreet al sunder klaghen
unde darby holden syn gebere
oft liben vorbreet neyn libent were.

Dieses Werk verfolgt nur den einen Zweck: Dem Freunde der niederdeutschen Sprache eine kurz zusammengefaßte, übersichtliche Geschichte ihrer poetischen Literatur zu bieten. Wenn es ihr neue Freunde erwerben und die hochdeutschen Literarhistoriker veranlassen sollte, die mundartliche Literatur mehr als bisher zu berücksichtigtigen, so würde es mich freuen. Schließlich mag das Buch auch dem Lehrer ein willkommener Berater sein.

Die plattdeutsche Literatur ist im Laufe der letzten 60 Jahre zu einem starken, gesunden Zweig am Baum der deutschen Nationalliteratur herangewachsen, was ihre gesonderte Behandlung wohl rechtfertigen kann, zumal die Literaturgeschichten außer Groth, Reuter, Brinckman, Meyer und Fehrs ihrer kaum gedenken. Im Gegensatz zu der sprachlichen Verschiedenheit des oberdeutschen Sprachgebietes, das von den Stämmen der Allemannen, Schwaben, Franken und Bayern bewohnt wird, ist das niederdeutsche Gebiet, das Land der Niedersachsen, einheitlich, wenn es auch manche Spielarten im Dialekt aufweist.

In diesem Buche wird die erste Geschichte der plattdeutschen Literatur in zusammenhängender Darstellung geboten. Die wichtigsten Vorarbeiten haben geliefert Kinderling (Geschichte der Niedersächs. Sprache. 1800), Scheller (Bücherkunde der Sassisch-Niederdeutschen Sprache. 1826), Seelmann (Bibliographische Zusammenstellung der plattd. Literatur des 19. Jahrhunderts 1896), Gaedertz (Das niederdeutsche Schauspiel. Zum Kulturleben Hamburgs 1884), C. Schröder (Die neuniederdeutsche Dichtung in Mecklenburg 1904), Weltzien (Das niederdeutsche Drama 1913), ferner Dohse (Gefahr im Verzuge!) und in Artikeln der Zeitschrift Niedersachsen L. Schröder über die neuere Literatur. Die vielseitigste Grundlage hat R. Eckardt in seinem

„Handbuch zur Geschichte der plattdeutschen Literatur" (1911) geschaffen, in dem der Verfasser mit Bienenfleiß ziemlich alle in plattdeutscher Sprache erschienenen Werke zusammengestellt hat.

Meine Aufgabe war, zu sichten. Ich habe mich bemüht, die Maschen meines kritischen Netzes so zu stellen, daß mir kein Singvogel durchs Garn gehen konnte. Von den Werken der älteren Zeit ist wenig ausgeschieden, dagegen mußte ich einen großen Teil der seit 1850 erschienenen etwa 1500 Bücher als zur Aufnahme ungeeignet verwerfen. Wer über die fehlenden Werke unterrichtet sein will, wird sie in Eckarts Handbuch finden. Im übrigen hoffe ich, keine erwähnenswerte Dichtung übersehen zu haben. Aus den älteren Dichtungen habe ich vielfach den Inhalt angegeben, da sie dem Leser in den meisten Fällen schwer erreichbar sein werden. Auch von neueren Dichtern habe ich charakteristische Proben eingereiht. Die angehängte Zeittafel wird einen willkommenen Überblick über die Entwickelung der Literatur gewähren. Für Berichtigungen und Nachweise sowie für Übersendung von Neuerscheinungen zur Berücksichtigung bei weiteren Auflagen des Werkes werde ich jederzeit dankbar sein.

Zum Schluß spreche ich Allen, die mich durch Überlassung oder Besorgung von Werken unterstützt haben, besonders meinem lieben Vater meinen herzlichsten Dank aus.

Schwerin i. M., im Mai 1913.
Grenadierstraße 49.

H. K. A. Krüger.

Inhaltsübersicht.

Die altsächsische oder altplattdeutsche Literatur.

Einleitung. — Ursprung der plattdeutschen Sprache. Lautverschiebung der oberdeutschen Sprachen. — Die altsächsische Literatur. Das ältere Hildebrantslied. Heliand . . . 1

Das Mittelalter der plattdeutschen Literatur.

1. Einleitung. Sachsenspiegel. Chroniken 9
2. Geistliche Dichtung. Die geistlichen Epen. Der Pfaffe Konemann. St. Brandanus. Totentanz. — Geistliche Lyrik. Gebete. Gemeindegesang. Rostocker Karfreitagslied 12
3. Heldengedicht. Jüngeres Hildebrantslied. König Ermenrichs Tod 16
4. Das höfisch=ritterliche Epos. Berthold von Holle. Flos und Blancflos. Valentin und Namelos 18
5. Die Versnovelle. Von den Drei Königen. De truwe maget 22
6. Lehrhafte Dichtung und Tierdichtung. Meister Stephan. Der Koker. Hermen Bote. Dat nye Schip van Narragonien. — Gerard von Minden. Ratsversammlung der Tiere. Reinke Vos 25
7. Lyrische Poesie und Volkslied. Minnesang. Wizlav von Rügen. Historisches Lied. Volkslied . . 31
8. Das Drama des Mittelalters. Entstehung. Osterspiele. Marienklagen. Arnold von Immessen. Theophilus. Redentiner Osterspiel. — Fastnachtsspiele 37
9. Rückblick 42

Das Zeitalter der Reformation und des Niedergangs der plattdeutschen Dichtung.

1. Einleitung. Buchdruckerkunst. Reformation. Rückgang des Plattdeutschen 43
2. Von der Reformation bis zum Ende des dreißigjährigen Krieges. Plattdeutsche Bibeln. Kirchenlied. — Historisches Lied. — Spruchpoesie. Rimbökelin. Floia. — Das Drama. Babo. Daniel von Soest. Fastnachtsspiel. — Das große Drama. Burkard Waldis. Stricker. Kock. — Die Volksbücher. Dil Ulenspegel. — Lauremberg. Simon Dach 46
3. Der Tiefstand der plattdeutschen Literatur. Mengden. Abel. Renner. — Das Drama. — Sackmann 57

Das Wiedererwachen der plattdeutschen Literatur.

Die ersten plattdeutschen Zeitschriften. Aufschwung der deutschen Literatur. — J. H. Voß. Babst. Wolke. Bornemann. Albrecht. Bärmann. Lessen. Sophie Dethlefs 63

Die neuplattdeutsche Literatur.

1. Einleitung 73
2. Die klassische Periode 75
   Klaus Groth 75
   Fritz Reuter 83
   John Brinckman 90
   Johann Meyer 98
3. Neben den Klassikern (1850—1870). Versdichter. Zumbrook. Fooke Hoissen Müller. Alwine Wuthenow. — Prosaschriftsteller. Wilhelm Schröder. F. W. Grimme. Sibeth. Joachim Mähl. Theodor Dirks 102
4. Die patriotische Dichtung. Brekenfeld . . . 113
5. Die humoristische Dichtung. Giese. Landois. Derboek. Kuß. Tiburtius. Otto Vogel. Piper . . 114
6. Die Realisten. Quitzow. Höfer. Grabe. Trede. Rocco. Burmester. Hinrichsen. Beuthin. Ferdinand Krüger. Dörr. Schetelig. Kloth. Gildemeister. Erichson. Hanßen. Worm. Segebarth 120

Seite

7. **Lyriker.** Die Brüder Eggers. Storck. Gurlitt. Oesterhaus. Harberts. Storm. — Dührs Homer 126
8. **Die Heimatkunst.** Begriff der Heimatkunst. Felix Stillfried. Helmut Schröder. Fr. Freudenthal. F. Poppe. J. H. Fehrs 130
9. **Die plattdeutsche Literatur im neuen Jahrhundert.** Einleitung. — Die Lyrik Wette. Stuhlmann. Schwarz. Dreyer. Hella Rehberg-Behrns. Flemes. Müller-Suderburg. Weltzien Schmidt. Hamann. Dohse. Falke. Garbe. A. Seemann. H. Claudius. Neuere Dichter. — Prosa. Humoristen. Grunenberg. Dallmeyer. L. Schröder. Frahm. Wendt. Droste. Wibbelt. — Realisten. Cammin. Dücker. Maß. Düsterbrock. Wisser. — Heimatkunst. Poeck. Stille. Lau. Wagenfeld 140
10. **Die Läuschendichtung** 160
11. **Das plattdeutsche Drama.** Volgemann. Grimme. Mansfeld. Jahnke. Stinde. Meyer. — Grabe. Elis. Thomann. F. Freudenthal. Lemmermann. Beyer. Rassow. Stavenhagen. — H. Wriede. Poeck. Fock. Stille. Hinrichsen. Wagenfeld 163
12. **Plattdeutsch im öffentlichen Leben; seine Pflege; Wissenschaft und Zeitschriften.** Plattdeutsch in der Religion. Klaus Harms. L. Harms. Paulsen. Hansen. — Vereine. — Sprach- und Literaturwissenschaft. — Zeitschriften. — Schreibweise 172

Rückblick. 176

Schlußkapitel.
Stellung der mundartlichen Literatur zur Hochdeutschen. Ihr Zweck. — Bereicherung des Hochdeutschen und Stärkung des Volkstums durch das Plattdeutsche. — Grenzen der plattdeutschen Dichtung. — Absatz plattdeutscher Werke. — Zukunft des Plattdeutschen und seiner Literatur. Wege zu seiner Erhaltung 178

Register 188

Zeittafel zur Geschichte der niederdeutschen Literatur. 195

Die altsächsische oder altplattdeutsche Literatur.

Lange Zeit hindurch galt die plattdeutsche Sprache nicht für literaturfähig. Wenn man ihr Dasein auch nicht wegleugnen konnte, so sah man sie doch über die Achsel an, ja, in der ersten Hälfte des 19. Jahrhunderts verstieg sich ein Schriftsteller sogar zu der Forderung, sie müsse mit Stumpf und Stiel ausgerottet werden, weil sie der Einigung Deutschlands im Wege stände. Es war eine Ironie des Schicksals, daß dieser weise Mann — er hieß Ludolf Wienbarg (1802—1872) — noch die rauschenden Erfolge eines Reuter erleben, daß er sehen mußte, wie die Wirklichkeit seine Theorie ad absurdum führte, indem gerade die Werke Groths und Reuters in Süddeutschland Verständnis für norddeutsche Art weckten und dadurch den Main überbrücken halfen. Aus dem Aschenbrödel war über Nacht eine Prinzessin geworden. Zwar ist das Plattdeutsche nicht das mehr, was es vor Jahrhunderten war, die allgemeine Schrift- und Verkehrssprache Niederdeutschlands. Das Hochdeutsche hat es aus manchen Teilen seines einst so stolzen Reiches verdrängt und ist, ein einigendes Band für Deutschland, die Sprache der Behörden, der Wissenschaft, des öffentlichen Verkehrs und mancher Volksschichten geworden. Neben ihm aber klingt in der norddeutschen Tiefebene die Sprache der alten Sachsen fort, knorrig wie die Eichen der Wälder, voller Klang und reich an Ausdrücken des Gemütslebens. Für den regsamen Bürger der Städte, den kühnen Seemann, den fleißigen Bauern ist das Plattdeutsche die Sprache geblieben, in der er denkt, fühlt und redet; selbst wenn der Mund hochdeutsch spricht, aus den Worten wird man doch heraushören, daß sie plattdeutsch gedacht und erst ins Hochdeutsche übertragen sind. Das Plattdeutsche ist zum großen Teil die Umgangssprache im täglichen Verkehr, die Sprache der Familie geblieben, und selbst in Kreisen, die für gewöhnlich hochdeutsch sprechen, greift man in Augenblicken innerer Bewegung gern auf die vertrauten Laute der Muttersprache zurück, als ob man wüßte, daß sie leichter den Weg zum Herzen finden. —

Klaus Groth hat das Plattdeutsche zutreffend die ältere Schwester des Hochdeutschen genannt. Als sich die Wogen der Völkerwanderung geebnet hatten, saßen im damaligen Deutschland neben mehreren kleineren fünf große Stämme: die Alamanen, die Bayern, die Franken, die Thüringer und die Sachsen. Wenn auch jeder dieser Stämme seinen eigenen Dialekt hatte, so war doch das deutsche Sprachgebiet bis dahin verhältnismäßig einheitlich. Da trat um die Mitte des ersten Jahrtausends n. Chr. eine Lautverschiebung ein, welche das Thüringische nur teilweise beeinflußte, das niederdeutsche Sprachgebiet aber unberührt ließ. Diese Lautverschiebung bestand im wesentlichen darin, daß die Konsonanten p, t und k in f oder pf, z oder ss und ch umgewandelt wurden. Seit jener Zeit spricht der Niederdeutsche pund, tid, eten, ick, wo der Oberdeutsche pfund, zeit, essen, ich sagt. Die Kluft zwischen diesen beiden allmählich entstandenen Sprachgruppen, der **nieder- und der oberdeutschen**, wurde im Laufe der Zeiten noch vertieft, so daß man mit Recht von zwei Sprachen reden kann.

Die **altniederdeutsche Sprache** umfaßte ihrerseits wieder zwei Gruppen: das **Altsächsische oder Altplattdeutsche** (so genannt, weil es im „platten" Lande im Gegensatz zu Oberdeutschland gesprochen wurde) und das **Altniederfränkische oder Altniederländische**. Das Altsächsische umfaßte die nördlichen Provinzen Hollands und Norddeutschland bis zur Elbe und dehnte sich mit der Germanisierung des Ostens bis in die Ostseeprovinzen aus, nahm allerdings manches aus dem Sprachschatz der unterworfenen Völker auf. Am reinsten

hat es sich in den Gauen zwischen Elbe und Rhein er=
halten. Das Altniederfränkische war in einem Teil der
heutigen Rheinprovinz, im übrigen Holland und dem
größten Teile Belgiens — dort blämisch genannt — heimisch
und reichte an der Küste bis nach Frankreich hinein. Die
Verschiedenheiten zwischen den beiden Sprachgruppen sind
noch heutzutage nur gering. Holländisch und Blämisch
unterscheiden sich vom Plattdeutschen hauptsächlich durch die
zahlreichen Worte, welche diese Sprachen aufnahmen, als
sie im Laufe der Zeiten zu Schriftsprachen auswuchsen.
Am nächsten steht das Holländische dem Plattdeutschen, aber
auch das Verständnis des Blämischen fällt bei einiger Übung
nicht schwer. Sogar ein Rest des Gefühls der Stammes=
zusammengehörigkeit ist dem Blämen noch verblieben. So
soll im Jahre 1870, wie Dannehl berichtet, an den Ufern
der Schelde gesungen worden sein:

Dar klikt en kreet als een donderknal,
als zwardgeknatter on golven=bal.

An das Altsächsische schloß sich dann im Norden das
Friesische an, das die Überleitung zum Angelsächsischen
bildete. Auf dem plattdeutschen Gebiet hat sich im Laufe
der Zeiten aus Mangel an einer einheitlichen Recht=
schreibung und Literatur eine große Anzahl im Wortschatz
und in der Aussprache ziemlich verschiedener Dialekte her=
ausgebildet, ein Vorgang, der besonders nach dem Ab=
sterben der plattdeutschen Literatur im 17. Jahrhundert
einsetzte. —

Die altsächsische schöne Literatur ist wie ihre ober=
deutsche Schwester arm an Werken der Dichtkunst. Zwar
wissen wir aus der Germania des Römers Tacitus
(98 n. Chr.), daß die Germanen in alten Volksliedern den
erdentsprossenen Gott Tuison und dessen Sohn Mannus
als des Volkes Gründer und Stammväter priesen und daß
sie Kriegslieder, Bardite genannt, hatten, durch die sie sich
in den Schlachten anfeuerten und aus deren Schall sie auf
den Ausgang des Kampfes schlossen. Kein religiöser Sang,
kein Schlachtlied ist auf uns gekommen. Vielleicht finden
wir in den Bötformeln, in der schwarzen Kunst des Be=
sprechens die Anklänge an Gebete, in denen die Germanen
ihre Götter um Heilung anflehten. Schon aus alter Zeit
sind uns solche Formeln in den Merseburger Zauber=

sprüchen erhalten, die im 10. Jahrhundert n. Chr. auf=
gezeichnet worden sind. Besonders aber im Beowulf,
einem im 8. Jahrhundert niedergeschriebenen großen Helden=
gedicht der stammverwandten Angelsachsen, finden wir die
Spuren altgermanischer Heldenpoesie. Welch weiter Weg
ist es aber von den ersten Anfängen der Dichtung bis zu
ihrer Niederschrift, die erst zu einer Zeit erfolgen konnte,
in der das Volk schon eine gewisse Stufe der Kultur er=
klommen haben mußte! Welch reicher Schatz an Dichtungen,
die nur mündlich überliefert werden konnten, mag in den
Stürmen der Völkerwanderung zu Grunde gegangen sein!
Aus einer späteren Quelle, der im 13. Jahrhundert in
Norwegen zusammengestellten Thidrekssaga wissen wir,
daß im sächsischen Volke Sagen umliefen, denn ihr Ver=
fasser berichtet, daß er vieles nach Erzählungen sächsischer
Männer niedergeschrieben habe. Darüber, ob diese Sagen
sich zu Kunstwerken verdichtet hatten, fehlt uns aber jede
Nachricht. Nur ein Bruchstück eines Heldensanges ist uns
erhalten, das sog. ältere Hildebrandtslied. Es ist wahr=
scheinlich am Ende des 8. Jahrhunderts von zwei Mönchen
des Klosters Fulda auf die äußeren Umschlagseiten einer
lateinischen Handschrift nach einer sächsischen Vorlage ab=
geschrieben worden. Da die Mönche jedoch des Nieder=
deutschen nicht mächtig waren, haben sie viele oberdeutsche
Worte in den Text hineingebracht, so daß eine eigentümliche
Mischung der beiden Sprachen entstanden ist. Das in der
alliterierenden Langzeile verfaßte Lied ist von großer Be=
deutung für die deutsche Literatur, da es das einzige uns
erhaltene epische Gedicht des altdeutschen Heldengesanges
ist. Es schildert in knappen, fast nur Rede und Gegenrede
enthaltenden Worten den Kampf, den Hildebrant bei seiner
Heimkehr mit seinem Sohn Hadubrant bestehen muß, der
ihn nicht erkennt und, als Hildebrant sich seinen Vater
nennt, ihn für einen alten, schlauen Hunnen hält:
    dat sagetun mi seolidante
    westar ubar wentilseo, dat inan wic furnam;
    tot is Hiltibrant, Heribrantes suno.
  D. h.:
    Das sagten mir Seglende,
    westwärts über den Wendelsee, daß ihn der Krieg fort=
    tot ist Hildebrant, Heribrants Sohn.   [nahm;

Da bricht Hildebrant in Klagen aus:

Wehe nun, waltender Gott! Wehgeschick geschieht.
Ich wallte der Sommer und Winter sechzig außer Landes,
da man mich stets stellte ins Volk der Schützen;
doch brachte man mir bei keiner Burg den Tod bei:
nun soll mich das eigene Kind mit dem Schwerte hauen,
zerschmettern mit seinem Beile, oder ich ihm zum Ver=
berben werden.

Die beiden beginnen dann den Zweikampf, über dessen Ausgang wir nichts erfahren, da die Handschrift hier ab= bricht. Das Ende des Kampfes wird jedoch so gewesen sein, daß Hildebrant den Sohn erschlägt. Einer späteren Zeit aber sagte dieser tragische Ausgang nicht mehr zu, und so hat denn das jüngere Hildebrantslied aus dem 14. Jahr= hundert den Kampf mit dem Wiedererkennen enden lassen.

Wenn auch nur ein Bruchstück eines nationalen Helden= gedichts auf uns gekommen ist, so besitzen wir doch ein religi= öses Heldenepos, das für die Kenntnis der altsächsischen Sprache von unvergleichlichem Wert ist, den Heliand. Der Heliand (Heiland), die gewaltigste deutsche Dichtung des ersten Jahrtausends n. Chr., wurde um das Jahr 830 herum auf Veranlassung Ludwigs des Frommen von einem unbekannten Dichter, wahrscheinlich einem Geistlichen, im epischen Versmaß der Germanen, der alliterierenden Lang= zeile, verfaßt. Der Dichter hatte sich die Aufgabe gestellt, das Leben des Heilands den Sachsen, denen Karl d. Gr. das Christentum äußerlich mit Schwert und Blut aufge= zwungen hatte, nun auch innerlich näher zu bringen. Er mußte seinen Sang deshalb den damaligen Vorstellungs= kreisen des Volkes anpassen. So schmiedete er denn mit starker Hand im Stil der Heldengesänge ein Heldengedicht vom Heiland, in dem, ähnlich wie in den Christusbildern Dürers, alles deutsch war. Gott wird der Waltende, der Drost genannt, Christus der Landeswart. Die Jünger be= gleiten den Herrn als Recken und Degen, und mit behaglicher Breite schildet der Dichter die einzige Szene der Evangelien, in der das Schwert gezogen wird, als Petrus dem Malchus das Ohr abhaut:

hie is bill atoh,	er seine Haue auszog,
suerd bi sidn,	das Schwert an der Seite,
sluog im tegegnes	schlug es entgegen
an thena firiston fiond	auf den vordersten Feind
folmo craftu,	mit der Fäuste Kraft,
that thuo malchus warth	daß dann Malchus ward
makies eggion	mit des Degens Schneide
an thia suithrun half	an der rechten Seite
suerdo gimalod,	mit dem Schwerte gezeichnet,

das Gehör ihm verhauen und er am Haupte wund ward, daß ihm Backe und Ohr barst und Blut aus der Wunde quoll. Pilatus und Herodes werden Herzöge, die Evangelisten Helden genannt; Galiläa ist ein Gau, und von Rom und Jerusalem spricht der Dichter als von Burgen mit blinkenden Burgwällen; den Tempel Jehovahs nennt er „aller Weihtümer wonnigstes", die Hirten sind Roßhirten, die Erde bezeichnet er als Mittelraum, das Paradies als grüne Gottesau, und vom Weltuntergang redet er in Anlehnung an die heidnische Lehre als vom Weltbrand. „Die ganze evangelische Geschichte erscheint als der glorreiche Zug eines herrlichen Volkskönigs durch sein Land, um zu raten und zu richten, zu weisen und zu lehren, Gaben zu verleihen, zu helfen und zu heilen, zu kämpfen wider seine Feinde, in diesem Kampfe für die Seinen zu sterben und endlich aus der scheinbaren Niederlage sich im glänzendsten Siege zu erheben." (Vilmar.) Unter den Händen des Dichters ist aus den chronikartigen Berichten der Evangelien ein deutsches Heldenepos geworden, voll der Poesie des deutschen Waldes und Meeres. Groß ist das Talent des Sängers, alle Begebenheiten in edler, einfacher und doch erhabener Sprache so plastisch darzustellen, daß wir sie greifbar vor uns sehen. Ein Hauch reinster Poesie durchdringt die ganze Dichtung und treibt die schönsten Blüten in der Bergpredigt, der Erweckung des Jünglings zu Nain, der Hochzeit zu Kana, dem Seesturm u. a. Selbst die düsterste Stelle der Evangelien, der Tod des Herrn, wird von der Poesie verklärt:

„Der Landeswart starb an dem Kreuz. Da läßt sich sehn
Ein nie gezeigtes Wunderzeichen. Es zeuget selbst das Lebenlose

Den Tod des Waltenden aller Welt. Die Erde wand
 erbebend sich,
Die Berge schüttern, die Steine stürzen, die Felsen
 zerstäuben in dem Feld."

(Rapp.)

Die Vermutung, daß der Dichter von der Wasserkante stammt oder lange an ihr lebte, hat viel für sich, da seine Schilderungen des Meeres am poetischsten und durchaus naturgetreu sind. So besingt er einen Sturm auf dem See Genezareth: „Da begann des Wetters Kraft, die Wirbel wogten, die Wellen wuchsen, schwarze Wolken schwangen sich darunter, es tobte die See, Wind und Wasser kämpften." Eine der schönsten Stellen aber ist die Erweckung des Jünglings zu Nain, die in der Übersetzung Herrmanns als Perle für das Talent des Dichters dienen mag:

Da sahen sie eine Leiche,
Einen leblosen Leib von den Leuten getragen,
Auf einer Bahre zum Burgtor hinaus,
Einen kindjungen Mann. Die Mutter folgte
Betrübt im Herzen und rang ihre Hände,
Beklagte traurig den Tod ihres Kindes,
Die Erbarmungswürdige. Es war ihr einziger Sohn,
Sie selbst war Witwe, hatte keine Wonne sonst,
Auf ihn allein hatte sie übertragen
Wunsch und Willen, nun war er ihr genommen
Durch des Mächtigen Befehl. Die Menge folgte,
Der Burgleute Gewühl, als man auf der Bahre ihn
 brachte,
Den Jüngling zu Grabe. Da ward ihm Gottes Sohn,
Der Mächtige mild und sprach zu der Mutter,
Hieß die Witwe mit Weinen aufhören,
Mit Klagen um das Kind: „Du sollst hier Kraft sehen,
Des Waltenden Werk: Wonne wird dir,
Trost vor dem Volke. Brauchst nicht zu betrauern
Deinen Geborenen."

Er ging zu der Bahre,
Berührte ihn selber, der Sohn des Herrn,
Mit heiligen Händen und sprach zu dem Helden,
Hieß den Jüngling sich erheben

Vom Ruhelager. Der Recke erhob sich,
Der Sohn auf der Bahre; in die Brust kehrte wieder
Der Geist durch Gottes Kraft, und es redete gleich
Der Mann zu den Freunden. Da befahl ihn der Mutter
                                                                                 wieder
Zu Händen der Heiland.

Außer dem Heliand sind uns aus jener Zeit nur Bruch=
stücke einer Genesisdichtung erhalten, die wahrschein=
lich von demselben Verfasser herrühren. Wenn auch weitere
Werke des Altsächsischen nicht auf uns gekommen sind, so
entschädigt doch der Heliand in seiner Größe für das Ver=
lorene. Mag auch Vilmars Urteil, der Heliand sei „eines
der herrlichsten Gedichte überhaupt von allen, welche der
dichtende Menschengeist geschaffen hat, und welches sich in
einzelnen Teilen, Schilderungen und Zügen vollkommen mit
den homerischen Gesängen messen" kann, ihm von einer
wohl zu verstehenden Begeisterung für das Werk in die
Feder diktiert sein, so bleibt unser Epos immerhin das
gewaltigste, religiöse Epos der Deutschen, und Klopstocks
Messias, überirdisch und voller blutloser Schemen, entbehrt
trotz seines Pathos der Größe, wenn man ihn mit dem
naiven Epos vergleicht, das fast ein Jahrtausend früher
ein unbekannter Sänger sang.

Das Mittelalter der plattdeutschen Literatur.
(Zwölftes Jahrhundert bis Reformation.)

1. Einleitung.

„Vom 10. Jahrhundert an tritt nun eine Zeit der Ruhe, ich möchte fast sagen eine Zeit des Schlafes unserer Poesie ein, während deren die Nation die empfangenen mächtigen, umschaffenden Eindrücke, die das Christentum ihr gegeben, sich in geistiger Stille anzueignen, in sich zu verarbeiten, in eigenes Blut und Leben zu verwandeln hatte." (Vilmar.) Diese Zeit der Ruhe währte für die niederdeutsche Literatur bis zum 12. Jahrhundert. Das Christentum war den Sachsen zwar aufgezwungen worden, doch hatte es allmählich festen Fuß gefaßt, zumal seine Verkündiger eine überlegene Kultur ins Land gebracht hatten, die von der neuen Lehre untrennbar erschien. Dazu kam, daß durch die Kreuzzüge im 11. bis 13. Jahrhundert, die dem kriegerischen Charakter der Germanen besonders zusagen mußten, Begeisterung für das Christentum in das Volk hineingetragen wurde, so daß neben dem Heiland auch die übrigen Gestalten der neuen Lehre an Interesse gewannen. So steht denn im Beginn dieser mittelniederdeutschen Periode eine Zeit lang fast ausschließlich die geistliche Dichtung, die jedoch Werke von hervorragendem poetischen Wert nicht mehr hervorbrachte. Neben ihr, die eine Kunstdichtung blieb und in das Volk wohl nur wenig eindrang, lief jedoch eine Volksdichtung einher. Die Taten der germanischen Helden lebten im Volk fort und verdichteten sich zu Heldenliedern.

Inzwischen hatten die Kreuzzüge jedoch ein starkes Rittertum geschaffen, dessen Abenteuerlust die glühenden Farben der Wunder des Orients und die Verherrlichung der Frauen weit mehr zusagten als ein strenges Christentum. Der weltliche Sänger siegte über den geistlichen Dichter und schuf auf den Spuren der französischen Troubadours das ritterlich-höfische Epos und das Minnelied. Doch auch die Geistlichkeit wußte sich dieser Wendung der Dinge geschickt anzupassen und schmückte die Legenden ihrer Heiligen mit den abenteuerlichsten Zügen aus.

So lange die Kunst des Lesens noch wenig verbreitet war, mußten die Dichtungen vorgetragen werden, und so erwuchs aus dieser Notwendigkeit der Spielmann, das lebendige, wandernde Buch. Sein Vorkommen ersehen wir schon aus der Zeit Karls des Großen, der Verordnungen gegen ihn erließ. „Das fahrende Volk", wie der Volksmund den Stand nannte, galt als unehrlich. Der Sachsenspiegel (s. u.) wirft sie mit den übrigen rechtlosen Leuten zusammen: „Kemphen und ihre kindere und alle die uneliche geborn sin, und spillute und die dube." Was Wunder, daß der Spielmann für die Gegenwart lebte, seinen Namen verbarg und ihn der Nachwelt nicht überlieferte! So ist es zu erklären, daß uns der Name eines Dichters aus dieser Zeit nur in ganz vereinzelten Fällen erhalten worden ist, denn Dichter waren die Fahrenden zum großen Teil, und was aus ihrem Munde erklang, hatte ihr Herz gesungen.

Nach Beendigung der Kreuzzüge erstarkten allmählich die Städte und wuchsen sich zu kleinen Kulturzentren aus. Das Bürgertum erwachte, die Hansa blühte vom 13. bis 16. Jahrhundert in Niedersachsen und bildete einen Staat im Staate, eine Macht, mit der Kaiser und Fürsten und erst recht die Ritter rechnen mußten. Den Städter aber verlangte nach anderer dichterischer Kost als den Ritter. Sein Sinn war realistisch, auf die Wirklichkeit gerichtet. Von ihr wollte er hören, nicht von den Sagen der Vorzeit. Reichtum und Wohlleben hatten ihren Einzug in die Städte gehalten, und leichte Versnobellen ergötzten den Bürger nach harter Arbeit mehr als die Taten der alten Haudegen, die bald nur in Bänkelsängerliedern fortlebten. Auch hier war es wieder die Literatur der romanischen Länder, die der deutschen zum Vorbild diente. Der Spielmann, der einst von Burg zu Burg gezogen war, fand jetzt im Bürger und Bauern aufmerksame Zuhörer, und mit den Zuhörern hatte sich auch der Sang gewandelt. Diese Entwickelung begann schon im 13. Jahrhundert und währte bis zur Reformation, bis die Glaubenskämpfe Deutschland aufrüttelten, der Volksseele einen neuen Inhalt gaben und sie auf andere Bahnen lenkten.

Die poetische Literatur der mittelniederdeutschen Periode steht nicht so hoch wie die oberdeutsche Dichtung dieses Zeitalters. Sie hat keine Werke von der Bedeutung des Nibelungenliedes, der Gudrun, Parzivals, Tristans usw. aufzuweisen. Die Prosaliteratur Niedersachsens ist im Gegensatz dazu viel reicher als diejenige Oberdeutschlands. Sie wurde in der juristischen und historischen Literatur sogar vorbildlich für diese. Das bedeutendste Rechtswerk dieser Periode ist der Sachsenspiegel, dessen Entstehung wahrscheinlich in die Jahre 1224 bis 1235 zu setzen ist. Sein Verfasser, Eike von Repgowe, schuf in ihm eine Zusammenstellung des damals in Niedersachsen geltenden Rechtes. Das Buch ist in einer von „warmem Gefühl durchglühten Prosa" (Engel) geschrieben, als deren Probe die Stelle über die beiden Schwerter folgen möge: Twe swert leit got op ertrike to beschermen de cristenheit: deme pawese dat gestlike, und dem keiser dat wertlike. Deme pawese is ok ghesat to riden to beschedener tiid op enem blanken perde. de keiser sal eme den stegherep holden dor dat de sabel nicht en wohnde. dit is de bekantnisse, wat de pawes und gestlike rechte nicht bedwohngen mogge, dat sal de keiser mit wertliken rechte bedwohngen dem pawese horsam to wesene. Sus sal de gestlike walt ok helpen deme wertliken rechte offt es id bedarf.

Das Werk hat dem Verfasser manche Anfeindungen eingetragen, gegen die er sich energisch in dem Gedicht: „Heren Eiken fan Repgowe klage" wehrte, das mit den Worten schließt:

    mannich wanet en mester sin
    binnen sineme krenge,
    de kume blebe en mesterlin,
    drebe he mit mi de lenge.

Von den Chroniken in Prosa und Versen, deren wir eine stattliche Anzahl besitzen, ist die um 1216 entstandene

Chronik Eberhards von der Stiftung der Abtei Ganders-
heim am bekanntesten. Als erste deutsche Prosadarstellung
der Weltgeschichte möge auch die Sächsische Weltchronik
(vor 1251) erwähnt sein. In die schöne Literatur drang
die Prosa jedoch erst in späterer Zeit ein, denn die Anfänge aller Poesie binden sich an rhytmisch gegliederte
Sprache. Die zum Vortrag weniger als die Poesie geeignete
Prosa kann zudem in der Dichtung erst dann eine dauernde
Stätte finden, wenn ein nicht unbedeutender Teil des
Volkes lesen kann. In das Ende dieser Periode fällt dann
die Erfindung der Buchdruckerkunst, deren segensreiche
Folgen sich jedoch erst in dem Zeitalter der Reformation in
höherem Maße geltend machten.

2. Geistliche Dichtung.

Der Heliand hatte wie ein Heldengesang geklungen.
Ganz anders mutet uns die geistliche Dichtung dieser Periode
an. Da finden wir nichts von der Erhabenheit und der
Poesie des altsächsischen Dichters. In Verse gezwungene
Erzählungen und dogmatische Betrachtungen, das sind mit
wenigen Ausnahmen die Kennzeichen einer Dichtkunst, die
den Hörer nicht mehr für Christus zu gewinnen brauchte,
sondern ihn nur unterhalten und belehren wollte. Aus
dem 12. Jahrhundert sind uns Bruchstücke von Dichtungen
aus dem Leben des Antichrists und der Apostel sowie ein
Gedicht von der minschheit und eine Offenbarung
Johannis erhalten geblieben. Aus dem 13. Jahrhundert besitzen wir verschiedene Epen über die Mutter
Gottes, wie dit bok het sunte maria levent (eine
Übertragung aus dem Mitteldeutschen), unser leben
frouwen rosenkrantz, sowie Bruchstücke eines Marien-
lebens. Ferner gehört dieser Zeit eine Genealogie
Christi und ein Epos von der bort Christi an, das
gleichfalls auf eine Verherrlichung der Mutter Maria hin-
ausläuft. In dem Gedicht van deme holte des hilligen cruzes (13. Jahrhundert) bearbeitet der Dichter
die Sage, nach der ein Zweig vom Baum der Erkenntnis
nach Jerusalem gebracht und dort zu einem hohen Baum
herangewachsen sein soll, aus dessen Holz das Kreuz Christi

verfertigt wurde. Alle diese Dichtungen stehen nicht nur
an poetischem Wert, sondern auch an Umfang weit hinter
dem Heliand mit seinen 6000 Versen zurück; so umfaßt
das letzterwähnte etwa 800, die bort Christi etwa 1000
Verse. Dem 13. Jahrhundert gehört auch der Kaland
des Pfaffen Konemann an. Die Kalande, fromme
Brüderschaften, die sich Pflege der Freundschaft, mildtätige
Zwecke und Bewahrung des Seelenheils zur Aufgabe ge=
stellt hatten, waren im Mittelalter weit verbreitet, arteten
jedoch allmählich in Völlerei aus und gingen im Zeitalter
der Reformation gänzlich ein. Konemann zählt in seinem
Werk die Regeln des Kaland auf und schließt daran Be=
trachtungen über Erlösung, Himmel und Hölle. Von ihm
stammt auch das allegorische geistliche Epos sunte Marien
wortegarde, in dem der Dichter uns eine zusammen=
fassende Darstellung der christlichen Heilsgeschichte gibt.
Konemanns Werke leiden nicht an der Trockenheit der meisten
dieser geistlichen Dichtungen, sondern atmen vielmehr „eine
glühende Begeisterung und tiefe innige Religiosität." (Borch=
ling.)

Aus dem 14. Jahrhundert sind uns ein Bruchstück eines
unbedeutenden Gedichtes Susanna, welches die alttesta=
mentliche Erzählung zum Vorwurf hat, und die Reisen des
Sankt Brandanus erhalten. Dieses Werk war so recht
eine Erzählung nach dem Herzen des abenteuerlustigen
Mittelalters, ein Abenteurerroman in geistlichem Gewande.
Der Held des Epos ist der heilige Brandan, der i. J. 577
als Abt eines irischen Klosters gestorben sein soll. Der
Stoff war schon in lateinischer, französischer und nieder=
ländischer Sprache bearbeitet worden, als der plattdeutsche
Dichter anhub zu erzählen:

In goddes namen heve ek an
van dem hilgen sunte Brandan
wu he to abbede wart geforen.
in enem boke kam om vor
van wunderliken saken
de got wol konde maken:
wu himmel unde erde in wage stat,
mennich wunderlik der darinne gat
unde mennich minsche unstalt
unde merwunders mennichvalt,

> daran he nicht loben wolde
> mennige werk de got werken wolde
> in menniger stidde an dem mere.
> sunte Brandane duchte dat unmere,
> it enwolde om nicht to sinne
> dat he ot in sin herte wunne.
> dat sulve bok dar he de rede inne vant,
> dat warp he in dat vur dat it vorbrant.

Wegen dieses Unglaubens muß er auf Geheiß eines Engels ein Schiff für eine langjährige Fahrt rüsten, auf der ihm die absonderlichsten Dinge passieren. Er lernt Wunderinseln kennen, deren eine sich als ein Meerungeheuer entpuppt, findet das Klebermeer, erblickt Judas Ischarioth auf einem glühenden Stein, auf der einen Seite gebraten, auf der anderen gefroren, sieht den Aufenthalt der Verdammten und schaut die Insel des Paradieses. Wahrscheinlich ist der Kern der Sage in irischem „Schippmannsgarn" zu suchen, das unter der Hand phantasievoller Bearbeiter an Abenteuerlichkeit nichts eingebüßt hat. Im 15. Jahrhundert klingen die geistlichen Epen dann mit einem Leben der hl. Maria, wo de sele stridet mit dem licham, Marien-Rosenkranz, einer Margareten-Passion und dem längeren Zeno aus. Im allgemeinen haben die Dichter es nicht verstanden, uns durch Schönheit der Form den eintönigen Inhalt erträglich zu machen, wie denn der spekulative Germane überhaupt geneigt ist, den Stoff zu überschätzen, im Gegensatz zum Romanen, dem eine schöne Form erstes Erfordernis eines Kunstwerks ist.

Beliebte Stoffe der geistlichen Dichter waren auch die Totentänze, die wahrscheinlich in ihren Anfängen unter den grausigen Eindrücken der Pest und anderer verheerender Seuchen entstanden sind. Sie gleichen sich alle darin, daß der Tod Hoch und Niedrig, Reich und Arm zum letzten Tanz auffordert. Von dem Reimer, der die meist wenig kunstmäßigen Totentanzgemälde in den Kirchen durch Verse erläuterte, bis zu dem Dichter des selbständigen Lübecker Totentanzes (Druck 1520, Entstehung Ende des 15. Jahrhunderts) ist jedoch ein weiter Weg. In jenen Zeiten, in denen das große Sterben so oft durch die Lande raste

und aller menschlichen Kunst spottete, mußten die folgenden
Worte des Todes einen tiefen Eindruck machen:
>Danßet mede, ick synge vorhen,
Alsus heth de sanck, den ick meen:
Bytterlyken sterven is de erste sanck,
De ander is der klocken klanck,
De drydde is: in korter stunden,
Werstu vorgetten van dynen frunden,
Umme dyn tytlyke gud ghan se to deele,
De worme umme dat fleß, de düvel umme de sele.

Totentänze und ein düsteres Geißlerlied, gleich=
falls infolge der Pest entstanden, leiten zu der lyrischen
geistlichen Dichtung hinüber. Von dieser sind uns
eine ganze Anzahl Gebete und Lieder erhalten. So das
Paradies des Klausners Johannes, eine er=
müdend lange Sammlung von teilweise sehr überschweng=
lichen Gebeten. Auch der Gemeindegesang taucht am
Ende dieser Periode auf. Wenn er auch allgemein erst
durch die Reformation eingeführt wurde, so gab es doch
schon im 15. Jahrhundert geistliche Lieder, die wahrschein=
lich beim Gottesdienst gesungen wurden und ihre Melodien
zum Teil mit weltlichen Liedern gemeinsam hatten. Er=
wähnt seien ein Zwiegespräch zwischen einer
Seele und dem heiligen Kreuz und eine Canti=
lena van dem hilghen cruce. Wertvoller als dieses
mit der Person Christi spielende Lied ist das Rostocker
Karfreitagslied aus d. J. 1493, aus dem die 10.
Strophe hier Platz finden möge:
>All to leve synen leven,
mit dorne em syn hovet gheckronet.
mißgereket lyk den deven,
vor d' werlde ganß v' honet.
bloet gestrecket syne been,
armer elend' ne geseen.

Noch heute viel gesungen wird das aus dem 14. Jahr=
hundert stammende Weihnachtslied:
>Lobet sistu ihu christ,
dat du hute gheboren bist
van ehner maghet. dat is war.
des vrou sik alde hemmelsche schar.

3. Heldengedicht. (Heldenlied, volkstümliches Epos.)

Während die oberdeutsche Dichtung uns neben manchen kleineren Heldenliedern zwei gewaltige Werke, den Sang von der Nibelunge Not und das Gudrunlied, schenkte, ist uns vom Heldengedicht Niederdeutschlands fast nichts erhalten geblieben. Und doch muß es auch in seinen Gauen geblüht haben, wenn ihm auch kein gottbegnadeter Dichter erwachsen ist, der die einzelnen Sagen mit starker Hand zu einem kunstvollen Ganzen zusammenschweißte. „Ist es doch urkundlich belegt, daß der Stolz der deutschen Dichtung, der deutsche Heldengesang, in ganz Niederdeutschland hell und voll erklungen habe, und von all diesem Liederreichtum ist uns nichts erhalten." (Oesterley.) Kann doch das Gudrunlied nur an der Küste zuerst gesungen sein! Soll doch Siegfrieds Wiege am Niederrhein gestanden haben! Und in niederdeutschen Gauen war die große Vernichtungsschlacht gegen die Römer geschlagen worden. Wenn auch Niederdeutschland dem höfischen Epos vielleicht keinen günstigen Boden bot, da sein Rittertum nicht die Bedeutung des oberdeutschen hatte, das Volksepos wird auch in seinen Marken erklungen sein. Doch seine Spuren sind verweht, und daß noch in einem verstaubten Winkel eine Handschrift eines größeren Werkes aufgefunden wird, dürfen wir nicht mehr hoffen.

Kümmerliche Reste des niederdeutschen Heldensanges haben wir in Liedern von Siegfried, von Laurin und von Sigenot, doch sind sie wahrscheinlich aus dem Oberdeutschen übertragen. Von größerem Wert ist das volksliederartige Gedicht von Hillebrant, das sog. jüngere Hildebrantslied, das wir auch in einer oberdeutschen Fassung besitzen, doch muß man die niederdeutsche wegen der größeren Reinheit der Reime wohl für die ursprüngliche ansehen.

Ik wil to lande ut riden, sprak sik meister Hillebrant,
de mi den weg bede wisen to Bern wol in dat land,
he is mi unkunt gewesen so mengen leven dach;
in twe unde dörtich jaren frow Gude ik nu ensach.

Trotzdem Herzog Amelung ihn warnt, Hillebrants Sohn würde ihn auf der Heide angreifen, fährt der alte Haudegen heimwärts. Als er den Rosengarten hinaufreitet, da kommt er „in grot arbeit von einem helde stark." Er fordert ihn heraus: du scholdest to heime bliven und hebben ein gut gemack. Der junge Hillebrant, denn das ist der Angreifer, bleibt dem alten Haudegen die Antwort nicht schuldig, Worte fliegen hin und wieder, bis der Sohn dem Vater so einen schweren Schlag versetzt, daß dieser sieben Faden weit zurückspringt, ihn dann bei den Hüften packt und ins Gras wirft.

Dann fordert er ihn auf, seine Sünden zu bekennen, er wolle sein Beichtvater sein:

> bistu van des wulves geslechte, dat schal baten dat leven din.

Stolz gibt der junge Hillebrant ihm zur Antwort, er wäre ein edler Degen, seine Mutter sei Frau Gude, eine mächtige Herzogin. Da begrüßt ihn der Alte als seinen Sohn, und der Sohn führt den Vater in der Mutter Haus und setzt ihn oben an den Tisch. Als Frau Gude klagt, daß er einem Gefangenen diesen Ehrenplatz einräume, entgegnet er ihr, es wäre kein Gefangener, sondern de olde Hille= brant, de leveste vader min. Da schenkt sie ihm ein und bringt ihm Speise, und der alte Held läßt ein goldenes Ringlein in den Becher seiner liebsten Frau sinken.

Ein anderes Lied erzählt uns in König Ermenrichs Tod eine Episode aus dem Leben Dietrichs von Bern, die uns in weiterer Fassung nicht erhalten ist. Dietrich von Bern hat vernommen, der König von Armentriken hätte neben seiner Burg einen Galgen errichtet, um Dietrich nebst seinen 12 Helden daran aufzuhängen. Darob er= grimmt Dietrich und reitet auf den Rat Hillebrants mit seinen Helden zum König. Dieser läßt, nachdem sie seine Burg betreten haben, die Tore arglistiger Weise schließen, doch Dietrich versetzt ihm

> einen weldiglıken slag,
> Und dat ock ho syn hövet vor em up der erden lach.

Dann erschlagen die Berner die 450 Mannen des Königs.

Der poetische Wert dieses Gedichtes kommt demjenigen des Liedes von Hillebrant nicht gleich. In beiden Balladen, wie man sie wohl am treffendsten bezeichnet, finden sich übrigens manche Verstümmelungen, was uns nicht wundern

kann, wenn wir bedenken, durch wie viele Hände oder
Münder sie bis zur Niederschrift und zum Druck gewandert
sein mögen. Ihre Entstehung wird in das 13. Jahrhundert
zu setzen sein.

4. Das höfisch=ritterliche Epos

ist für einen anderen Hörerkreis bestimmt wie das Helden=
epos. Die Verherrlichung des Rittertums ist ihm Haupt=
zweck. Daher konnten die gewaltigen Helden der Germanen,
denen die mündliche Überlieferung übermenschliche Züge an=
gedichtet hatte, in ihm keinen Platz finden. Es wandte
sich vielmehr mit Vorliebe dem in historischer Zeit liegenden
Sagenkreise Karls des Großen zu, den es weit ausbaute,
und ließ seine Helden die abenteuerlichsten Fahrten be=
stehen und der Minne pflegen. Als Vorbild diente die
Literatur Frankreichs, und so liegt der Schauplatz der
höfischen Epen denn durchweg in diesem oder anderen ro=
manischen Ländern. Während das oberdeutsche Epos
wunderbare Blüten im Tristan und Parsifal trieb, hat
das niederdeutsche sich nicht annähernd zu einer solchen
Höhe aufgeschwungen. Sein erster namhafter Dichter ist
Berthold von Holle, zwar kein Genie, doch immerhin
ein achtenswertes Talent. Er war Truchseß des Bischofs
von Hildesheim und hat sein Hauptwerk Crane zwischen
1250 und 1260 abgefaßt. Während dieses Epos uns einiger=
maßen vollständig erhalten ist, sind von seinen anderen
Epen Demantin und Darifant nur Bruchstücke auf
uns gekommen. Im Crane erzählt der Dichter uns, daß
Dassir, der König von Ungarn, einen Sohn Gahol hinter=
läßt. Aus unbekannten Gründen entfernt dieser sich in
seinem 12. Jahre heimlich vom Hofe, und die Regierung
des Landes übernimmt der Marschall Assundin. Gahol
schließt auf seiner Wanderung mit zwei gleichaltrigen
Fürsten, Agorlin von Österreich und Agarlot von Bayern,
Freundschaft, und die drei Gefährten kommen an den Hof
des deutschen Kaisers, wo sie unerkannt als Pagen auf=
wachsen. Zwischen Gahol und des Kaisers Tochter Acheloyde
keimt bald eine stille Liebe. Da zieht der Kaiser ins Feld,

und seine Pagen begleiten ihn. Als Achelohde auf die
falsche Nachricht vom Tode Gahols krank und durch sein
Erscheinen geheilt wird, ist der Kaiser zuerst zwar einer
Verbindung der beiden nicht abgeneigt, beschließt dann je=
doch auf den Rat eines Fürsten, ein Turnier abzuhalten
und seine Tochter dem Sieger zu vermählen. Die drei
Pagen nehmen Urlaub, um ihre Vorbereitungen zu treffen,
und Gahol zieht ins Ungarland, wo er sich Assundin zu
erkennen gibt und herzlich bewillkommt wird. Er wird
dann prächtig zum Turnier ausgerüstet, und

> durch sin gebot nach sinen seden
> warn uf sin kleder cranen gesneben, (Kraniche)
> want her Crane was genannt.

Dann bricht Assundin auf, und Crane begleitet ihn als
sein Marschall. Die lebendige Schilderung des Turniers
ist wohl die schönste Stelle des Werkes. Crane geht im
Gewand Assundins als Sieger aus dem Kampfspiel hervor.
Da der Kaiser Assundin für den Sieger hält, bietet er ihm
die Hand seiner Tochter an. Assundin erklärt jedoch, ihn
hätte schon eine Frau ausgesandt

> uf daz felt durch iren pris.
> ir solt die juncfrouwe wis
> irn brien kur lazen han.

Der Kaiser ist dazu bereit, und als Achelohde ihn ver=
pflichtet, sich mit ihrer Wahl einverstanden zu erklären,
geht er willig auf ihre Forderung ein.

> do sprach ir soze mundel rot
> zo irn vater al zohant:
> ich wil han uwer truwen pant,
> daz min kor sol gehalden sin. —
> daz rede ich bi der kronen min,
> sprach der kaiser riche. . . . . .
> nu twanc se irs herzen truwe pant,
> ir libe inde ir steter mut:
> die verlos die fursten ind al ir gut.
> schaden ind schimpes se sich irwach:
> se ginc dar se Cranen sach

> ind nam in bi der wizen hant
> ind sprach: vater, ich von uch bekant,
> dusen ritter lese ich zo der stunt.

Die Wahl eines einfachen Ritters erregt allgemeine Unzufriedenheit, und der Kaiser will seine Tochter verstoßen, als sie bei ihrem Sinn beharrt. Da tritt Assundin hervor, setzt Crane die Krone von Ungarn aufs Haupt und erzählt, daß er ein Königssohn und der Sieger im Turnier sei. Darob herrscht große Freude, und es wird sofort die Hochzeit gefeiert. Eigentlich wäre die Mär nun zu Ende, doch der ritterliche Sänger empfand wohl in seinem Herzen, daß noch ein wichtiger Teil des Ritterlebens, die eventure, nicht zu ihrem Recht gekommen sei. Und so schickt er denn den Helden fast vom Hochzeitsbraten, als ihn zwei Kinder um Hilfe bitten, auf Fahrten aus, auf denen er eine gute Klinge schlägt und seiner Achelohde treu bleibt. Am Schluß stimmt der Dichter dann ein Loblied auf die Treue an.

Bertholds von Holle leider stark mit mitteldeutschen Worten vermischte Epen zaubern uns in ihrer anschaulichen Schilderung ein lebendiges Bild des Ritterlebens jener Tage vor Augen. Höher an poetischem Wert steht jedoch das dem 14. Jahrhundert entstammende Epos von **Flos und Blancflos**, welches von einem unbekannten Dichter nach der französischen Bearbeitung des Ruprecht von Orbent geschaffen worden ist. Flos und Blancflos sind an einem Tage geboren, er als Sohn des heidnischen Königs von Spanien, sie als Tochter einer kriegsgefangenen christlichen Gräfin. Sie wachsen miteinander auf und sind unzertrennlich. Da der König fürchtet, Flos werde dereinst die Christin zur Königin machen, will er brelen dusser twiger mynne und verkauft Blancflos nach Rom, von wo sie in den Besitz des Königs von Babilonien gelangt. Flos dünkt jedoch sein Leben ohne seine Gespielin unerträglich, und er wandert in die Welt, sie zu suchen. Auch Blancflos denkt Tag und Nacht an den Prinzen:

> Ik hebbe lef in mynem herten sere
> Flos, den sconen juncheren,
> des kann ik nicht vorgheten,
> de heft myn herte beseten.

> He heft mh also lef,
> dat it nicht en weht,
> beide dach un nacht
> it siner nicht vorgheten mach.

Flos kommt schließlich nach Babilonien, und es gelingt ihm, in den Turm zu bringen, in dem Blancflos gefangen gehalten wird, und sich dort zu verbergen. Eines Tages wird er jedoch entdeckt. Zwar könnte sich einer der Liebenden durch einen Zauberring retten, sie wollen jedoch ohne einander nicht leben und werfen den Ring fort. Durch diese Treue gerührt entläßt der König beide in ihre Heimat, und sie herrschen lange und glücklich über Spanien.

Hat uns der Dichter dieses Werkes einen Sang von großer Anmut geschenkt, so hat der Dichter des Valentin oder Valentin und Namelos, wie die Dichtung gewöhnlich bezeichnet wird, in seinem Werke eine bunte Fülle von Abenteuern an einander gereiht. Geschöpft hat er aus einem nicht mehr bekannten französischen Werk, wie aus seiner häufig wiederholten Bemerkung „also it ut deme walschen las" hervorgeht. Die im allgemeinen flotte Darstellung vermag uns gleichwohl über die ermüdend lange Reihe abenteuerlicher Kämpfe nicht hinwegzutäuschen, und ein lebhafteres Interesse können nur der Anfang des Werkes und sein Schluß erwecken, als Rosemunt, die Gattin des Namelos, mit ihrer Kammerfrau, beide als Fahrende verkleidet, an den Hof König Pipins geht, um ihren Gatten aufzusuchen, der sie vor lauter Abenteuern vergessen hat. Sie

> hoven an sote wise,
> se sungen beide wol to prise,
> se sungen, wo se Namelos wan
> unde mit er under de linden ran,
> wo se em gaf dat bingerlin,
> unde ok stunt in deme ledekin
> de scheidinge van der frouwen sin.

Die Tochter von Flos und Blancflos war die Mutter Karls des Großen, Pipin war sein Vater, und so hatten beide Dichter denn den Anschluß an den beliebten Sagenkreis gewahrt. Während das letzte Epos reicher an Handlung ist, enthält die Mär von Flos mehr poetische Schönheiten und ist zudem sorgfältiger ausgearbeitet. Daß diese Werke vorgetragen wurden, ersehen wir aus der folgenden Stelle des Valentin:

Me schenke unde gebe uns brinken dan,
ik wil ein ander heben an.

Mit dem Sinken des Rittertums mußte das höfische Epos absterben, da es seine Wurzeln nur in ihm, jedoch nicht im Volk hatte. Der Bürger brachte der Verherrlichung eines Standes, dem seine Sympathien kaum galten, wenig Interesse entgegen. In Niederdeutschland hat das höfische Epos keine Blüte erlebt, denn selbst seinen Gauen entstammende ritterliche Sänger, wie Heinrich von Veldeke, bedienten sich der mittel- oder oberdeutschen Sprache in ihren Dichtungen.

5. Die Versnovelle.

Als die gereimte weltliche Erzählung, die Versnovelle, auf den Plan trat, hatten das geistliche und das höfische Epos ihre Blütezeit hinter sich. Mit dem Wachsen der Kultur, besonders der Erstarkung des Bürgertums, hatte das poetische Bedürfnis wesentlich andere Bahnen eingeschlagen. Die strengen Anschauungen eines orthodoxen Christentums fanden in den Städten ebenso wenig Anklang wie die Abenturen der höfischen Epen, die auf eine Verherrlichung des Rittertums hinausliefen, eines mit den Städtern in dauernder Fehde befindlichen Standes. Begebenheiten und Anekdoten, plaudernd und anmutig vorgetragen, entsprachen mehr einem genuß- und sinnenfreudigen Zeitalter, in dem der Italiener Boccaccio mit seinem Decamerone große Erfolge errang. Klingt uns aus den Versnovellen, besonders denen älterer Zeit, auch manch ernster Ton entgegen, so erringt doch bald die Minne in ihnen die Oberhand, und die verbotene Liebe wird ein gern und oft behandelter Vorwurf. Und doch wirken sie nicht so abstoßend wie ein großer Teil unserer heutigen Sittenromane, weil in ihnen eine Einfachheit der An-

schauungen herrscht, die uns immer wieder mit der leichten
Auffassung von Sitte und Zucht versöhnt, weil sie nicht
schlüpfrig sondern naiv wirken. Wir müssen bedenken, daß
sie bald nach einer Zeit entstanden sind, in der Gottfried
von Straßburg in seinem Hohenlied der Minne, dem Tristan,
den Ehebruch durch die Liebe geheiligt hatte. Die psycho=
logische Tiefe des Tristan erstrebt allerdings keine der Vers=
novellen, die wie bunte Falter im Garten der Liebe umher=
gaukeln.

Die ältesten uns erhaltenen Versnovellen entstam=
men dem 14. Jahrhundert. Es sind die Geschichte **von
den 3 Königen, der verlorene Sohn, die Minne=
mär, der segheler und die Frau des Blinden.**
In der Geschichte von den 3 Königen wird erzählt, wie
3 Könige sich auf der Jagd ihres Prassens rühmen:

hebben unse elderen also gedan,
so mach id en nicht wol bestan.

Sie irren von ihrem Gefolge ab, de düster nacht trat daran,
da sehen sie drei Tote stehn, de waren greselich getan. Es
sind die Väter, die ihnen von ihrer Verdammnis berichten
und sie ermahnen, von ihrem leichten Leben abzustehn.
Behandelt diese Erzählung noch einen Stoff von sittlichem
Wert, so sind der **segheler** und die **Frau des Blinden**
schon Ehebruchsgeschichten. Aus dem 15. Jahrhundert sind
dann noch zu erwähnen **Frauentreue, der Deif van
Brugghe und Broder Rusche,** in dem erzählt wird,
wie der Teufel sich sieben Jahre in einem Kloster als Mönch
aufhält, ohne erkannt zu werden. In dieser Dichtung
schwingt schon ein satirischer Unterton gegen die Geistlichkeit
mit, der später im Tierepos stärker anklang. Die lieblichste
Blüte dieser Gattung ist jedoch d'e **truwe maget,** deren
Entstehungszeit vielleicht in das 13. Jahrhundert zu setzen
sein wird. Der unbekannte Dichter dieses Werkes, dem
— nach Eckarts Angabe — eine oberdeutsche Erzählung als
Vorwurf diente, hat es verstanden, seine Mär so anmutig
und wenig anstößig zu berichten, daß sie alle anderen Vers=
novellen an Bedeutung weit überragt. Nach einer kurzen
Einleitung beginnt der Poet seinen Sang. Es war einmal
ein scriber, ein Student, gar fromm und gottesfürchtig, der
täglich zur heil. Gertrud betete. Als er in seiner Heimat

ausstudiert hat, schickt sein Vater ihn auf die hohe Schule
nach Paris, damit er dort weiter studiere. Seine Freunde
geben ihm eine Strecke das Geleit, kehren dann um, und
der Student reitet allein seines Weges weiter. Als die
Sonne sinkt, betet er zur heil. Gertrud, sie möchte ihm eine
Herberge kund tun. Da erblickt er nach einiger Zeit eine
Magd, die Lämmer und Schweine von der Weide auf einen
Hof treibt. Er folgt ihr und sieht die Frau am Fenster
stehn, wie „ehn rose, deme des morgens sint upgan." Höflich
grüßt er sie mit tugendlichen Worten und fragt nach dem
Hausherrn. Sie entgegnet ihm, der wäre vor 3 Tagen aus=
geritten. Als er sie um Herberge bittet, meint sie, sie
würde ihn gerne aufnehmen, wenn ihr Gemahl zu Hause
wäre. Nach mancher Bitte, als der Student schon Miene
macht, sich ein ander Quartier zu suchen, hält sie inne
mit worden losen und läßt ihn durch einen Knappen ins
Haus holen. Dieser bittet auch für ihn, bei dessen Vater
er gedient habe und der ein gar reicher Mann sei, dem
Burgen und Land zu eigen gehörten. Die Frau läßt also
auftischen und setzt sich zu dem Studenten, um in seiner
Gesellschaft zu speisen.

    de scriber by de brauwen sat,
    so mynnichlik de brauwe was,

daß der Student „seltsame Rede fand." Der Frauen Herz
wird jedoch entzündet, so daß sie die Speise nicht hinunter=
bringen kann, und sein höfisches, artiges Wesen verursacht

    dat der brauwen wart so weh,
    als de vische in der see,
    de in den angel kamen yst. —
    se sprak, etet vor ju, lebe her gast,
    ehne sake dut my overlast;

wenn sie am fröhlichsten sein solle, tue ihr das Herz weh.
Sie verabschiedet sich schnell und gibt dem Gesinde An=
weisung, seiner zu pflegen und ihm in dem Zimmer ein
Lager zu richten. Der Student legt sich dann zur Ruhe,
doch die Frau kann keinen Schlaf finden:

    de brauwe in deme bedde sat,
    ore was bil we to mute,

se sprak: ryter god vil gute,
sal yk hute nicht by eme sin,
so vorlese yk dat levent myn.

Sie steht auf, geht zu ihm und umfängt ihn mit ihren Armen. Er will sie von sich weisen und befürchtet, er hätte „ihr Leid getan" durch seine Rede und sie dadurch veranlaßt, zu ihm zu kommen. Doch sie beruhigt ihn, dem wäre nicht so, die Minne hätte sie zu ihm getrieben. Da legt er sie in seinen Arm und sie ruhen minniglich bei einander, die Rosen zu brechen auf der Minne Felde. Kaum sind sie eingeschlafen, da kommt der Hausherr mit zweien ihrer Brüder zurück. Sie gehen ins Zimmer, sehen aber nur den Studenten im Bett liegen, bewundern seine zarte, weibliche Hand und verlangen nach der Hausfrau. Als die Magd deren Bett leer findet, sie den Zusammenhang ahnt und die Heimgekehrten ihre Forderung nach der Hausfrau immer stürmischer wiederholen, eilt sie fort und steckt eine Scheune in Brand. Die Herren laufen hinaus, und die treue Magd weckt unterdes die Liebenden, die sich schnell ankleiden. Das Feuer wird bald gelöscht, und der Student bleibt noch 3 Tage. Dann geben die beiden sich das Versprechen des Schweigens, nehmen mit Tränen von einander Abschied, und er reitet nach Paris, wird an „kunsten ehn groter man," und „myt bruntheyt he ho der brauwen dachte."

Aus dem 15. Jahrhundert besitzen wir ferner eine Niederschrift der Geschichte von Henneke Knecht, der zur See wollte und dem es dort übel erging. Aus dieser Novelle wurde später ein vielgesungenes Volkslied, wie denn manche Dichtungen dieser Gattung in Volksbüchern und Volksliedern weitergelebt haben mögen.

---

6. Die lehrhafte (didaktische) Dichtung und die Tierdichtung
stehen in engerem Zusammenhang, als es zunächst den Anschein hat. Die erstere will durch Weisheitsregeln bessernd wirken; sie will dem Menschen ein Ziel stecken, dem er zustreben soll, indem er seine Schwächen erkennt und ablegt. Die Tiergeschichten berichten zwar anscheinend nur von Tieren, wollen aber den Menschen treffen. Die Ver=

faffer haben (nach Engel) ihre Werke immer mit einem
Seitenblick auf die eigentlich gemeinten Menschen geschrieben
Sie erstreben also dasselbe Ziel wie die lehrhaften Dichter,
indem sie den Menschen einen Spiegel vorhalten, in dem
sie ihre schwachen Seiten erkennen sollen. Dadurch wird
die Tiergeschichte wenigstens in ihrer Blütezeit rein
satirisch. Beide Dichtungsarten sind uralt und finden
sich in der Literatur fast aller Völker. Wahrschein=
lich entstammt die Tierdichtung noch einer Zeit, in welcher
der Mensch im Tier weniger das Vieh als den Genossen
sah, eine Anschauung, die noch in manchen Märchen fort=
klingt, die uns von verzauberten Tieren berichten (Werwolf
u. a.).

Die älteste Lehrdichtung der plattdeutschen Literatur
stammt aus dem 13. Jahrhundert und ist eine Übertragung
des oberdeutschen Werkes Freibanks Bescheidenheit.
Die lose an einander gereihten Sprüche erinnern in ihrer
Form an die Sprüche Salamonis und an Jesus Sirach,
z. B.:

>Junges mannes strit
>und oldes wibes hochtid
>unde kleines perdes lopent,
>de schal neman to dure kopen.

Das Gedicht „van einem ebbelen krutgarten" (dem
Menschenherzen) und „eyn spegel der mynsliken
salicheit," beide aus dem 14. Jahrhundert, klingen an
die geistliche Dichtung an. Das letztere und der Facetus
(15. Jahrhundert) sind gleichfalls Übertragungen aus dem
Oberdeutschen. Auch „van bogheden unde van guden
zeden secht dyt Boek", dessen Verfasser sich Meister
Stephan nennt, der auch das Lehrgedicht Cato geschrieben
hat, ist eine Bearbeitung, und zwar eines Werkes von
Casalis. Es ist eine moralische Auslegung des Schachspiels
und bietet eine Fülle von Anekdoten, denen eine Moral
angehängt ist. In ihm finden wir auch die Erzählung,
die Schiller in seiner Ballade „Die Bürgschaft" verwendet
hat. Fast wörtlich klingt es bei beiden, wenn Stephan vom
König von Cecilien sagt:

>he wolde er drudde kumpan wesen,
> un wolde se nyt truwe menen,
> wolden se em nyt truwen denen.

Umfangreich ist der Koker. Willkürlich an einander gereiht enthält er eine Menge von Sprüchen und billigen Wahrheiten, wie wir sie noch heute im Volksmunde finden. Aus dem wahrscheinlich weit verbreiteten Buch, welches später mit dem Reineke Vos zu einem Band vereinigt wurde, mögen die folgenden Sprüche Platz finden:

> It kumpt vaken, dat de olden kater
> dot byten de yüngesten katten.
> De klenen müse un de groten ratten
> de eten beyde lyke gerne dat spec.
> Wor me dreck sleyth up dreck,
> dar wart des unreynen godes mere.
> Van wagensmer un van there
> dar kryngnet me neyn gudt honnych uth.
> Dat betekent ok selden guth
> dar schalke nyt ogen wenken.

Unter den didaktischen Dichtungen nimmt des Braunschweiger Zollschreibers Hermen Bote „Boek van beleme rade" (gedruckt i. J. 1504) einen hervorragenden Platz ein. Der Dichter vertritt in seiner Allegorie die Ansicht, „daß durch die tadellose Beschaffenheit des Mühlen- und Kammrades der geregelte Gang der Mühle vornehmlich bedingt wird, und daß eine Winde, ein Wagen, ein Pflug nur dann ihren Zweck erfüllen, wenn sich der Wagner zu den Rädern eines dauerhaften, der Art der Verwendung angemessenen Materials bedient hat. . . . Ebensowenig wie sich das Pflugrad zum Wagenrade schickt, taugt der Bauer nach des Dichters Meinung zum Städter oder dieser zum Fürsten." (Brandes.) Unter den Rädern versteht Bote den Papst, den Kaiser, die Fürsten, die Städte und die Bauern. Diesen sind fünf andere Räder gegenübergestellt (Frauen, unerfahrene Ratgeber, Schwarzkünstler, Toren, Betrüger und Diebe), welche bemüht sind, die segensreiche Tätigkeit der ersten Stände ungünstig zu beeinflussen. Bote ist durchaus selbständig in seinem Werk, ohne Anleihen bei anderen Dichtern zu machen, und die Vergleiche zwischen den Ständen und den Rädern sind nicht an den Haaren herbeigezogen, sondern geistreich begründet und durchgeführt. Wertvoll ist auch die 1497 gedruckte, 1519 unter dem Titel dat nye Schip von Narragonien neu aufgelegte Bearbeitung von Sebastian Brants oberdeutschem Narrenschiff, von der Scheller urteilt, daß er „lieber der Übersetzer als Verfasser heißen möchte." Der Bearbeiter ist mit großem Geschick verfahren, so daß seine Nachdichtung sich wie ein Original liest. Es wirkt bei dem veränderten Geschmack der Jetztzeit durch seine Länge allerdings ermüdend, enthält aber viele derbköstliche Peitschenschläge, die auch dem Menschen des 20. Jahrhunderts zu denken geben mögen, wenn er nur dieser nützlichen Beschäftigung etwas mehr Zeit widmen könnte. Als Beispiel sei — nach der prächtigen Neuausgabe von C. Schröder — den Leuten, die sich um alles sorgen, die Beherzigung der folgenden Worte empfohlen:

De alle tyd so bele Sorge haet,
De em nicht al to dregen staet,
He sorget, dat de goeß barfoet gaet,
Sodaneme narren ys selben raet.

Die Tierdichtung eröffnet Gerard von Minden, der i. J. 1370 über hundert Fabeln des Aesop und anderer nach einem älteren Werke bearbeitete. Er baut sie zu epischer Breite aus und beeinträchtigt dadurch ihre Wirkung. Immerhin erzählen Gerard wie auch der Verfasser einer Sammlung von 125 Fabeln aus dem 15. Jahrhundert, die unter dem Namen niederdeutscher Äsopus bekannt ist, ihre Geschichten recht anschaulich. In de bos unde de hane schwindet dann schon der lehrhafte Beigeschmack der Tierdichtung, um in der Ratsversammlung der Tiere der Satire Platz zu machen. In diesem Werke treten eine Reihe von Tieren auf, die der König zu Hof geladen hat, damit sie ihm „dat beste raden." Die Ratschläge werden jedoch zum großen Teil in ironischem Sinn abgegeben, so rät z. B. die Wachtel:

du scalt der lude boshet proben,
det alle tit darinne oben.

Ihre Blüte erreicht die Tierdichtung in dem Epos Reinke de vos. Der Verfasser des Werkes, das zuerst

i. J. 1498 in Lübeck und später etwa zwanzigmal neu gedruckt, in viele Sprachen und sogar ins Lateinische übertragen wurde, ist trotz aller Forschungen unbekannt geblieben. Reinke de Vos ist kein Originalwerk. Ein kurzer Rückblick auf seine Vorläufer möge dies erläutern. Die älteste Bearbeitung des Stoffes wurde schon nach 936 in Toul von einem Mönch unter dem Titel Ecbasis captivi vorgenommen. Eine andere lateinische Bearbeitung, der Pfengrimus, entstand in Flandern in den Jahren 1146—48. Dann wurde der Stoff von den Fahrenden aufgegriffen und in den Landessprachen bearbeitet. Der französische Roman de Renart wurde die Quelle für die deutschen Bearbeitungen, von denen das niederländische Gedicht von Willem „Van den vos Reinaerde" die wichtigste ist (etwa 1250). Zum Vergleich, wie die späteren Dichter auf ihm fußen, möge der Anfang seines Epos hier Platz finden (die entsprechende Stelle des plattdeutschen Werkes folgt weiter unten):

> Het was in enen singen daghe
> Dat bede bosch ende haghe
> Mit groenen loveren waren bebaen.
> Nobel die coninc hadde ghedaen
> Sijn hof craieren over al usw.

Dieses Gedicht fand nach weiterer Bearbeitung und Prosaauflösungen einen Dichter in dem Niederländer Hinrek van Alkmer (1487?). Von dieser Bearbeitung, die die Grundlage für den plattdeutschen Reinke wurde, sind nur einzelne Bruchstücke erhalten, die eine eingehende Vergleichung mit diesem zwar nicht zulassen, immerhin aber zeigen, daß Reinke de Vos eine freie Übersetzung des niederländischen Werkes ist. Ein Beispiel möge dies klarmachen. Hinrek van Alkmer schreibt:

> Hi ghinck mit sinen neue den das
> Cterliken doer die hoochste strate
> Alsoe moedich van ghelate
> Als of hi sconincs sone waer
> Ende hi vec van enen haer
> Jeghen nyemant en hadde misdaen
> Voer nobel den coninck ghinck hi staen
> Midden inden heeren rinck.

Im Reinke de Vos lautet die Stelle:

> Mht shneme ome, deme greuhnck,
> Drhstichlhken he so vor shck ghhnck
> Tzhrlhken dorch de hogesten strate,
> Alzo modich van ghelate,
> Efte he were des konnhnges sone
> Vnde est he nemande vp ehne bone
> Edder sus nemande habbe mhßghedaen.
> Vor Nobel den konninck ghhnck he staen
> Manckt de heren in den pallas ....

Wenn das niederdeutsche Werk auch nur eine Übersetzung ist, so muß man die Übersetzung der „hhstorhe vnde fabeln van Rehnken deme vosse, de seer ghenoechlik is to lesen vnde to horen, vnde is ok vul van whßhehyt vnde guder exempel vnde lere," wie es in der Vorrede heißt, doch als meisterhafte Übersetzung anerkennen. Die Zeichnung der einzelnen Tiere, der Humor, der darin liegt, daß ein Erz= schelm die Schelme betrügt, die Gewandheit des Helden, der sich aus der verzweifelten Lage, in der wir ihn schon verloren geben, herauszuwickeln weiß, die Satire auf die Kirche und den leichtgläubigen und hilflosen König, dies alles hat dem Buch einen Erfolg verschafft, der mit Recht noch in unserer Zeit andauert. Nicht zum wenigsten haben die volle wohltönende Sprache, die lebendige Handlung und die plastische Schilderung zur Verbreitung des Werkes bei= getragen, das uns trotz aller Bearbeitungen noch in der Ursprache am liebsten ist. Wir können dem Erzschelm nicht böse sein wegen seiner Untaten. Er nimmt uns durch sein höfisches, liebenswürdiges Auftreten von Anfang an ge= fangen, mit Spannung verfolgen wir, wie er so oft kommt in angte grot, und freuen uns seines endlichen Sieges. Würden statt der Tiere Menschen auftreten, wir würden dem Schuft den Galgen gönnen; die Einkleidung in die Tier= gestalten gibt uns jedoch Unbefangenheit des Blickes und mildert die Schattenseiten der Charaktere, so daß wir nur noch die Satire sehen und ihrer lachen. Dem plumpen Gauner hätten wir gezürnt; der gewandte kann auf Be= wunderung rechnen, die nicht ohne Sympathie ist.

Der Inhalt des Werkes ist so bekannt, daß von einer Wiedergabe abgesehen werden kann. Es ist ein Werk der

Weltliteratur geworden. Lauremberg nennt es einen „Spegel hoher Sinnen," Renner schreibt eine Fortsetzung, Goethe bezeichnet es als die „unheilige Weltbibel" und gießt es in klassische Hexameter um, und noch in unseren Tagen hat es Mähl zu seiner Dichtung begeistert, ist es von Tanmen vorzüglich in das Neuplattdeutsche übertragen worden, und seine Wirkung hat der Stoff nie verfehlt. An Frische und Wohllaut aber steht das Original unerreicht da. Ein Pfingsttag kann kaum lieblicher beschrieben werden, wie es der unbekannte Sänger tut:

Id gheschach vp eynen phyngstedach,
Datmen de wolde vnde velde sach
Grone staen myt loff vnde gras,
Vnde mannich fogel vrolich was
Myt sange in haghen vnde vp bomen;
De krüde sproten vnde de blomen,
De wol röken hir vnde dar;
De dach was schone, dat weder klar.

Die Satire des Werkes ist ewig, denn so lange es Menschen gibt, wird es auch Schelme geben, die sich einen besonderen Platz an den Fleischtöpfen des Staates zu sichern wissen. Mit Recht konnte daher Goethe in den Xenien sagen:

Vor Jahrhunderten hätte ein Dichter dieses gesungen?
Wie ist das möglich? Der Stoff ist ja von gestern und heut.

7. Die lyrische Poesie und das Volkslied.

„Auf den alten Heldengesang, welcher die Taten eines ganzen Volkes aus dem Munde des ganzen Volkes besingt, folgt bei allen Völkern ein Gesang, der statt aus dem Gemüte des Ganzen, aus dem des Einzelnen hervorquillt." (J. Grimm.) Auf die Poesie der Taten, das Epos, folgt diejenige der Empfindungen, die Lyrik. Auch sie wird schon früh in Niederdeutschland erklungen sein, besonders in der Form des Volkliedes, bekannt ist sie uns erst aus der Zeit des Minnesanges, einer Kunstdichtung, die besonders vom Ende des 12. bis zum Ausgang des 14. Jahrhunderts in Deutschland blühte und ihr Vorbild in der Troubadourlyrik des französischen Volkes suchte. Sie war die Lyrik des Rittertums und wurde deshalb, gleich dem ritterlich-höfischen Epos, vorwiegend in der oberdeutschen und mitteldeutschen Sprache gepflegt. Bald artete das Minnelied jedoch in eine leere verwickelte Reimspielerei aus, in der eine blutlose Minne, Träume, Frühling und Nachtigallengesang die Hauptrolle spielten, und führte zuletzt ein prosaisches Dasein in den Meistersingerzünften, die jedoch in Niederdeutschland wenig Bedeutung erlangten. Selbst Fürsten achteten es nicht unter ihrer Würde, den Pegasus zu Ehren der Minne zu tummeln. So „der junge von Rügen her Wizlav († 1325), dessen Werke uns nur in oberdeutscher Fassung erhalten sind. Als Proben dieser Gattung mögen einige Bruchstücke aus Minneliedern folgen:

Twivel nicht, du leveste myn,
laz allen twivel ane syn,
hert, synne unde mod is allend dyn,
des schaltu wal gheloven my. . . .
Alle hote en helpet nicht,
war men sulves nicht to en sycht.
Blif stete, as ik nu van dir scheyt,
so kert myn herte an broyden her.
Darumb wes brich und wolghemod,
ich will myn sulven haven hod,
dat dyr nenes twyvels not en dot,
des sulven ghelik is myn begher.

* * *

Ik heve an unde synghe,
dat beste dat yk kan,
van den beyten in den velde,
he steyt so lavesan,
dar vynt me blomeken eddelen wyn,
ik rede ju dat vor ware,
beter lust macht niman syn. . . .
Och machte J borch van ylbenbeen
an en bumgardelyn stan,
de torne van carbunkelensten,
dar baven ene guldene krun,
unde weren de tynnekynnen
van caralen,
so wer de borch gar luchlyk anttoschouende.

Die Minne beherrscht die ganze Kunstlyrik jener Zeit in einer Überschwenglichkeit, die uns heute abstößt, so im **Bruwen=lof** und im **Kraneshals** (beide aus dem 14. Jahrhundert), in dem der Dichter die Eigenschaften eines treuen Liebhabers an den neun Graben eines Kranichhalses beschreibt. Frisch und ursprünglich wirkt dagegen das politische Lied jener Zeit, das historische Lied, das uns schon zum Volkslied hinüberleitet. In jenem Zeitalter der Fehden und inneren Zerrissenheit Deutschlands brachte jeder Tag kriegerische Ereignisse, die oft in ungelenken, oft aber auch derbfrischen Versen besungen wurden, teils nur erzählend, teils aber auch als Tendenzdichtung. Viel gesungen war das Lied, welches den Sieg über die Seeräuber Störtebeker und Göbeke Michael feierte:

Störtebeker und Göbeke Michael,
Dat weeren twee Röber to liken Deel
To Water un nich to Lande;
Bit dat et Gott im Himmel verdroo,
Da mußten se lieden groot Schande.

Störtebeker sprook: Alltohand!
De Baltsee is uns wohlbekannt,
Dahin wöllen wi nu fahren.
De riken Kopllüd von Hamburg
Mögt jem ehr Scheep nu wahren.

Nu lepen se wi dull dahin
In ehren bösen Röbersinn,
Bit dat man se kreg faten.
Bie't Hilgeland in aller Fröh
Da mussen se't Haar woll laaten.

De bunte Kuh ut Flandern kam
Dat Roob=Schipp up de Hörner nahm
Un stött et wiß in Stücken.
Dat Volk se brogg'n nah Hamburg up
Da müssen' se'n Kopp all missen.

De Brone (Frohner) de heet Rosenfeld,
Haut aff so manken wilden Held
Den Kopp mit köhlem Moote.
He hedde angeschnöörte Schoh,
Bit an sien Enkel stunn he in Bloote.

Die schönste Blüte der mittelalterlichen Dichtung ist jedoch das **Volkslied**. „Das ist der Ursprung und die Erklärung der Lyrik des Volkes: Der volle Becher schäumt über, das Übersprudeln des Lebens schafft das Lied." (Uhland.) So ist es zuerst aus dem eigensten, tiefsten Empfinden des Einzelnen herausgeboren, der seine Freude, seinem Schmerz Worte verlieh. Andere greifen es auf und tragen es weiter, es wird verstümmelt, ausgebessert, neue Empfindungen werden hineingelegt, wie ein Blatt im Winde fliegt es im Volke hin und her, und wenn die Hand eines Sammlers oder Schreibers es aufzeichnet, hat es schon ein bewegtes Leben hinter sich und kennt den Ort seiner Entstehung nicht mehr, und über dem Grabe des Dichters singen längst die Vögel. Seine Saat aber ist im Herzen des Volkes aufgegangen, das Lied klingt unter der Linde beim Tanz, und der Wanderbursch singt es den Vöglein im Walde vor.

Volkslieder sind zu allen Zeiten gesungen, aber erst spät aufgezeichnet worden; das Volkslied war das mißachtete Aschenbrödel im Werktagsgewand, und erst in neuerer Zeit hat man entdeckt, daß in dem groben Kittel eine Prinzessin steckte. Sie wußte aber gar wundersam zu singen von des Menschen Lieb und Leid, sie kannte die Bäume im Walde, hielt Zwiesprach mit den Vöglein und wartete bei der Lind' im grünen Tal auf den Liebsten. Die schönsten Volkslieder sind Liebeslieder, aber auch Schelmenlieder, historische Dichtungen und Heldenlieder finden sich in reicher Zahl unter ihnen. Die Blütezeit des Volksliedes ist das 15. und 16. Jahrhundert. In den Wirren des großen Krieges ging es dann zum großen Teil unter. Die Reste aber sproßten aus dem Schutt wieder auf und trieben neue Blüten. Besonders an einem Liede, dem Lied vom **Knecht Henneke**, der zur See fahren wollte, können wir das Schicksal eines Volksliedes verfolgen. In einer handschriftlichen Fassung aus dem 15. Jahrhundert, die in Wien aufbewahrt wird, hat es die Form der Versnovelle und wird kaum sangbar gewesen sein. Im 17. Jahrhundert finden wir es in verschiedenen Flugblättern als Volkslied, und im 18. Jahrhundert schreibt Baring: „Es ist das Henneke-Knechts-Lied vor Jahren so bekannt gewesen, daß es fast bey allen Zusammenkünften ... gesungen worden ist." Auch

aus den Predigten Sackmanns geht hervor, daß es im 18.
Jahrhundert noch gesungen wurde.

Mit dem Niedergang der plattdeutschen und dem Vor=
bringen der hochdeutschen Sprache ist das niederdeutsche
Volkslied heute leider fast ganz verschwunden. Hier und
dort hört man wohl noch das Lied von den zwei Königs=
kindern, die einander so lieb hatten, oder es sucht ein altes
Mütterchen aus ihrem Gedächtnis eins jener Lieder hervor,
deren sehnsüchtige oder schelmische Weise einst an den Spinn=
abenden erklungen ist. Die Jugend aber singt Gassenhauer.

Aus dem reichen Liederschatz jener Tage aber mögen
einige Proben hier Platz finden:

Jt floech ein kleine Waldtvögelin
der Lebesten thom Vinster in,
ydt kloppet also lyse
mit synem schnebelin,
stah up Hertleef unde lath mi in,
ick hebbe so lange geflagen,
wol durch den wyllen dyn.

* * *

Wat my nicht brendt, dat lösch ick nicht,
fyns leeff du schalt nich schelden,
hebbe ick dy doch neen leidt gedahn,
moth balde darvan,
van dy moth ick my scheiden.

Ick ginck ein Geßlin up und aff,
ick hörd myn leeff darinne,
Ach Jlßlin allerlebeste myn,
mach ydt geshn,
wer ick by dy darbinne.

* * *

O burmans sön, lat röselin stan!
se sint nicht din:
du drechst noch wol van netteInkrut
ein krenzelin.

* * *

Schörte di, Gretlin, schörte di!
wolup mit mi darvan!
dat korn is ingeschneden,
be win is ingedan. —

So Henslin, lebes Henslin,
so lat mi bi di sin!
de weken up dem belde,
den virdach bi dem win.

* * *

Schin uns, du lebe Sunne,
giff uns den hellen schin!
schin uns twe lef tosamen,
de gern bi einander sin!
So dep in jennem dale
dar licht ein tolber schne,
de schne kan nicht vorschmelten,
gades wille mot geschen.
Gades wille hs ergangen,
verschmolten is uns de schne.
got gesegen di, vader unde moder!
Du süst mi nümmermer.

* * *

Och scheiden aver scheiden,
wol hefft dy nu erdacht,
hefft my myn junge Herte
uth fröuwden in trurent gebracht,
und ock dartho in ungemack,
Hertleeff dat sy dy gesungen,
tho dusent guder Nacht.

* * *

Dar steit ein lindboem an jennen dal,
is baven breit und nedden schmal.
     van gold dre Rosen.
„Gott gröte di, fruw Nachtigall, hübsch und fien.
willt du des leveken bade nicht sien?"
     van gold dre Rosen.
„Des leveken bade kann ick nicht sien,
ick sien so ein klein waldvögelin."
     van gold dre Rosen.

* * *

1. Dor wiren twee Königskinner,
Dee hadden eenander so leef,
Bi eenander kunn' se nich kamen,
Dat Water was väl to deep.

2. Leew Harte, kannst du nich swemmen,
Leew Harte, so swemme to mi,
Ik will di en Lücht upstäken
In See, to lüchten för di.

3. Dor wier ok en falsche Nonne,
Dee sleek sik ganz sacht na de Stäb,
Un beb em de Lücht utpuusten,
De Königssaehn bleef in de See.

4. Ach Fischer, leeweste Fischer,
Wullt du verbeenen groot Lohn,
So smiet du dien Netten to Water
Un fisch mi den Königssaehn.

5. He smeet sine Netten to Water,
De Lod dee sunken to Grund,
He fischde un fischede lange,
De Königssaehn was sien Fund.

6. Se nehm em in ehre Arme,
Dat Harte dat beb ehr so weh,
Se sprung mit em in de Wellen,
Leew Vader, leew Moder ade.

8. Das Drama des Mittelalters

führt in seinen ersten Anfängen auf den Ostergottesdienst zurück. Die Worte der Frauen und des Engels im 16. Kapitel des Markusebangeliums wurden zur Belebung der kirchlichen Handlung auf verschiedene Sänger verteilt und wurden damit das Samenkorn, dem das deutsche Drama entkeimen sollte. Zuerst wurden die Worte lateinisch gesungen, später wurden komische Gespräche in der Volksmundart eingelegt (z. B. Kauf der Salbe bei einem Krämer), an deren Wiedergabe im Gotteshaus das derbe Mittelalter keinen Anstoß nahm, und schließlich wurde das ganze Osterevangelium in deutscher Sprache aufgeführt. Das Osterspiel erweiterte sich naturgemäß bald zu einem Passionsspiel, und dann schritt man zur Bearbeitung des Weihnachtsevangeliums, der Heiligenlegenden und ähnlicher Stoffe. In Riga wurde schon i. J. 1205 ein Spiel aufgeführt, in dem Gideon, David und Herodes auftraten. Die komischen Szenen, in denen man bald auch Teufel in ausgiebigster Weise verwandte, wurden dann für sich gespielt und gaben so den Anstoß zur Schaffung des weltlichen Dramas, das seinem Ursprung gemäß zunächst als Posse in der Form von Puppen- und Fastnachtsspielen auftrat. Aufzeichnungen von Puppenspielen besitzen wir aus dem Mittelalter jedoch nicht, und auch die Ausbeute an geistlichen Spielen und Fastnachtsschwänken, die besonders vom 13. bis 16. Jahrhundert blühten, ist nur gering. Die wenigen, zum Teil auch nur in Bruchstücken erhaltenen Dichtungen sind erst im 15. Jahrhundert aufgezeichnet worden.

Ein Osterspiel und die Wolfenbütteler Marien=klage, so nach dem Ort benannt, an dem die Handschrift aufgefunden wurde, sind Verwässerungen des Bibeltextes, an denen höchstens die Naivität der Darstellung einigen Reiz bietet. Höher steht die Bordesholmer Marien=klage, wenn auch der Schmerz der Mutter über den Tod ihres Sohnes nach unserem Empfinden gar zu viel Worte findet. Arnold von Immessen unternahm es, in seinem Sündenfall alle Hauptmomente des alten Testaments bis in die Jugendzeit der Mutter Christi zusammen=zufassen. Er hat den reichen Stoff nicht ungeschickt in fünf Akte geteilt, die unter sich allerdings wenig Zusammen=hang haben, so daß von einem Drama kaum die Rede sein kann. Der Dialog ist aber schon ziemlich lebhaft, wenn auch noch manche Langatmigkeiten vorkommen. Auch ein komisches Intermezzo (im 4. Akt) fehlt nicht, indem Salomo sich mit seiner Frau zankt und mit seinen Dienern Eimbeker Bier trinkt. Als nämlich die Königin von Saba Salomo besucht, wird seine bessere Hälfte eifersüchtig ob seiner lieb=lichen Rede zu seinem Gast und erklärt ihm kurz und bündig:

> in mynem herten my vorwundert,
> wente gy hebbet rede wol seven hundert
> koniginnen juk to wiven,
> dar to drehundert, — wo wille gy bliven? —
> de de suve beddenoten sint,
> ane andere mer, de me ok wol vint.

Der Dichter des geistlichen Spiels Theophilus, das wir in drei Fassungen besitzen, hat den Vorwurf zu seinem Drama schon nicht mehr der Bibel entnommen. Die Sage von Theophilus war ein Lieblingsstoff des Mittelalters, und man hat den Helden zutreffend den Faust jenes Zeitalters genannt. Der Inhalt des Stückes ist kurz folgender: Theophilus wird zum Bischof gewählt, lehnt jedoch ab. Den Anordnungen eines an seiner Statt gewählten Propstes will er sich nicht fügen, da sein Sinn nach weltlichen Dingen trachtet. Er muß daher das Kloster verlassen und beschwört mit Hilfe eines Gauklers und von Juden den Teufel, verschreibt ihm ähnlich wie Faust seine Seele und lebt in Saus und Braus. Durch eine Predigt erschüttert, bekehrt er sich jedoch und fleht zu Maria um Gnade, die beim Herrn die Erhörung seines Gebetes bewirkt. Zeigt der Theophilus schon durchweg eine lebendige Handlung, so ist das dramatischste der geistlichen Spiele das Redentiner Osterspiel, so genannt nach dem Dorf Redentin bei Wismar, in welchem es i. J. 1464 geschrieben worden ist. Als sein Verfasser gilt der Cisterciensermönch Peter Kalff. Das Redentiner Osterspiel hebt sich hoch über die anderen geistlichen Spiele heraus. Es zerfällt in einen ernsten und einen lustigen Teil. Den ersteren beginnt der Verfasser mit einer Beratung der Juden über die Aufstellung einer Wache am Grabe Christi. Sie bitten dann Pilatus, er möge eine Wache aufstellen, da sie fürchten, die Jünger würden den Leichnam stehlen und dann sagen, er wäre auferstanden. Pilatus und die Juden verpflichten darauf die Wache, vier Soldaten und einen Wächter, der in der nächsten Szene am Grabe die schlafenden Soldaten foppt. Dann tritt ein Engel auf, der den Herrn erweckt. In einer kurzen Szene wird uns die Auferstehung gezeigt. Der Schauplatz wechselt wieder und führt uns in die Vorhölle, wo die Verdammten das Nahen des Erlösers spüren. Satanas aber hält Christus für tot, bis Luzifer, der Teufel Oberster, ihn eines Besseren belehrt. Von David, Adam und Eva begrüßt naht sich die Schar der Engel, dann tritt Jesus auf, verweist Satan zur Ruhe und sprengt die Fesseln der Hölle:

Swich, Satana, drake!
Swich, du vordumede snake!

> Springet up, gy helleschen dore!
> De selen scholen alle hir vore,
> De dar bynnene syn gehhangen.
> Ik hebbe an deme galghen ghehanghen
> Dorch de mynen willen beden,
> Grote pyne hebbe ik gheleden,
> An myne live vif wunden,
> Dar mede schal Lucifer werden bunden
> Wente an den junghesten dach.

Die erlösten Seelen werden vom Erzengel Michael ins Paradies geführt. Die nächste Szene zeigt uns wieder das Grab. Der Wächter singt:

> Waket, rittere, dat is schire dach,
> Ik vorneme der morghensterne slach.
> Id bowet an der owe.

Die Soldaten erwachen, bemerken, daß sie „Jhesum hebben vorlaren" und gehen zur Synagoge. Caifas und Annas geben ihnen Geld, damit sie über die Auferstehung schweigen und sagen, „de junghere hebben ene ut deme grabe stalen." Pilatus schickt einen Boten zum Grabe, der die inzwischen dorthin zurückgekehrten Wächter zu ihm bringt, die ihn um Gnade anflehen. Er geht mit ihnen zu den Juden und nimmt sie auf deren Fürsprache hin wieder in Gnaden an. Während die Juden ihre Niederlage zu verheimlichen suchen, muß in dem zweiten Teil, einem lustigen Teufels= spiel, Lucifer die seine anerkennen. Die Teufel haben, um die Hölle zu füllen, noch einige Seelen aufgegriffen (einen Schuster, Schneider, Priester u. a.); der Priester wäscht dem Luzifer jedoch dermaßen den Kopf, daß dieser kläglich aus= ruft „my bevet alle myne knaken" und daß die Teufel ihn hukepack zur Hölle tragen müssen.

Schon der Aufbau des Stückes verrät die Hand eines bedeutenden Talents. Die Handlung schreitet steigend auf= wärts, bis sie im Erscheinen Christi in der Hölle ihren Höhe= punkt erreicht. Zu dem Sieg des Herrn bildet dann die Be= mühung der Juden, ihre Niederlage zu verdecken, einen wirk= samen Gegensatz, der in der Teufelsszene als Niederlage der Hölle noch schärfer hervortritt. Die Sprache des Dichters ist reich an volkstümlichen Redewendungen, und der ge=

schickt geführte Dialog entbehrt jeder undramatischen Länge. Wahrscheinlich ist das Spiel in Wismar zur Darstellung gelangt. Zu jener Zeit sind geistliche Spiele anscheinend häufig aufgeführt worden, da es Leute gab, die sich das Spielgerät verschafften, damit im Lande umherzogen und Eintrittsgeld erhoben.

Das geistliche Drama hatte sich mit dem Redentiner Spiel auf eine beachtenswerte Stufe gehoben und versprach eine gesunde Weiterentwickelung, die jedoch in Niederdeutschland durch die Reformation gehemmt wurde. Das **weltliche Drama** hatte im 15. Jahrhundert bereits den Schritt von der Posse zum ernsten Spiel getan, indem es sagenhafte und Novellenstoffe in seinen Kreis zog. Dann hatte man Verständnis dafür erlangt, daß die Bühne eine moralische Anstalt sei und bevorzugte lehrhafte Stoffe. Diese Entwickelung erkennt man deutlich an den uns erhaltenen Titeln von mehr als 70 Fastnachtsspielen, welche die Zirkelbrüder, eine Brüderschaft von Patriziern Lübecks, während der Jahre 1430 bis 1515 zur Aufführung brachten. Bis zum Jahre 1478 bevorzugte man Sagen- und Novellenstoffe und wandte sich dann den lehrhaften zu. In Lübeck wurden die Stücke auf einem Wagen (borch), der durch die Stadt zog, gespielt. Im allgemeinen fanden aber die Aufführungen wohl nicht auf besonderen Bühnen statt, sondern junge Leute zogen verkleidet von einem Haus ins andere und spielten ihre Rollen ohne weitere Bühneneinrichtungen, wobei auch die Frauenrollen von Männern dargestellt wurden. In den meisten niederdeutschen Städten wird die dramatische Kunst in ähnlicher Weise gepflegt worden sein wie in Lübeck, wenn auch Überlieferungen darüber nur spärlich vorhanden sind. Aus Magdeburg wissen wir, daß dort schon i. J. 1220 von reichen Bürgersöhnen zu Pfingsten der Roland, die Tafelrunde und der Schildekenbom gespielt wurden. Zu erwähnen aus der ganzen weltlichen Dramenliteratur ist eigentlich nur das wahrscheinlich i. J. 1484 in Lübeck aufgeführte Spiel von der Rechtfertigkeit, der Henselin, der gewandten Dialog und Charakterisierung der Personen nach Ständen zeigt.

9. Rückblick.

Der niederdeutschen Literatur war im Mittelalter keine so reiche Blüte beschieden wie der oberdeutschen Schwester. Ihre Werke stehen an Bedeutung hinter dieser zurück, die von Anfang an ein Übergewicht ausübte und sie vielfach beeinflußte. Die reichere Entfaltung in Oberdeutschland ist wohl darauf zurückzuführen, daß die Kraft der Norddeutschen in den ersten Jahrhunderten noch von der Eroberung und Kolonisation des Ostens beansprucht wurde, während die Oberdeutschen im angestammten Lande saßen. Zudem war der heitere Oberdeutsche mehr der Poesie zugeneigt als der schwerfälligere Sachse, und als die Niederdeutschen zur Ruhe kamen und die Kulturentwickelung stärker bei ihnen einsetzte, fanden sie schon eine reiche süddeutsche Poesie vor, die sie sich zunächst mundgerecht machten, ehe sie an die Schaffung eigener Werke gingen. Auch fand die Dichtkunst an den mittel= und süddeutschen Fürstenhöfen eine liebevolle Pflege, während wir von den norddeutschen nur vereinzelt ein Gleiches vernehmen. Ferner wird der Umstand von Einfluß gewesen sein, daß die Kaiser mit Ausnahme der sächsischen (919—1024) dem Süden entstammten, dort ihren Hof hielten und so der oberdeutschen Sprache und Literatur ein Übergewicht verschafften. Nur auf einem Gebiet hat die plattdeutsche Literatur es der oberdeutschen gleichgetan, auf dem der lehrhaften Dichtung, und auf dem des Tierepos und des Dramas hat sie zwei Werke geschaffen, denen das Oberdeutsche nichts an die Seite zu stellen hat, den Reinke Vos und das Redentiner Osterspiel. Es ist bezeichnend für die langsamere Entwickelung des Niederdeutschen, daß diese beiden Werke am Ausgange der Periode stehen, während das Oberdeutsche seine besten Werke vom 12. bis 14. Jahrhundert hervorgebracht hat. Von einer Blüte der plattdeutschen Literatur aber kann man kaum sprechen. Die Knospen waren da, kamen unter der Ungunst der Verhältnisse aber nicht zur Entfaltung.

Das Zeitalter der Reformation und des Niederganges der plattdeutschen Dichtung (1500—1750).

1. Einleitung.

Mit dem 16. Jahrhundert läßt die Geschichtsschreibung die neue Zeit beginnen, und die Ereignisse, welche dieses Zeitalter einleiten, sind allerdings von der folgenschwersten Bedeutung für das Leben der Völker gewesen. Für die plattdeutsche Sprache und Literatur sind es vor allem zwei Ereignisse gewesen, die bestimmend auf ihre Geschicke einwirkten: die Erfindung der Buchdruckerkunst und die Reformation.

Die Buchdruckerkunst war im zweiten Drittel des 15. Jahrhunderts von Gutenberg in Mainz erfunden worden. Sie hatte sich bis zur Wende des Jahrhunderts kräftig entwickelt und war dadurch, daß sie das mühsam abgeschriebene einzelne Exemplar eines Buches durch eine gedruckte Auflage von vielen hunderten ersetzte, der größte Kulturfaktor jener Zeit geworden. Das Schulwesen konnte auf eine breitere Grundlage gestellt werden, der Verbreitung von Wissenschaft und Kunst waren neue Bahnen geöffnet, und die Werke der schönen Literatur konnten Heimstätten in Häusern finden, in die das geschriebene Buch niemals gelangt wäre. Das Geschlecht der fahrenden Spielleute mußte der schwarzen Kunst weichen, denn das Volk wurde allmählich aus Hörern zu Lesern. Welch reiche Literatur würden wir aus dem Mittelalter besitzen, wenn die Werke schon gedruckt und in vielen Exemplaren verbreitet worden wären! Den Wert der alten Handschriften aber wußte man, nachdem das gedruckte Buch aufgekommen war, häufig nicht zu schätzen und hat sie vielfach zum Buchbinden verwandt. Der älteste plattdeutsche Druck ist (nach Scheller) ein Brevier ohne Titel, Druckort und Jahreszahl, das sich auf der Wolfenbütteler Bibliothek befindet. Aber schon in der zweiten Hälfte des 15. Jahrhunderts erschien eine ganze Reihe plattdeutscher Bücher, besonders medizinische und juristische Werke, Chroniken, theologische Schriften u. a.

Hatte die Buchdruckerkunst der niederdeutschen Literatur zwar den Vorteil gebracht, daß ihre Werke an Verbreitung gewinnen konnten, so brachte sie, als sie soeben ein leistungsfähiges Handwerk geworden war, jedoch den großen Nachteil, daß die hochdeutsche Sprache, die Sprache der Re= formation, nunmehr leicht ihren Weg in alle Häuser Niederdeutschlands fand. So erlitt das Plattdeutsche durch die Reformation, deren Wirkung ohne den Buchdruck wahrscheinlich sehr begrenzt geblieben wäre, den schwersten Schlag. Indem die Reformation das Hochdeutsche zur herrschenden Schriftsprache in ganz Deutschland machte, wurde die Befürchtung, das Reich könne dereinst infolge der Zweisprachigkeit in zwei selbständige Staaten zerfallen, ein für allemal abgewendet. Dagegen wurde in einem großen Teil des deutschen Landes der Gebrauch der angestammten Sprache eingeschränkt, und erst heute, wo man ihren Wert für das Volkstum anerkannt hat, bemüht man sich zu retten, was noch zu retten ist. — Das Hochdeutsche drang von den Kanzleien in die Verwaltungen ein. Es wurde Behördensprache, Sprache der Gelehrten, Gebildeten und hielt seinen Einzug in die Schulen. Etwa um die Mitte des 16. Jahrhunderts verschwand das Plattdeutsche aus den fürstlichen Kanzleien. Schon i. J. 1542 erschien das letzte plattdeutsche Reskript der mecklenburgischen Herzöge. Die Landstände faßten allerdings ihre Beschwerden noch i. J. 1562 niederdeutsch ab. In der Kirche hielt sich, obgleich von ihr die Reformation ausgegangen war, die Landessprache länger. Noch i. J. 1690 erschien eine pommersche Kirchenordnung, allerdings mit hochdeutscher Übersetzung. So drang das Hochdeutsche Schritt für Schritt vor und wandelte das Plattdeutsche von einer allgemeinen Volks= und Schriftsprache in eine Sprache bestimmter Volksklassen, in einen Dialekt um. Wer auf dem Gebiete der Kunst und Wissenschaft und der Literatur sich dem ganzen deutschen Volk verständlich machen wollte, der mußte sich des Hochdeutschen bedienen. Das Plattdeutsche nahm die Ausdrücke der Kunst und Wissenschaft nicht mehr in seinen Sprachschatz auf, wodurch das Gebiet, auf dem es literarisch verwendbar war, allmählich sehr beschränkt wurde. Bis zur Mitte des 19. Jahrhunderts empfand man es als einen Gegensatz zur Schriftsprache, als etwas weniger Edles. Es lag für die Dichter gar zu nahe, in ihren Werken nur diejenigen Personen im Dialekt sprechen zu lassen, die sich seiner auch im wirklichen Leben bedienten. Da dies im allgemeinen nur Nebenpersonen waren, deren Ausdrucksweise derb und plump war, gelangte man mit der Zeit dahin, das Plattdeutsche nur für komische Szenen geeignet zu halten, eine Ansicht, von der man erst in neuerer Zeit zurückgekommen ist. —

Die Reformation übte auf die deutsche Literatur einen ungeheuren Einfluß aus. Sie zwang die Menschen zur Stellungnahme für oder wider die oft angestrebte kirchliche Umwälzung. Sie erschütterte das Geistesleben des Volkes bis ins Mark, und wo die letzte und tiefste Frage, die Frage, ob das Volk auf dem richtigen Wege zu seinem Gott war, aufgerührt wurde, da blieb für die schöne Literatur nicht viel Raum übrig. Wer die Feder führen konnte, der schrieb für oder gegen die neue Lehre. Streitschriften und Tendenzdichtungen waren die Waffen im Geisteskampf. Gebetbücher oder sonstige theologische Schriften sollten im alten Glauben festigen oder für den neuen werben. Nur zwei Zweige der Literatur des Mittelalters blühten weiter, weil sie in die neue Zeit hineinpaßten, die lehrhafte Dichtung und das Drama.

Doch das deutsche Volk sollte nicht zur Ruhe kommen. Als die Geisteskämpfe mit dem Ende des 16. Jahrhunderts sich ausgetobt hatten, kam die Zeit des dreißigjährigen Krieges und schlug tiefe Wunden. Noch war das Plattdeutsche die herrschende Sprache Norddeutschlands, noch hätte die Dichtkunst blühen können, doch um diese Blüte hat uns der große Krieg gebracht. Und nach ihm ging es mit dem Plattdeutschen schneller bergab als zuvor. Das deutsche Volk war nicht mehr stark genug, eine nationale Dichtung zu schaffen und wandte sich der Nachahmung ausländischer Vorbilder zu.

Die Abnahme der plattdeutschen Sprache spiegelt sich deutlich in der Zahl der plattdeutschen Druckwerke wieder. Diese beliefen sich in der ersten Hälfte des 16. Jahrhunderts auf etwa 350 und sanken in der zweiten Hälfte auf gut 100. In den gleichen Zeiträumen des 17. Jahrhunderts sinken die Zahlen dann auf etwa 40 und 20, um im 18. Jahrhundert noch weiter abzunehmen. Von welcher Höhe aber die plattdeutsche Sprache durch die Reformation herabgestürzt worden ist, mag man daraus ersehen, daß sie im Ausgang des Mittelalters die allgemeine Verkehrssprache zwischen Norddeutschland, den skandinavischen und baltischen Ländern und auch die Sprache der Diplomatie zwischen den norddeutschen Regierungen und den nordischen Fürstenhöfen war. Ihre Kenntnis in den gebildeten Kreisen Skandinaviens war allgemein und muß es auch noch längere Zeit geblieben sein, denn Lauremberg brachte noch im 17. Jahrhundert plattdeutsche Bauernszenen in Dänemark auf die Bühne.

2. Von der Reformation bis zum Ende des dreißigjährigen Krieges.

Schon der Ausgang des Mittelalters deutete in seinen mannigfachen Satiren auf die Geistlichkeit auf die gewaltige Bewegung hin, die Europa durchbrausen sollte. Man wollte das Wort Gottes nicht nur aus dem Munde einer Geistlichkeit hören, deren Glieder vielerorts an Achtung sehr verloren hatten, man wollte unmittelbar aus der Quelle schöpfen, und so waren denn schon in den Jahren 1480 und 1494 in Cöln und Lübeck plattdeutsche Übersetzungen der B i b e l erschienen. Sie haben jedoch, ebenso wie eine 1520 in Halberstadt herausgegebene Verdeutschung, keine derartige Verbreitung erlangt, wie sie der von B u g g e n = h a g e n mitbearbeiteten Übertragung der Lutherschen Bibel ins Niederdeutsche beschieden war, die zuletzt i. J. 1621 aufgelegt worden ist. Sie hält sich ziemlich eng an den Lutherschen Text, während die 3 Vorläufer auf die la=

teinische Fassung, die Vulgata, zurückgehen. Ein Bruch=
stück des 90. Psalms aus der Halberstädter Ausgabe wird
dem Leser willkommen sein:

HEre du bist uns worde ein tho flucht van de geslechte
yn dat geslechte. Ehr de berhge worden effte de erde wart
geformeret, und de ummeganck van ewicheidt und yn ewicheit
byftu god. En kere den mynschen nicht aff yn demodicheit,
un sprekest bekert iu kyndere der mynschen. Wente dusent
iaer vor dyne ogen synt alse de dach de ghsteren entwech
ghnck. .... Fro vorgeyt he alse dat krut, fro bloyet he
und vorgeyt, tho besper tyd mot he vallen vordrogen un
vorharde. Wente wy gebreke yn dem torne, und yn dyner
grimmicheit worde we bedröbet.

Die ganze Kampfesstimmung jener Zeit, die Glaubens=
zuversicht der Evangelischen und ihr Trotz gegen das Papst=
tum aber hallt uns aus dem protestantischen Kirchenlied
entgegen. Der geistliche Dichter wandte sein Talent nicht
mehr den Epen zu, ihm war ein neues Feld erschlossen
worden. War doch das deutsche Lied eine Hauptwaffe
der neuen Lehre. Es wurde in Niederdeutschland eifrig
gepflegt, und schon i. J. 1525 erschien in Rostock das erste
plattdeutsche Gesangbuch, dem bald zahlreiche andere
folgten. Zwar finden sich in ihnen viele Lieder, die ins
Plattdeutsche übertragen worden sind, daneben standen je=
doch eine ganze Reihe niederdeutscher Dichter auf, die den
Gemeindegesang mit Liedern in ihrer Heimatsprache be=
reicherten, von denen manche in hochdeutscher Fassung noch
weiterleben, wie der Gesang von Hobesch (Nik. Decius,
gest. 1541):

Allene God in der Höge sy eer
und danck vor syne gnade,
darum dath nu und vort nicht mer
unns rören mach eyn schade.
Eyn wolgeval Got an uns hatt,
nu is groth fred ane underlath,
alle beyde nu hefft eyn ende.

Von demselben Dichter rührt auch das Lied „Hyllich ys
Godt de Vader" her. Ferner seien genannt Burkard
Waldis (gest. 1557), Erasmus Alberus (1500 bis
1553) mit seinen Liedern „Nu frowt huw, Gades Kinder
all" und „Christe, du bist de lichte Dach," Johann Fre=

bers (1510—1562) „Godt Vader yn dem Hemmelryk,"
Bacmeisters „Ach lebe Her im höchsten Thron," Grubers „Ach Godt van hemelrike" und Knöpkens (gest. 1539) „Wat kan uns kamen an vor noth." Ferner hat Hermann Bonn (1504—1548) sich auf dem Gebiete des Kirchenliedes einen Namen gemacht. Vielgesungen und in allen Gesangbüchern enthalten waren auch die Übertragungen von Hans Sachsens „Synghet dem Herrn ehn nye ledt" und von Luthers Kampflied

Eyn vaste Borch ys unse Godt,
ehn gude wehr und wapenn.

Erwähnt mögen auch zwei Dichter aus einer Zeit, in welcher der Sturm des Glaubenskampfes sich schon etwas gelegt hatte, der Hamburger Mathesius, dessen geistliches Wiegenlied „Nu slaep myn leve Kindelyn" bekannt geworden ist, und Nikolaus Gryse (1543—1614), der sich in seinen „Christliken Gebeden und Psalmen" als ein gewandter Liederdichter erweist. Mit ihm bricht die plattdeutsche geistliche Liederdichtung ab, ohne in späterer Zeit wieder aufzuleben.

Die **weltliche Lyrik** war in jener Zeit durch Volkslieder (Liebeslieder, Landsknechtslieder usw.) und durch historische Lieder vertreten, die als Flugblätter eine weite Verbreitung fanden, daneben machten die streitenden Glieder der Kirche auch ausgiebigen Gebrauch von Kampfgedichten, Pasquillen usw. Hervorzuheben sind die Freiheitslieder der Dithmarschen, die Nercorus in seine Chronik dieses Landes aufgenommen hat und von denen einige hier Platz finden mögen:

He let wol buwen ein gut schlot
    unsem erlichen lande to gramme,
do sprack sick Roleffs Bokelen söne,
    de beste in unsem lande:
Tredet herto, gi stolten Ditmarschen!
    unsen kummer wille wi wreken,
wat hendeken gebuwet haen,
    dat können wol hendken tobreken.
De Ditmarschen repen averlut:
    dat lide wi nu und nummermere,
wi willen darumme wagen hals und gut
    und willen dat gar ummekeren.

> Wi willen darumme wagen gret und bret,
> und willen dar alle umme sterven,
> er dat der Holsten er abermoet
> so schelde unse schone land vorderven.

Und mit berechtigtem Stolz konnte das tapfere Bauernvolk von sich singen:

> De sick jegen Ditmarschen setten will,
> De stelle sick woll tor wehre!
> Ditmarschen dat schölen buren sin,
> It mögen woll wesen heren.

Die **lehrhafte Dichtung** des Mittelalters brachte als Spätling noch den Spiegel der Wißheyt (1540) hervor, ein Zwiegespräch zwischen Meister und Schüler. Besonders aber wurde im 16. Jahrhundert die **Spruchpoesie** weiter gepflegt. „Zu keiner Zeit, weder vorher noch nachher, hat die Verbreitung der Sprüche solche Dimensionen angenommen als im sechzehnten Jahrhundert. Keine Dichtungsart, weder Drama noch Lied noch Volksbuch, konnte damals, was Verbreitung und Volkstümlichkeit betrifft, mit der Spruchdichtung wetteifern." (Seelmann.) Viel gelesen waren zwei Spruchsammlungen, das Rimbökelin und Künstlike Werldspröke, eine Auswahl aus jenem, die beide aus der Mitte des Jahrhunderts stammen. Sie enthalten Sprüche der Art, wie wir sie heute noch zuweilen an alten Häusern und in Stuben, besonders solchen, die öffentlichen Zwecken dienen, finden, z. B.:

> Wultu böse gedancken vorschlan,
> Möstu wat dohn, nicht leddich ghan.

Erwähnt werden möge auch noch eine Tierdichtung, die Flota Cortum Versicale (1593), eine drollige Floh-Epopöe, die in plattdeutschen, lateinisch konstruierten Worten geschrieben ist und mit vielem Witz von dem kleinen Quälgeist der Menschheit, dem pulex irritans erzählt:

> Illis sunt equidem, sunt inquam, corpora kleina,
> Sed mille erregunt minschis martrasque plagasque
> Cum stekunt snavlum in livum blautumque rubentem
> Exsugunt usw.

Das **Drama** stellte sich zunächst gleichfalls in den Dienst der Glaubenskämpfe. Auf lutherischer Seite stand Bado, der sich in seinem Fastnachtsspiel Claws Bur (1523) als ein witziger Kopf zeigte. Er führt einen Pfaffen, einen Fiskal, einen Doktor und den Titelhelden vor, der lebhaft „disputert mit handen unde mit munde" und sich trotz seines Standes so bibelfest wie ein Konsistorialrat erweist. Schließlich zieht er den Pfaffen auf seine Seite und entläßt die anderen beiden mit dem Wunsche

> Dat is huw to raden: wente bi paren
> Plegen de schelke tom duebel to faren.

Bedeutender als Bado ist der katholische Daniel von Soest (wahrscheinlich Johannes Gropper), der besonders in zwei Werken, dem Dialogon und Ein gemeine bicht oder bekennung der predicanten to Soest (1539) die ganze Lauge beißender Satire auf die lutherischen Prediger in Soest ausgoß. Der scharfe Witz der gemeinen bicht hat dieser Lokalsatire eine Bedeutung verliehen, die sie weit über die Grenzen Soests hinaus bekannt gemacht hat. Der Dichter hat mit sicherer Hand Einführung, Verlauf und Niedergang der neuen Lehre in Soest zusammengefaßt und enthüllt uns in lebendigen Gesprächen der Prediger ihren moralischen Tiefstand. Selbst den Teufel rufen sie zur Hilfe, der dann auch herbeieilt:

> Ik bin mode gegangen!
> Si nu hir to ju kommen,
> Und heb in beren landen vernommen,
> To Wittenberg bi Luther, dem doctor grot,
> Dat gi miner hir ok hadden not.
> Nu leven kinder, bin ik hir!
> Secht, wat is doch ju beger?

Ergötzlich ist das Auftreten einer entlaufenen Begine, der mannstollen Stine:

> Ik arme suster Stine,
> Dach und nacht darumb grine,
> Dat ik de beste tid sus heb bewant
> Und noch geinen man bekant!
> Wu sul ik dit nu na halen?

Am dramatischsten aber hat der Dichter die Hochzeitsfeier des Bischofs Simon geschildert, die durch eingestreute sangbare Lieder belebt wird. Während in Claws Bur lediglich disputiert wird, weist die gemeine Bicht eine lebendige Handlung auf, sie ist ein Drama, welches den Vergleich mit den Fastnachtsspielen Hans Sachsens hinsichtlich seiner dramatischen Wirkung nicht zu scheuen braucht.

Im übrigen war das **Fastnachtsspiel** trotz der Pflege, die man ihm angedeihen ließ, zum plumpen Schwank herabgesunken. Zu den besseren Erzeugnissen dieser Gattung gehörte noch des Mercatoris Dialog „Van dem Dode und van dem Levende (1560); auch Wo men böse Fruwens frame maken kann und der Schebe Kloth sind trotz aller Derbheiten noch annehmbar. Mit dem Ende des 16. Jahrhunderts aber verroht das Fastnachtsspiel merklich. In dem Maße, wie das Plattdeutsche aufhörte, Schriftsprache zu sein, durfte sich zu den Gebildeten nur derjenige rechnen, welcher die hochdeutsche Sprache verstand. Dies waren im allgemeinen die Städter, und so wurde denn der Bauer mit seinem breiten Dialekt bald die Zielscheibe für die albernsten Streiche. Roheiten, Unflätigkeiten und Zoten wurden ihm angedichtet und haben ein Zerrbild des Bauernstandes geschaffen, das die Fastnachtsspiele für den heutigen Geschmack zum größten Teil ungenießbar macht. Traurige Beispiele dieses Verfalls sind Tewesschen Hochtydt (nach 1616), Tewesschen Kindelbehr und Vitulus (1616). Auch in hochdeutsche Dramen flocht man bald plattdeutsche Szenen ein, weniger um sie lebenswahrer zu machen, als um die Lachmuskeln der Zuschauer zu reizen. Während Rist (1607—1667) auf diese Weise noch Volksszenen von dramatischem Wert schuf, erhoben sich ähnliche Einschiebungen in den Werken Rollenhagens und Laurembergs nicht über die durchschnittliche Höhe der Fastnachtsspiele.

Höher steht das **große Drama** oder Schuldrama, das uns hauptsächlich noch im Gewande des geistlichen Schauspiels entgegentritt. Sein erster bemerkenswerter Vertreter ist der besonders als hochdeutscher Fabulist bekannte Burkard Waldis, der Dichter des geistlichen Spiels de parabel vam vorlorn son. Waldis wurde in Hessen geboren, Franziskanermönch in Riga, besuchte Rom, wurde lutherisch und ergriff das Gewerbe eines Zinngießers. Als Agent der livländischen Konföderation i. J. 1536 gefangen gesetzt, wurde er 1540 durch seinen Bruder befreit, begab sich 1541 zum Studium nach Wittenberg und war von 1544 ab Pfarrer in Abterode in Hessen, wo er 1557 starb. In seinem Schauspiel, das 1527 in Riga gespielt wurde, gibt er eine Rechtfertigung seines Übertritts zum neuen Glauben. Das Drama, welchem das bekannte Gleichnis Christi zum Vorwurf gedient hat, zeichnet sich durch sichere Behandlung des Stoffes und frische Sprache aus. Biblische Stoffe wurden überhaupt bevorzugt, so wissen wir, daß im 16. Jahrhundert aufgeführt worden sind Judith, Adam und Eva, Susanna, Tobias u. a. Als Dramatiker betätigte sich auch Matheus Forchem, der für seine Schüler eine fünfaktige Komödie Von dem Paphyrio praetextato (1551) schrieb. Das beste große Drama schuf dann der Prediger Stricker in seinem fünfaktigen Düdeschen Schlömer (1584). Das Stück zeichnet die Völlerei eines holsteinischen Adligen, der sich schließlich auf seinem Totenbett bekehrt. Es ist in seinem ersten Akt frisch und mit flottem Dialog geschrieben, bis es mit dem Auftreten von Tod und Teufel ziemlich langatmig endet. Die Sittenschilderung des Adels muß sehr lebenswahr gewirkt haben, da ein Angehöriger dieses Standes, der sich wohl besonders getroffen fühlte, den Dichter ins Jenseits zu befördern versuchte. Stricker brachte darauf seine Haut nach Lübeck in Sicherheit. Ein anderes Schauspiel von ihm, Adam und Eva, ist uns nur in hochdeutscher Übertragung erhalten geblieben. Zu erwähnen sind ferner der zum großen Teil in plattdeutscher Sprache geschriebene Isaac (1606) des Rostocker Bürgers und Bergenfahrers Schlue und Lesebergs Susanna (1609). Bedeutender geberdet sich Kock (1583—1666) in seinem Elias (1630). Das Stück zeigt jedoch wenig dramatisches Leben, und wenn der Dichter auch zuweilen einen Anlauf zu höherem Schwung nimmt, so kehrt er doch bald wieder in „das stagnierende Fahrwasser doktrinärer Betrachtung zurück." (Gaedertz.)

Am Ende des 15. und zu Anfang des 16. Jahrhunderts hielt die Prosa in Gestalt der **Volksbücher,** die eine weite Verbreitung erlangten, ihren Einzug in die schöne Literatur Die Zeiten der Romantik waren vorbei, lebten aber zum Teil in Volksbüchern wieder auf. Abgesehen von den kirchlichen Fragen, die zwar eine Weile die Gemüter auf das leidenschaftlichste erregten, bald aber in Streitigkeiten der Theologen ausarteten und die nicht unmittelbar daran Beteiligten kalt ließen, herrschte in jener Zeit eine realistische, nüchterne Anschauung, der die Prosa mehr zusagte als die Poesie. Diesem Bedürfnis kamen die unbekannten Verfasser der Volksbücher entgegen, indem sie die nationalen und höfischen Stoffe der älteren Zeit in Prosa bearbeiten, daneben aber auch neue Stoffe aufgriffen. Das berühmteste Werk dieser Gattung ist Dil Ulenspegel, wahrscheinlich i. J. 1483 plattdeutsch geschrieben, doch in dieser ältesten Fassung uns nicht erhalten. Aus einer hochdeutschen Ausgabe geht aber hervor, daß sie „auß Sächsischer sprach auff gut Teutsch verdolmetschet" ist. Hatte bis dahin der Städter den plumpen Bauern verspottet, so rächte dieser sich, indem er den gesunden Mutterwitz des Bauernsohnes in derben Possen sich der vermeintlichen Pfiffigkeit der Städter überlegen zeigen läßt. Das Werk hat große Verbreitung erlangt. Die älteste bekannte Ausgabe ist hochdeutsch geschrieben und i. J. 1515 erschienen. Plattdeutsche Drucke folgten bald, und von da ab ist es bis in die Jetztzeit hinein ein Lieblingsbuch des Volkes geblieben und auch vielfach in fremde Sprachen übertragen worden. Sein großer Erfolg beruht hauptsächlich auf der köstlichen Gestalt des Schalksnarren, die prächtig gezeichnet, voll derber Frische und durchaus geeignet ist, Interesse für sein Treiben einzuflößen. Zudem hat der Verfasser seine Historie flott erzählt. Der Witz des Buches ist im allgemeinen jedoch plump, denn zum großen Teil bestehen die Streiche darin, daß Ulenspegel bildliche Befehle wörtlich ausführt. Daneben stehen dann allerdings auch wieder Streiche, die voll echten Humors sind. Deswegen konnte Brinckman denn auch dem Herrgott, als er auf dem Möllnschen Kirchhof auf dem Grabe des „richtigen Ulkmeisters und Spaßmakeroltgesellen" rastet, die Worte in den Mund legen: „Grar bei lütt Mann achter bei Plaugschor un ben Hakenstirt, achter Huwelbänk un Ambolt, in ben Kneireim un up ben Sniderdisch, dor paßt sik so'n Uhlenspeigelstückschen sir gaud hen; dat vermüntert un verfrischt sei busendmal bäter bi er ewige Arbeid as ben

Düwel sin knäpigste duwwelte Kaem. Dat is er so so notwennig as dat Solt up dat Brod, un dei lustige Weisheit, dei ut den Volksmund flütt, hölt dat of nich gegen min Evangelium Stich, so rangiert sei doch glik achter Salomonissen un Jesus Sirachen..... Allein dei ein Witz van Uhlenspeigeln mit den Klang van sin Geld dei ward so oft warden as dei Welt sülst." Viele Derbheiten und Rohheiten muß man allerdings seiner Zeit zugute halten. Das Buch ist in neuerer Zeit von Carl Tannen in guter neuniederdeutscher Bearbeitung herausgegeben worden. Wie Goethe ein anderes Volksbuch, den Faust, in neuem Gewande auferstehen ließ, so haben auch moderne Dichter (Adolf Böttger, Julius Wolff, Karl Schulte, Lienhard, de Coster) die Gestalt des Schalkes in ihre Werke hinübergerettet; mit dem alten Volksbuch haben die neueren Dichtungen allerdings fast nur den Titel und einige Charakterzüge des Helden gemeinsam. — Aus der stattlichen Reihe der sonstigen Volksbücher, die wohl zum größten Teil aus dem Hochdeutschen und Französischen übersetzt sind, seien genannt **Van Alexandro, Historia van D. Johann Fausten, Fortunatus, Melusine, Griseldis, Van den söwen wysen meisteren, Historia van der schönen Magelona.** Aus hochdeutschen Werken ist auch die i. J. 1592 erschienene Schwanksammlung der **Wegekörter** zusammengestellt, in dem wir manche noch heute lebende Geschichte antreffen, so das Märchen vom Schneider, der „söwen in einem slage tho dode geslagen."

Erst am Ausgang dieser Periode tritt uns wieder ein Dichter entgegen, der auf Bedeutung berechtigten Anspruch machen kann, nämlich **Johann Wilhelm Lauremberg** (geb. 1590 in Rostock, 1618 Professor der Poesie daselbst, 1623 Professor der Mathematik in Soröe Dänemark, wo er 1658 starb). Seine bedeutungslosen Zwischenspiele sind bereits erwähnt worden. Laurembergs Stärke lag auf dem Gebiet der Satire, und mit seinen **Veer Schertz-Gedichten** stellt er sich in die erste Reihe der Satiriker. Den Stoff zu den Gedichten lieferten ihm die Modetorheiten seiner Zeit:

> Wat vörm Jahr was Allemode
> Und von jederm wurd geehrt,
> Dat ys ißund nicht mehr werth,
> Als dat Schimmel van dem Brode:
> Nie wert old, und olt wert nie,
> Kaken moet men frischen Brie.

Nicht mit Nadelstichen, sondern mit Keulenschlägen geht der Dichter dann den Sitten seiner Zeit zu Leibe, und zwar dem verdorbenen Wandel und den Manieren, der "allamodischen" Kleidertracht, der vermengten Sprache und Titelsucht und schließlich der Dichtkunst, die damals unter dem Einfluß Opitzens stand. Lauremberg Satire ist derb und treffend, sie zeichnet sich durch eine zu jener Zeit unbekannte Frische und Volkstümlichkeit aus, und mag sie auch nach unseren Begriffen die Grenzen des Anstandes nicht immer wahren, so müssen wir dem Satiriker schon manches zugut halten, denn wer heilen will, muß die Schäden aufdecken, und zudem ist Lauremberg geistreich. Die Nachahmung französischen Wesens spottete damals jeder Beschreibung:

> Wen averst einer de vermengde Sprake hört,
> So werd he in synem Verstande gant verstört.
> He steit und gapet dar, und weet nicht im geringsten,
> Offt men van Paschen spreckt, edder offt men speckt van
>   Pingsten.

Dieser "vermengden" Sprache gegenüber streicht er dann in markigen Worten seine Muttersprache heraus. Seine Satire paßt in mehr als einer Hinsicht auch noch in die Jetztzeit, so wenn er von der Barttracht der Männer und den neuen Kleidern der Frauen spricht:

> De Mode-Krevet hefft all styv üm sick gefreten,
> Der Männer Underbahrt hefft he all wech gebeten,
> Twe klene Knevellens sitten noch under der Nesen,
> Sünst wüste man nicht dat hyt ein Man scholde wesen.

* * *

> So kriegen alle beyd wornah en steit de Sinn,
> Dat Fruwenvolk de Ehr, de Schnider den Gewin.

Daß Lauremberg seine Gedichte, wie er angibt, an drei freien Nachmittagen niedergeschrieben hat, merkt man der Form an, denn die Alexandriner sind alles andere eher als sauber gebaut. Trotz dieses Mangels ist das Büchlein oft aufgelegt worden, und bald sprach man von ihm als von den „veer olden berömeden Schertz=Gedichten." Ihr Erfolg mußte natürlich zur Nachahmung reizen, und so fühlte sich denn Joachim Rachel (1618—1669) berufen, auch seinerseits die Welt mit Satiren zu beglücken. Leider beging man die Unvorsichtigkeit, seine Verse i. J. 1700 mit denen Laurembergs bereinigt herauszugeben: „Mit eenem Anhange van etlicken in düssen Thden nhen ingeschlekenen Mißbrücken." Rachel fehlte jedoch der Witz seines Vorbildes und so sind seine Verse denn nur ein Rahmen, der die Gedichte Laurembergs erst recht hervortreten läßt.

Am Schlusse dieser Periode tritt dann noch ein liebenswürdiger Lyriker auf, Simon Dach (1605—1659), von dem wir nur ein plattdeutsches Gedicht besitzen, das in hochdeutscher Fassung noch heute viel gesungen wird, das Hochzeitslied

Anke van Tharau ös, de mi geföllt,
Se ös min Lewen, min Goet un min Gölt.

Anke van Tharau heft wedder eer Hart
Op my geröchtet ön Löw' on ön Schmart.

Anke van Tharau mihn Rihkdom, mihn Goet,
Du mihne Seele, mihn Fleesch on mihn Bloet.

Quöm allet Wedder glihk ön ons tho schlahn,
Wy syn gesönnt by een anger tho stahn.

Krankheit, Verfälgung, Bedröfnös on Pihn
Sal unsrer Löwe Vernöttinge syn.

Recht af een Palmen=Bohm äver söck stöckt,
Je mehr en Hagel on Regen anföcht.

So wardt de Löw' ön ons mächtig on groht,
Dörch Kryhtz, dörch Lyden, dörch allerley Noht.

Anke van Tharau, myn Licht, myne Sönn,
Myn Leben schluht öck ön dyhnet henönn.

Dit öß dat, Anke, Du söteste Ruh,
Een Lihf on Seele wart uht öck on Du.

Dit mahckt dat Lewen tom Hämmlischen Rihk,
Dörch Zancken wart et der Hellen gelihk.

(Verse 1 bis 7, 10, 16, 17 des 17 Verse langen Liedes.)

3. Der Tiefstand der plattdeutschen Literatur (1650—1750).

Hatte Lauremberg schon über die Vernachlässigung seiner Muttersprache geklagt, so bietet die Periode nach dem dreißigjährigen Kriege erst recht ein trauriges Bild. Auf der einen Seite ein Vordringen des Hochdeutschen in die niederdeutschen Kreise, auf der anderen Seite Gleichgiltigkeit und mangelndes Verständnis für die Schönheiten und den Wert der altangestammten Sprache. Das deutsche Volk war durch den langen Krieg zerrüttet, nationales Empfinden war im Bruderkampf gänzlich erstorben, schöne Landstriche Niederdeutschlands behielt das Ausland in seiner Gewalt. Das deutsche Kaisertum war ein Schatten geworden, Schwert und Pest hatten die Staaten entvölkert, und auf den Feldern, die einst blühende Saaten getragen hatten, sproßte der Wald. Nur langsam heilten die Wunden, die der Krieg geschlagen hatte, und besaß das Volk schon nicht die Kraft, eine nationale Literatur zu schaffen, so lag dem Zeitalter ein Verständnis für das Volkstümliche erst recht fern. Nur einzelne weiterblickende Männer traten für ihre Muttersprache ein. So Raupach aus Tondern mit seiner Doktordissertation „Von unbilliger Verachtung der plat-teutschen Sprache" (Rostock 1704), so Abel in seinem Epos von der hülflosen Sassine.

Als erster Dichter dieser Periode, der sich des Plattdeutschen bediente, tritt uns der livländische Landrat **Gustav von Mengden** (1625—1688) entgegen, der i. J. 1679 die mit vielem Humor geschriebene Satire auf die Güterreduktions=Comission in Livland De fief Düwelskinder veröffentlichte. Herzlich unbedeutend ist dagegen Baers Arctophonia h. e. Ursi Laus et Fraus,

Virtus et Virus (1696), in welcher der Verfasser die
Tugenden seines vierfüßigen Namensvetters in lateinischen
und plattdeutschen Versen aufzählt. Eine anmutige Idylle
gab Joachim Beccau (1690—1755) im Oltfränki=
schen Schnickschnack twischen Hans un Grethe
(1719).

Ein Dichter, wenn auch kein bedeutender, entstand dem
Plattdeutschen dann in Caspar Abel (1676—1763). Er
veröffentlichte 1729 und 1732 plattdeutsche Übertragungen
des französischen Satirikers Boileau und der römischen
Dichter Horaz und Virgil zugleich mit eigenen Gedichten.
Außerdem fanden sich in seinem Nachlaß niederdeutsche Ge=
dichte, von denen besonders die hülfflose Sassine bemerkens=
wert ist. In seinen eigenen Gedichten zeigt Abel wenig
dichterische Begabung. Im mangelt es vor allem an einem
wichtigen Erfordernis des Poeten, der Phantasie, so daß
seine Gedichte den Leser nicht zu erwärmen vermögen. An=
sprechender als seine eigenen Dichtungen sind seine Über=
tragungen, in denen er die fremden Stoffe deutscher Vor=
stellung und Landschaft geschickt anzupassen weiß, so daß
sie uns wie Originale anmuten. Die ausländischen Eigen=
namen störten in seiner Zeit, die eine Vorliebe für die
Chloen, Dafnen usw. hatte, nicht. Als kurze Probe möge
ein Stück aus der neunten Ekloge des Virgil folgen:

> Galathea, kumm hieher, wat vor Lust iß in der See,
> Hier iß schöne Fröhlingstyt, hier sind Blomen, hier iß
> Klee,
> Hier sind Druven, hier iß Obt, witte Pöppeln, gröne
> Linnen
> Kanst du an den Beken hier by den düstren Hölen finnen,
> Kum, un lat dat wöste Meer sick mit sinen Klippen slahn,
> Wi wilt davor in dat Feld, un int Holt, spatzeren gahn.

Besonders bemerkenswert ist uns Abel jedoch durch die tiefe
Liebe zu seiner Muttersprache, der er in dem in seinem
Nachlaß aufgefundenen kleinen Epos von der hülfflosen
Sassine Ausdruck gegeben hat. Er kündigt im Vorbericht
zum zweiten Teil der satirischen Gedichte des Boileau ihr
Erscheinen an und sagt von ihr: „Es ist ein weitläufftig
Gedichte in Nieder=Sächsischer Sprache, darinnen ich alle

Fatalitäten, die derselben* begegnet, und wie die neidische Frankisse** diese arme Prinzessin ins Elend gebracht, der Wahrheit nach beschreibe, dabey auch zuletzt eine ergebenste Bitte an alle gebohrne, und noch dazu in Nieder=Sachsen wohnende, weltberühmte Poeten ... mit anhänge, ihr den so sehnlich verlangten Beystand nicht zu versagen .... Da denn sich verhoffentlich das Blatt wieder wenden, und unsere Nieder=Sächsische die Hoch=Teutsche bald einholen soll, als welche von Natur viel lieblicher und fliessender ist als jene. Die gantze Sache kommt nur darauf an, daß man aus ihr auch so eine Sprache der Gelehrten mache, wie die Hoch=Teutsche ist, ... sich auch wegen einer rechten Schreibart vereinige ..." In dem Gedicht selbst findet Abel warme Worte für seine Sassine:

 en Kind van Liebe schön, noch schöner van Gemöth,
 und eben as im May de kleine Lilge blöht,
 de in den Dählern wäßt, of gliek se kener wahret,
 so hatt by öhr Natur und Dugend sick gepaaret.

Wie eine Prophezeiung auf die neue Blütezeit der nieder=
deutschen Literatur klingen die Verse:

 Gefft brave Dichter erst en betgen öhr Gehör,
 so werden sick wol mehr up öhre Siede slagen,
 de öhr behülplick sind den Krans davan to dragen.
 En frischer Anfang iß so gut as halff gedahn.

Es ist zu bedauern, daß dieses Gedicht damals nicht im Druck erschienen ist. Es hätte segensreich für das Platt= deutsche wirken können, wenn auch der Dichter insofern über das Ziel hinausschoß, als er das Plattdeutsche auch zu einer Gelehrtensprache machen wollte.

Andere Pfade als Abel schlug Kaspar Friedrich Renner (1692—1772) ein. Wenn man der Überlieferung trauen darf, so behauptete eines Tags ein Freund Renners ihm gegenüber, daß es unmöglich sei, noch etwas dem Reinke Vos ähnliches in plattdeutscher Sprache hervorzu= bringen. Darauf dichtete Renner in der Sprache des 15.

---

*) D. i. der Sassine, der plattd. Sprache.
**) Die fränkische, b. i. hochdeutsche Sprache.

Jahrhunderts sein Epos Hennynk de Han, das er unter dem Pseudonym Franz Henrich Sparre herausgab. Das Epos ist eine Fortsetzung des Reinke Vos, erreicht das Vorbild aber in keiner Weise. Renner erzählt, wie unter der Kanzlerschaft Reinkes viele Tiere sich im Dienst des Königs nicht mehr wohl fühlen. Zu diesen gehört auch Hennink, und er beschließt daher, vom König Urlaub zu erbitten. Auf dem Wege zum Königshof begegnet ihm Reinke. Als es diesem nicht gelingt, Hennink das Genick umzudrehen, eilt er zum König voraus und verleumdet den Hahn, er hätte ihm ein Auge ausgehackt. Der König spricht sofort das Urteil, der Falke solle dem Missetäter das Gleiche tun. Doch Ryn, der Hund, legt sich ins Mittel, und nach langem Hin= und Herreden wird Hennink in Un= gnaden entlassen. Ryn begleitet ihn nach Hause, und sie übernachten in einem Busch. Frühmorgens erscheint der Fuchs und versucht, den Hahn mit süßen Worten vom Baum herab zu locken. Da springt Ryn jedoch aus seinem Ver= steck hervor und zerzaust Reinke dermaßen, daß er für tot auf dem Platz liegen bleibt. Hennink findet zu Hause vielen Schaden vor, den ihm Renardyn, des Fuchsen Sohn, angetan hat. Da beschließt auch Ryn, dem Hof fern zu bleiben, und er schickt den Täuber Unfalsch deswegen zum König. Unfalsch kommt darüber hinzu, wie der König und Reinkes Sippschaft, die ausgezogen sind, den Kanzler zu suchen, ihn im Busch gefunden haben. Reinke belügt natür= lich den König wieder, der ihn zu rächen verspricht. Re= nardyn hat sich auch eingestellt, und da er Appetit auf Taubenfleisch verspürt, springt er plötzlich auf den Täuber zu, der auf einer Eiche sitzt, fällt jedoch „bedüßt" zurück. Darüber erschrickt Reinke so, daß ihn der Schlag rührt. Unfalsch kehrt sogleich um und bringt die Freudenmär seinen Freunden.

De Hanen, Honre kleyn un groet,
Den dyt tor groten Vrawde deende,
De jucheden, schreyeden, dat yd klönde:
Juch! hey! wat hebbe wy vor Not?
De ole Reynke Voß is dot!
Dyt repen se baken uth der Whse.
Ryn tuskde se, un sprack ganz lyse:

Is Rehneke doet be flimme Droch,
So levet Renardyn doch noch.

Wie der Reinke Vos einen Dichter fand, der ihn in hochdeutsche Hexameter kleidete, so hat auch Hennink in N. Meyer einen Poeten gefunden, der ihm das Gleiche antat und ihn in diesem „gefälligen Gewande", wenn auch nicht der Nachwelt, so doch seiner Zeit überliefert hat. (1813.)

Mit der niederdeutschen Lyrik war es traurig bestellt. Sie wurde ausschließlich zu Hochzeitsgedichten verwendet und mußte in ihnen in derber Form vielfach zu plumpen Anspielegelungen herhalten, so daß die Musen allen Grund hatten, weinend ihr Haupt zu verhüllen. Das edle Beispiel, das Dach in seiner Anke van Tharau gegeben hatte, fand leider keine Nachahmung. Auch das plattdeutsche Drama ging reißend schnell den Krebsgang. Um die Wende des 18. Jahrhunderts finden wir vielfach plattdeutsche Szenen in Opern, im Jahr 1709 gelangt in Hamburg sogar das plattdeutsche Singspiel Die lustige Hochzeit zur Aufführung, dauernd festen Fuß vermochte das Plattdeutsche aber nicht auf den Brettern zu fassen. Auch die Erfolge, die Prätorius mit den Possen Hamburger Jahrmarkt und Hamburger Schlachtfest (1725) errang, waren nur vorübergehend.

Eine erfreuliche Erscheinung in dieser Periode ist Jobst Sackmann (1643—1718), der Prediger in Limmer bei Hannover, dem Brinckman in seinem „Uns' Herrgott up Reisen" ein ehrendes Denkmal gesetzt hat. Zwar hat Sackman die schöne Literatur nicht durch Werke bereichert, er hat sich aber durch seine kernigen, drastisch-humorvollen Predigten einen Beifall errungen, der heute noch andauert. Seine Leichenpredigt auf seinen Schulmeister Michael Wichmann ist ein Kabinettstück drastischen Humors, das den Vergleich mit Abrahams a Santa Clara Leistungen nicht zu scheuen braucht. Sackmanns Nachahmer, wie Bummel zu Schöppau, konnten ihm allerdings das Wasser nicht reichen.

So ließ denn das Bild dieses Zeitalters wenig erfreuliche Ausblicke auf die Zukunft zu. Die edle Saffine war hülflos geworden. Zur Gelehrtensprache eignete sie sich nicht mehr, das öffentliche Leben verschmähte ihren Gebrauch), und die Dichter, die sich ihrer bedienten, ritten einen lendenlahmen Pegasus und wußten die matte Mähre nicht derart zu tummeln, daß sie mit ihr über die Grenzen ihres Heimatsortes hinaussprengen konnten. Noch mehr als ein volles Jahrhundert mußte ins Land gehen, bis die Männer kamen, die Abels Hoffen erfüllten, indem sie seinen Schützling in einem Glanz auferstehen ließen, den dieser brave Poet sich wohl nicht hat träumen lassen.

Das Wiedererwachen der plattdeutschen Literatur (1750—1850).

Das 18. Jahrhundert war die traurigste Zeit für die plattdeutsche Dichtung. Abgesehen von den wenigen bereits erwähnten Werken herrschte fast bis zum Ende hin tiefes Schweigen im Dichterwalde. / So recht bezeichnend für diese Zeit war die erste niederdeutsche Wochenschrift die im Jahre 1772 in Berlin unter dem Titel „De Plattdütsche" herauskam. Ihr Inhalt setzte sich aus schlecht erzählten Geschichtchen mit pikanter Spitze, langweiligen Gesprächen und öden Betrachtungen über die Weltereignisse zusammen. Als sie ihr Erscheinen einstellte, hatte man keine Ursache, ihr eine Träne nachzuweinen. Nicht besser war die Wochenschrift „Dei ohle plattdütsche Mann", die i. J. 1774 in Braunschweig und Wolfenbüttel herausgegeben wurde, aber in demselben Jahre auch wieder entschlief.) In diesen unruhigen Zeiten aber, in denen die Kriegsfackel so häufig ihren flackernden Schein lohen ließ, wurden die Keime gelegt, aus denen die Dialektdichtung neu erstehen sollte. Ganz Deutschland hatte die Augen auf den Helden des siebenjährigen Krieges gerichtet, dessen Siege einen lange nicht mehr gekannten Stolz auf das Deutschtum, das Nationalgefühl allmählich weckten. Der Deutsche schielte weniger nach dem Auslande; er besann sich auf sich selbst und sah sich im eigenen Lande um. Wenn die erwachende National=

Literatur auch an dem großen König keinen Beschützer fand, so wurde sie doch aus eigener Kraft eine mächtige Förderin des Deutschtums und des Volkstums, dem sie eine liebevolle Pflege angedeihen ließ. **Justus Möser** wies in seinen **Patriotischen Phantasien** (1774) auf die Schätze der Vorzeit hin, **Herder** deckte in seinen **Volksliedern** (1778) den Wert der Volkspoesie auf, **Arnim** und **Brentano** schenkten den Deutschen in **des Knaben Wunderhorn** (1806) ihre alten Volkslieder wieder, **Moritz Arndt** erzählte Sagen seiner Heimat Rügen im Dialekt (1817) und **Uhland** ließ die Volkslieder in ihrem ursprünglichen Gewande auferstehen (1844). Mit Staunen sah der Deutsche, welche Schätze an Poesie im Volkstum verborgen lagen. Die Erkenntnis, welchen Wert die Erhaltung eines gesunden Volkstums für die Nation hatte, blieb allerdings erst einer späteren Zeit vorbehalten Neben der Arbeit der Dichter ging das emsige Wirken der Sprachwissenschaftler und Literarhistoriker einher, die in **Kinderling, Adelung, Uhland,** den **Brüdern Grimm, Scheller** u. a. ihre Hauptvertreter fanden. Die oberdeutschen Mundarten faßten durch **Usteris de Vicari,** durch **Grübels Gedichte in Nürnberger Mundart,** besonders aber durch **Hebels Allemannische Gedichte** (1803) wieder festen Fuß in der deutschen Literatur; die plattdeutsche Dichtkunst mußte allerdings noch 50 Jahre warten, bis ihr ein erster großer Dichter entstand.

Der erste Poet, der das Plattdeutsche wieder literaturfähig zu machen versuchte, war **Johann Heinrich Voß** (1751—1826). Er verteidigte sein Unternehmen mit den Worten: „Wird doch die dorische Sprache dem Dorier, denk ich, erlaubt sein," bewies jedoch eine wenig glückliche Hand, als er seine beiden Idyllen **de Winterawend** (1776) und **de Geldhapers** in einem Mischmasch von mecklenburgischem und holsteinschem Platt schrieb, wodurch ihre Wirkung völlig verloren gegangen ist. In reinem Platt, so wie er's im Leben sprach, sang dagegen der Rostocker **Diederich Georg Babst** (1741—1800). Seinen 1788—1790 erschienenen **Allerhand schnaksche Saken tum Tiedverdrief** ist vor allem ungekünstelte Sprache, natürliches Empfinden und sogar Humor nachzurühmen. In den Gedichten, die 1812 und 1843 im Auszuge neu heraus-

gegeben wurden, zeigt Babst sich als eine biedere, etwas
philisterhafte Natur:

> Ick söll bestännig hüslich wesen,
> Nicks bohn aß schriewen unn aß lesen?
> Watt'ß dat för'n Schnack?
> Ick magg towielen ok mal fieren
> Unn gah' di bör dat Duhr spatzieren;
> Dat iß mien Fack!

Goethe zählt Babst zur Klasse der Naturdichter und sagt
von ihm: „Ergötzlich ist es zu sehen, wie ein Mann, in
dem bürgerlichen Wesen selbst befangen, sich durch geniale
Betrachtung darüber erhebt, und dasjenige, was wir sonst
als Philisterei, Bocksbeutel, Schlendrian und alberne Stockung
zu verachten pflegen, in seiner natürlichen anmutigen Not=
wendigkeit sehen läßt und uns solche beschränkte Zustände
dulden, schätzen und lieben lehrt."

Ein begeisterter Freund seiner Muttersprache war
Christian Heinrich Wolke aus Jever (1741—1825).
Zwar selbst kein Dichter, gab er i. J. 1804 heraus „Düdsge
or Sassisge Singedichte, Grabsgriften, Leder.
singbare Vertelsels un wunderbare Ebentüre
sunst nömt Romansen un Balladen." Durch mehr
als dreihundert ins Plattdeutsche übertragene Gedichte ver=
suchte der Verfasser Interesse für seine Muttersprache zu
erwecken. Er ist ein geschickter Übersetzer, hat aber der
Verbreitung des Werkes durch seine selbst erfundene Schreib=
weise sicherlich sehr geschadet und damit seinen Zweck nicht
erreicht. Zum größten Teil entstammen die übersetzten Ge=
dichte dem Hochdeutschen (Lessing, Bürger, Klopstock, Goethe,
Schiller, Schlegel u. a.), doch sind auch einige dem
Dänischen entnommen. Als Probe der Geschicklichkeit Wolkes
und seiner Schreibweise mögen die Anfänge zweier be=
kannten Gedichte dienen:

> Ik will ju bertellen en Störken regt snurrig.
> Da wer mal en Kaiser, mër lustig as gnurrig,
> Ok wër do en Abt un en Höber bam Bë;
> Man Sgabe, sin Sgäpfer wër klöker as he.

* * *

>Ins wër en Hüne Goliad,
>En aisgen Bullerjan!
>He habde Tressen up dem Hod
>Un enen Klunker dran,
>Of enen Rok van Sulbermor,
>Den Rest dem lik bam Fot to'm Or.
>
>Un sinen Snurbart sëg men man.
>Mit Gräsen an der Snut.
>Im Gansen sëg de Urian
>Pur as de Düvel ut.
>Sin Sarras wër, hir sprikt nën Drom,
>Der Gröte lik bam Weberbom.

Viel gelesen wurden die **Plattdeutschen Gedichte** des Altmärkers **Bornemann** (1766—1851), die er in den Jahren 1810, 1816 und 1820 veröffentlichte. Seine Lyrik erhebt sich nicht über den Durchschnitt, einige Naturbilder mögen immerhin als nicht üble Versuche auf diesem Gebiet genannt sein, so „Sommers Kräftgang" und „Herbsttieds Hergang":

>Oeber Hoaberstoppeln weiht
>Scharper Wind nu rüm,
>Un de frostge Sommer dreiht
>Sick doarby linksüm.
>Sang un Klang is rings verstummt,
>Voagelschlag verhallt,
>Un keen flietig Immken summt
>Noch dörch Feld un Wald.

Ein ausgesprochenes Talent zeigt Bornemann dagegen für erzählende Dichtungen (Romanzen, Balladen u. dergl.), die sich durch Anschaulichkeit und Frische auszeichnen. Von ihnen sei neben „Thl Ulenspeegels letztet Stück" vor allem „Junker Hans von Ploaten" genannt. Daneben gelang ihm auch manches volkstümliche historische Lied, wie „De olle Fritz", „De Schlacht bi Ballerdanz", „De olle Blücher" Manche seiner Dichtungen, in denen er Erinnerungen aus seiner Jugendzeit festgehalten oder Land und Leute geschildert hat, sind kulturhistorisch wertvoll. Mit Vorliebe betätigt er sich auch als Läuschendichter, indem er Anek=

boten und Jagdgeschichten in Reime bringt. Alles in allem
spricht aus Bornemann eine kräftige, schlichte Natur. Seine
Gedichte bedeuten einen Gewinn für die plattdeutsche Lite=
ratur jener Zeit. Er ist der erste plattdeutsche Dichter,
dessen Werke über einen engeren Kreis hinaus Beifall
fanden, leider wird ihr Genuß durch das unreine Platt
und häufig durch Weitschweifigkeit beeinträchtigt.

Von dem Oldenburger Gramberg (1772—1816) haben
sich manche Gedichte voll zarten Empfindens bis in die Jetzt=
zeit erhalten, auch der Westpreuße Cornelius von
Almonde (1753—1844) verdient wegen des Humors, der
aus manchen seiner wenigen Gedichte hervorleuchtet, nicht
vergessen zu werden. Ein handwerksmäßiger Verseschmied
war F. W. Albrecht (1774—1840), ein Landsmann und
Nachahmer Bornemanns, den dessen Lorbeern nicht schlafen
ließen und ihn dazu trieben, Plattdeutsche Gedichte
von einem altmärkischen Landmann (1817) her=
auszugeben. Er gesteht aber ehrlich ein, wie er seine Verse
zuwege gebracht hat:

Ik sett'te mi an minen Disch,
Stoppt mi 'ne Piep un rookt
Un dresselt' Versche, ümmer frisch,
Dat mi de Kopp so schmookt.

Den Gebrauch dieses Rezeptes merkt man ihnen auch an.
Wertvoller als die „Versche" Albrechts sind die verein=
zelten Gedichte des Mecklenburgers Giesebrecht (1792
bis 1873), die einen talentvollen Lyriker verraten. Auf
niederdeutschem Gebiet versuchte sich auch sein Landsmann
Wille (1771—1814), unter dessen hochdeutschen Ge=
dichten (1812) sich drei frisch erzählte Läuschen und die
anmutige Idylle „De Undereerdschen" befinden.

Mit dem Hamburger Jürgen Niklaas Bärmann
(1785—1850) tritt dann ein vielseitiger Dichter auf den
Plan. In seinen Rymels un Dichtels. En Höög=
un Häwelbook (1822), Dat grote Höög= un Häwel=
book (1827) und Dat sülwerne Book (1847), die von
seinen zahlreichen Werken besonders genannt seien, zeigt er
sich als ein talentvoller Lyriker. Mit Geschick pflegt er
das Liebeslied und das Idyll. In seine Verse bannt er

Anmut und Wohlklang, die seinen Vorgängern meistens fehlen, auch geht er einem schwierigeren Strophenbau (Triolett, Sonett) nicht aus dem Wege. In seinen Werken tritt er uns als eine liebenswürdige, heitere Natur entgegen:

Kinderspill.

Blänkert Leed doch in dien'n klaren
 Ogen, un van dienen Lippen
Mutt' nen öten Kuß ik nippen;
 Schallst niks Leegs dabi erfahren!
Bruukst di nich so lang to wahren,
 Nich so schelm'sch mi uuttowippen:
Süh, ik hoold di fast bi'm Slippen,
 Denn Verstand kümmt nich vör Jahren.
Laat de Oolden bäden, gröölen,
 Schelden, brummen, locken, hissen
Un sik hüüt üm morgen kwälen!
Hoold di an den Spruch, den wissen:
 „Kinnder sünd wi un mütt't spälen,
 Un de spälen deit, mütt küssen!"

Große Erfolge errang Bärmann auf der Bühne. Seine Volksstücke **Kwatern** (1821), **Windmööl un Watermööl** (1823), **De drübbe Fyrdag** (1847) und die nicht gedruckten **Stadtminschen** und **Burenlüüd** und **Freud up un Truwr dahl** wurden häufig aufgeführt. Damit war nach einer Pause von mehr als hundert Jahren dem Plattdeutschen die Bühne seiner Vaterstadt, wenn auch nur vorübergehend, wiedererobert. Aus Bärmanns anmutigen Versschauspielen spricht ein gesundes Empfinden, und so anspruchslos und bescheiden sie sich auch geben, so sind sie doch geschickt aufgebaut und verraten die Hand eines gewandten Bühnentechnikers, der tieferen Konflikten allerdings aus dem Wege geht. Im übrigen ist diese Periode arm an dramatischen Dichtern; zu nennen wäre noch der Oldenburger **Cropp**, der den Fastnachtsschwank „Hans Bolt" (1843) schrieb.

In starrem Gegensatz zu dem gemütvollen Bärmann steht der Mecklenburger **Lessen** (1780—1827). Lessen hatte

mit Auszeichnung in den Freiheitskriegen gefochten, als
ihn Begeisterung für den Freiheitskampf der Griechen gegen
die Türken ergriff. Er wanderte i. J. 1822 zu Fuß nach
Südfrankreich und schiffte sich von dort nach Griechenland
ein. Im nächsten Jahre kehrte er jedoch, von den Nach=
kommen des alten Heldenvolkes gründlich enttäuscht, in die
Heimat zurück. Seine Erlebnisse hat er in seiner Hellenia
(1824) in Versen besungen. Lessen besitzt eine plastische
Gestaltungskraft und trockenen, doch zuweilen galligen
Humor, und so ist denn das Werk recht ergötzlich zu lesen,
besonders an den Stellen, wo er seiner Satire die Zügel
schießen läßt. Seine ganze Verachtung der Griechen spricht
aus der folgenden Strophe:

> Kein Minsch het zwors de Türken nett
> Bi uns in Bäuckern schillert;
> Dei Uemgang mit dei Griechen het
> Sei etwas wohl verwillert,
> Doch stahn moralisch sei di doch
> Vähl höger as dei Griechen noch.

Plattdeutsche Lyrik war auch vereinzelt in Zeitungen
und Zeitschriften enthalten. Eine Sammlung von solchen
Gedichten in ostfriesischer Mundart erschien i. J. 1828 unter
dem Titel „Sanghfona. Plattbütsk=Oftfreeske Rimen,
Vertelfels un Döentjes." Die Nordsee hat dem Buch ihren
Stempel aufgedrückt, und Schifferlieder sind die besten Stücke
des Bändchens, wie das im Auszug folgende „Leed bi de
Ofvaart der Büsen to singen" von J. L. Lange:

> Hurreh! de Seils flink uutgespannt,
> 't Geit in de wide See!
> Hurreh! de Dreibaß lößgebrannt —:
> De König leev' un 't Vaderland!
> Leev' Embens Vischeree!
>
> Och, mien leef Wiefke! jamm're neet;
> Weef' neet bedröeft mien Bruut!
> 't Word anders uns um't Hart so heet;
> Het Scheiden deit uns nett so leed, —
> 't Geit doch de Welt neet uut.

> Uns mahnt de traue Vaderplicht,
> To sörgen vöer het Brood;
> D'rum gaan wi vrölick, lös un licht
> To seen't Gevaar in't Angesicht —:
> Gott steit uns bi, in Nood.

Auch Woortmann hat neben anderen Gedichten als bestes das frische Schifferlied „'t Seilklare Schipp" beigesteuert, von dem zwei Verse hier gleichfalls Platz finden mögen:

> Hurreh! hurreh! de Wind is good,
> Kum Janmaat, holl man gooden Mood,
> Wi will'n hum laten riten! —
> As wi man eerst upp d' Rümte binn,
> Dann krieg wi ook weer beter Sinn,
> Un könen de Tied wal sliten.

> Hurreh! haal vöer de Topseilsschoot,
> Haaluut Besaan- un Bramseilsschoot,
> De Leeseils laat man bleegen!
> Hurreh! hurreh! de Touwen lös!
> Haalinn! haalinn! de schware Tröß,
> Un laat hum noch reis whgen!

Ferner enthält das Buch einige Wiegen- und Liebeslieder, Läuschen und dergl. Von G. H. van Senden mag die Romanze „De Marjenhaver Thoren" erwähnt sein. Die weiteren Dichter des Buches sind J. G. Gerdes, U. H. Lauts, G. H. Meentz und Gramberg. Schließlich sei auch J. L. Langes „Dörschleed" noch aufgeführt:

> Jungens, de Vlegels her!
> Dörscheltied is der weer.
> Paßt upp den Takt bi't Slaan,
> Tick, tack, — so moot het gaan.

> Dörscheltied is der weer,
> Segent het uns de Heer;
> Singt Hum een Loffgesang,
> Tick, tack, bi Vlegelklang.

Paßt up den Tackt bi't Slaan,
Dann is het ligt gedaan.
Laavt ju mit Garstensapp,
Tick, tack, un maakt een Grapp.

Tick, tack — so moot het gaan;
Hebben wi't Dörschen daan,
Spring' wi na't Meisje weer,
Tick, tack, un soonen öer.

Ein Prosawerk schenkte den Plattdeutschen dann Scheller (1773—1843), der i. J. 1829 Dat Sassische Döneken=Bok unter dem Pseudonym Arend Warmund herausgab. Scheller bietet in seinem Werk eine umfangreiche Sammlung Anekdoten, wie er sie aus dem Volksmund erlauscht hat. Er ist jedoch kein flotter Erzähler und erschwert den Genuß seines Buches zudem durch die von ihm erfundene, ge= künstelte Schreibweise.

Die folgenden Jahre bis zum Auftreten Klaus Groths brachten der plattdeutschen Literatur noch einige Lyriker. Der Mecklenburger Albert Reinhold (1805—1850) wagte seine Verse unter dem Titel Doktamedicus (1834) zu veröffentlichen, das albernste Zeug, was wohl je gedruckt worden ist. Besseres leisteten Lyra (1794—1848), Bueren (1771—1845), Friedrich Ernst († 1850) in seinen Plab= dütschen Gedichten (1847), Semrau (1816—1893; Plattdeutsche Gedichte 1845) und der Braunschweiger Schmelzkopf (1814—1896), dessen Immen (1846) zu den besten Leistungen dieser Zeit gehört. Das Plab= düütsch Konfekt (1848) des Mecklenburgers Dräger und die „Gedichte in plattdeutscher Mundart" von Jung, dem Schwiegersohn Bornemanns, sonst unbedeutende Bücher, sind nur bemerkenswert wegen ihrer Beiträge zur politischen Poesie des tollen Jahres. Einer feinsinnigen Lyrikerin von warmem Empfinden begegnen wir dann zum Schluß in Sophie Dethlefs (1809—1864), dem Schütz= ling Klaus Groths, die manche Gedichte voll zarter Empfin= dung und Stimmung (De ohle Jehann, De Ohlsche u. a.) ge= schaffen hat.

Die plattdeutsche Dichtkunst hatte in dieser Periode schon einen großen Schritt vorwärts getan. Nach Babst, dem Lokaldichter, hatte Bornemann die Romanze gepflegt und geschichtliche Ereignisse in den Kreis seiner Dichtung gezogen, Lessen war ihm gefolgt, Bärmann hatte sich der Lyrik zugewandt und gezeigt, welcher Wohlklang in der Muttersprache steckte; daneben hatte er sich die Bühne erobert, und schließlich war Sophie Dethlefs als beste Lyrikerin und unmittelbare Vorläuferin von Klaus Groth aufgetreten. So hatten denn Gelehrte und Dichter der Wiederanerkennung des Plattdeutschen vorgearbeitet, die Alemannischen Gedichte Hebels waren die glänzendste Verteidigung des Gebrauchs der Mundarten in der Literatur gewesen, und der Boden, dem die plattdeutsche Dichtung in nie geahnter Blüte entsprossen sollte, war bestellt.

Die neuplattdeutsche Literatur.

1. Einleitung.

Als das Bächlein der plattdeutschen Literatur im 17. und zu Beginn des 18. Jahrhunderts allgemach versandete, ging dieses Ereignis spurlos an den Zeitgenossen vorüber. Die letzten Werke, die sie hervorgebracht hatte, waren nicht von solcher Bedeutung, daß sie die Augen der zünftigen Literaten auf sich gelenkt hätten. Als Voß und Babst dann am Ende des 18. Jahrhunderts ihre Stammessprache wieder in die Literatur einführten, knüpften sie nicht an dem Punkt an, an dem der Faden des Gewebes vor mehreren Menschenaltern gerissen war. Die deutsche Literatur hatte inzwischen eine große Strecke Weges zurückgelegt, Form und Inhalt waren erweitert, und es wäre kein glücklicher Griff gewesen, wenn die ersten Dichter des Wiedererwachens geflissentlich diesen Fortschritt übersehen hätten. Es mag auch fraglich sein, ob ihnen die Werke von Abel und Renner jemals in die Hände gefallen sind. In der Zeit des Wiedererwachens waren die plattdeutschen Dichter auch zu dünn gesät, als daß sie eine selbständige Literatur hätten schaffen können. Vor allem aber fehlte es an einem Talent, das sich machtvoll Bahn gebrochen und der plattdeutschen Dichtkunst die nötige Anerkennung verschafft hätte. Dies wurde mit den beiden Jahrzehnten von 1850 bis 1870 anders. Groth, Reuter, Brinckman, Meyer gaben der plattdeutschen Literatur einen neuen Inhalt, und auf ihren Schultern konnten die Nachfolger weiterbauen. Seitdem ist die niederdeutsche Dichtkunst nicht mehr die Nachtreterin der hochdeutschen. Verkehrt aber wäre es, die vielen Fäden zu übersehen, die zwischen den beiden laufen und sie zur deutschen Nationalliteratur verknüpfen. So gab die hochdeutsche Schwester der plattdeutschen den Realismus und zog frische Kräfte aus der reichen Ernte, welche diese in ihre Scheuern brachte; so gab die niederdeutsche, im Verein mit den anderen mundartlichen Literaturen, der hochdeutschen die Grundlage für die Heimatskunst. Gar mannigfaltig laufen die Fäden ständig zwischen den beiden, aber die Zeit, sie einzeln aufzudecken, ist noch nicht gekommen. Noch stehen wir in der Bewegung mitten drin, noch fehlt uns die Entfernung von der neuen Zeit, die allein dem forschenden Blick die einzelnen Teile des Gebäudes und ihre Verbindung hervortreten läßt. —

Um den Beifall zu verstehen, der den niederdeutschen Dichtern jener Zeit in so reichem Maße zuteil wurde, ist es nötig, einen kurzen Blick auf die hochdeutsche Literatur um die Mitte des 19. Jahrhunderts zu werfen. Goethe und Schiller hatten die klassische Poesie auf der antiken Welt aufgebaut und ihre Werke mit deutschem Leben erfüllt; sie hatten Phantasie und Gemüt gegenüber der einseitigen Herrschaft der nüchternen Verstandesaufklärung wieder zur Geltung gebracht. Diese Richtung hatte in der Romantik dann zu einer einseitigen Betonung von Phantasie und Gemüt gegenüber dem Verstand geführt, welche die nationale Eigentümlichkeit im Gegensatz zur antiken Welt hervorhob. Die Romantik, von unschätzbarem Wert in den Sängern der Freiheitskriege, war eine Lobrednerin des Mittelalters geworden und hatte bald die Fühlung mit dem wirklichen Leben verloren. Gegen sie erfolgte dann der Rückschlag einerseits in der politisch-satirischen Poesie der vierziger Jahre, welche die alten Zustände verspottete, andrerseits im Realismus, der seinen Blick wieder der Gegenwart zuwandte und seine Aufgabe in der treuen Schilderung der Wirklichkeit, besonders des Bürger- und Bauernstandes suchte. Es war ein ähnlicher Rückschlag, wie er im Mittelalter in der Poesie des Städters gegen die höfisch-ritterliche Dichtkunst erfolgt war. Zunächst wandte der Realismus sich der Dorfgeschichte zu. Hatten in Immermanns Oberhof (1838) noch romantische Töne hineingeklungen, so waren Auerbachs Dorfgeschichten (1843) schon rein realistisch. Ihnen schloß sich eine ganze Reihe Talente an, die das Leben des Landvolks und des Mittelstandes zum Vorwurf ihrer Dichtungen nahmen. Der Bekannteste unter ihnen war Gustav Freytag, dessen Romane „Soll und Haben" (1855) und „Die verlorene Handschrift" den Bürger- und Gelehrtenstand in ihrer Tätigkeit und Bedeutung für das deutsche Volk zeigten. So geht denn von Möser und Herder über Hebel und Auerbach eine Bewegung, die zuerst auf die Schätze der Volkspoesie hinwies, dann das Leben des Volkes schilderte und schließlich in den Werken der Diaelktdichter das Volk auch in seiner Sprache reden ließ. Diese neue Literatur fand damals um so mehr Anklang, als viele Kreise nach den politischen Wirren und Enttäuschungen jener Zeit das Bedürfnis empfanden, sich zum Ursprünglichen und Volkstümlichen zu flüchten, um sich in diesem lebendigen Quell gesund zu baden und die graue Gegenwart zu vergessen.

2. Die klassische Periode

der niederdeutschen Literatur griff nicht auf das Altertum zurück, wie es die hochdeutsche getan hatte; sie konnte dies schon aus dem einfachen Grunde nicht, daß dem Handwerkszeug ihrer Dichter, der Sprache, die Kulturentwickelung fehlte, die ihre jüngere Schwester durchgemacht hatte. Ihr Feld war der Realismus. So bedeutet die klassische Periode der plattdeutschen Dichtung innerhalb der deutschen Nationalliteratur einen Höhepunkt des Realismus, der besonders durch Reuter eine kräftige Förderung erfuhr.

Eingeleitet wurde diese Periode durch Klaus Groth, den Lyriker. Groth wurde am 24. April 1819 in Heide geboren; er besuchte das Seminar in Tondern und wurde dann Mädchenschullehrer in seiner Vaterstadt. Neben seiner Berufstätigkeit arbeitete er mit ungeheurem Eifer ohne Rücksicht auf seine Gesundheit an seiner Weiterbildung, erkrankte jedoch infolgedessen und mußte sich zur Erholung nach Fehmarn begeben. Schon lange hatter er sich mit dem Gedanken getragen, der plattdeutschen Dichtkunst die ihr gebührende Stellung wieder zu verschaffen. Während seines Aufenthalts auf Fehmarn (1847—53) machte er sich an die Verwirklichung seines Plans und schuf den größten Teil des „Quickborn". Daneben arbeitete er emsig an seiner Ausbildung weiter. Im Jahre 1853 ging Groth nach Kiel, machte später Reisen durch Deutschland und die Schweiz, hielt sich zwei Jahre in Bonn auf und wohnte dann in Dresden, bis er im Jahre 1857 nach Kiel übersiedelte, wo er sich 1858 mit den „Briefen über Hochdeutsch und Plattdeutsch" als Dozent für deutsche Sprache und Literatur habilitierte. Im Jahre 1866 wurde er zum Professor ernannt und wirkte in dieser Stellung bis an sein Ende, eine rege Tätigkeit auf poetischem, literarhistorischen ud kritischem Gebiet entfaltend. Auf ihn als den Erwecker der plattdeutschen Dichtung waren die Augen von ganz Deutschland gerichtet, das seinen Tod (1. Juni 1899) tief betrauerte.

Der „Quickborn", zuerst i. J. 1853 erschienen, dann von Auflage zu Auflage vermehrt, ist das klassische Gedichtbuch der Niederdeutschen geworden und müßte das Hausbuch Niedersachsens sein. Viele Gedichte des Buches sind Gelegenheitsgedichte im Goetheschen Sinne. Tiefes Empfinden hat sich in ihnen mit schlichtem Ausdruck, poetischer Schilderung und Wohllaut der Sprache zu einem Klang verbunden, der den Dichter in die erste Reihe der deutschen Lyriker stellt. Groth ist Heimatdichter im besten Sinne des Wortes. In den Dithmarschen wurzelt seine Kraft, ihnen gehört seine Liebe, und was das Herz seiner Landsleute bewegt, das hat er in wunderbaren Tönen gesungen. Treu hat er das Dithmarsche Volkstum widergespiegelt, wie es ihm aus seiner Jugend bekannt war, in Sitten und Gebräuchen, den Kinderliedern, Sagen und stolzen Balladen und Familienbildern. Groth ist eine feine und zarte Natur; „man glaubt ihn, wenn man sich seine eigenste Lyrik vergegenwärtigt, in der Dämmerung über das Moor gehen zu sehen, während von ferne die Heimatglocken rufen. Doch fehlt auch die Heiterkeit nicht, das Behagen am Leben, eine starke Mannhaftigkeit, die freilich nie pathetisch wirkt. Man hat die Bemerkung gemacht, daß in jedem Volksstamm nicht bloß eine, sondern zwei sich ergänzende Typen

charakteristisch seien — dann vertritt Klaus Groth den
weicheren Typus, Hebbel den harten und herben —; aber
eine Persönlichkeit ist der jüngere Dichter auch." (Ad.
Bartels.) Trotz seiner weichen Natur aber, das ist zu be=
tonen, keine sentimentale, Gefühlsüberschwang liegt ihm
fern.

Der Dichter schrieb sein Buch fern von der Heimat
auf Fehmarn, und so läßt er es denn mit dem Anruf an
seine dithmarsische Muttersprache beginnen:

> Min Moderspraak, wa klingst du schön!
> Wa büst du mi vertrut!
> Weer ok min Hart as Stahl un Steen,
> Du drevst den Stolt herut.

Diesem Gedicht schließt sich das Sehnsuchtslied nach der
Kinderzeit an („Ik wull, wi weern noch kleen, Jehann"),
und dann zaubert der Dichter uns das Land seiner Jugend
in bunten Bildern vor Augen. Ob er reine Gefühlslyrik
bringt, wie in „Hell int Finster", ob er uns das Liebes=
leben zart schildert oder die Dithmarschen im Werktags=
gewand zeigt, immer spüren wir die Hand eines Meisters.
So schlicht seine Verse der Liebe auch scheinen, so tief sind
sie empfunden. Sie sind volkstümlich im besten Sinne des
Wortes, denn sie werden vom ganzen Volk, von Hoch und
Niedrig, verstanden und nachgefühlt. Es fällt schwer, dem
reichen Kranz einzelne Gedichte zu entnehmen und als
schönste Blüten seiner Lyrik hinzustellen. Man findet kein
Ende des Guten, und so sei denn nur an die wunderbaren
„He sä mi so vel" erinnert und an „Voer Doer":

> Lat mi gan, min Moder slöppt!
> Lat mi gan, de Wächter röppt!
> Hör! wa schallt dat still un schön!
> Ga un lat mi smuck alleen!
>
> Süh! dar liggt de Kark so grot!
> An de Mür dar slöppt de Dod.
> Slap du sund un denk an mi!
> Ik dröm de ganze Nacht vun di.

> Moder lurt! se hört't gewis!
> Nu's genog! — adüs! adüs!
> Morgen Abend, wenn se slöppt,
> Bliv ik, bet de Wächter röppt.

Auch in der Naturlyrik des Buches paart sich tiefes Empfinden mit feiner Beobachtung und schlichter Schilderung, die mit wenigen Worten uns das Bild greifbar malt, wie in „Dat Dörp in Snee", „De Mael", „Goldbarg" und den Abendliedern „De Welt is rein so sachen" und „Dat Moor", dessen letzte Verse zeigen, wie sehr der Dichter sich mit der Natur eins fühlt:

> Du hörst din Schritt ni, wenn du geist,
> Du hörst de Rüschen, wenn du steist,
> Dat levt un wevt int ganze Feld,
> As weert bi Nacht en anner Welt.
>
> Denn ward dat Moor so wit un grot,
> Denn ward de Minsch so lütt to Moth:
> Wull weet, wa lang he doer de Heid
> Noch frisch un kräfti geit!

Viele Lieder des Quickborn haben ihren Weg zum Herzen des Volkes gefunden, besonders sind dies die Liebeslieder und der Liederkranz „Voer de Goern", dem der viel gesungene „Lütt Matten" entstammt, der beim Fuchs in die Tanzlehre ging. Aber auch auf dem Gebiet der Epik zeigt Groth sich als ein Meister. In knapper, zuweilen auf Kosten der Anschaulichkeit zu knapper Sprache zaubert der Dichter uns in seinen Balladen die ruhmvolle Vergangenheit seiner Heimat vor Augen. Daneben pflegt er die moderne Ballade und die Romanze. Ob er „Ut de oll Krönk" singt oder berichtet „Wat sik dat Volk vertellt", wir fühlen uns, von der beabsichtigten Stimmung gepackt, bald in die alte Zeit, bald in die Gegenwart versetzt. Es ist erstaunlich, wie er die Stimmung mit wenigen Worten zu erreichen versteht. So wird das Grausige meisterhaft kurz in der Ballade „He wak" zum Ausdruck gebracht:

> Se keem ant Bett inn Dodenhemd un harr en Licht in Hand,
> Se weer noch witter as er Hemd un as de witte Wand.

So keem se langsam langs de Stub un fat an de Gardin,
Se lücht un keek em int Gesicht un laehn sik aewerhin.

Doch harr se Mund un Ogen to, de Bossen stunn er still,
Se röhr keen Lid un seeg doch ut as Een de spreken will.

Datt Gresen krop em langs den Rügg un Schuder doev
de Hut,
He meen he schreeg in Dodensangst, un broch keen Stimm
herut.

He meen he greep mit beide Hann' un wehr sik voer
den Dod,
Un föhl mank alle Schreckensangst, he röhr ni Hand noch
Fot.

Doch as he endli to sik keem, do gung se jüs ut Doer,
As Krid so witt, in Dodenhemd, un lücht sik langsam
voer.

Klaus Groths Quickborn war, wie Bismarck dem Dichter
schrieb, eine nationale Tat, indem er die deutschen Stämme
einander kennen und achten lehrte. Das Buch ist ein
Jungborn der niederdeutschen Sprache geworden. Die An=
regung, die der Dichter durch sein Werk gegeben hatte,
war entscheidend. Hier sahen die plattdeutschen Dichter,
welche Musik und Kraft in ihrer Sprache lebte, an dem
Erfolge des Buches sahen sie, daß ihr Wirken ernst genommen
wurde. Die Niederdeutschen jubelten; war ihnen doch end=
lich ein Poet erstanden, der ihre Muttersprache wieder zu
Ehren gebracht hatte, den jeder unbefangene Beurteiler
als einen Dichter von Gottes Gnaden anerkennen mußte.
Die plattdeutsche Sprache war wieder literaturfähig ge=
worden, und Karl Eggers konnte ihrem Dichter singen:

Ne, as en lebich Born to Frühjorstit
Frisch an den Dach springt un dat Land erquickt,
So göt din Quickborn sik dörch Marsch un Geest,
Un all din Lannslüd nemen deepe Täg'
Ut dissen Born un starkten sik doran.
Uns güng'n de Ogen up; wer hadd dat glöwt!
So rik, so deep, so frisch, un sonn Musik
Wir in de Sprak, de wi dachdechlich spröken.

Groth hatte im Quickborn auch einige größere epische Erzählungen gebracht, unter denen „Hanne ut Frankrik" und „Rumpelkamer" hervorragten. Diese Epen sind, der Natur des Dichters entsprechend, im wesentlichen lyrisch und teils mit feinem Humor geschrieben, wie z. B. „De Fischtog na Fiel." Zunächst wandte der Dichter sich nun der Prosaerzählung zu. Im Jahr 1855 schuf er „Wat en holsteenschen Jung drömt, dacht un belebt hett" und „De Waterbörs", 1856 „Trina", 1871 „Um de Heid", 1876 die Erzählungen „Ut min Jungsparadies", 1877 „Biten Slachters." Der Lyriker schaut Zustände, der Epiker Gestalten. Groth ist im Grunde Lyriker, und auch in seinen Erzählungen tritt dies deutlich hervor. Sie sind durchweg lyrisch, indem sie uns Zustände schildern. Das Bemühen des Dichters, auch die feinsten Seelenregungen seiner Helden zu offenbaren und zu begründen, läßt ihn Handlung und Gestalten seiner Erzählungen vernachlässigen, während er das Seelenleben bis ins feinste ausmalt. Dadurch erhalten die Erzählungen etwas idyllisches, und die Gestalten schreiten wie Schemen hindurch. Seine ganze Kunst der Seelenmalerei bewährt Groth in der Erzählung „Trina." Mit wunderbarer Feinheit schildert er den Werdegang der Bauerntochter, deren Jugendspiele Peter Stamp, dem sie eine leise Neigung entgegenbringt, sich des Geldes wegen mit einer anderen verlobt. „Sik dulden, dat weer dat Wort, wat Trina rutfunn. Dat weer er, as entdeck se wat, as lös se en Räthsel. Se weer tofreden darmit, ja glückseli, denn nüms kunn er darin störn, nich mal Rü un Twifel, er Gedanken muchen ern Gank gan, wa rik weer se, dat Unglück kunn er ni faten, Geduld! predig se sik sülbn". Tiefer ist ihre Liebe zu Friedrich, und als dieser sich ihrer nicht wert zeigt, sieht sie, daß es mit Geduld allein nicht getan ist. „Awer se föhl, dat dat de Dod nich weer, dat de Welt stan un dat Hart gan bleb, un dat se nu tapfer wen muß un wennt ok ton Opschrigen weer." Und wie ihre Freundin Dübelen, ihr Gegenspiel, von dem Sekretär betrogen, ihren Tod im Wasser sucht, da hat Trina durch ihr Leid sich durchgerungen und findet ihre Zuflucht an der Brust des biederen Wulpert. „Trina" ist die beste Prosaerzählung Groths geblieben.

Einen Höhepunkt seines Schaffens aber sollte er wieder im Versepos erreichen. Der i. J. 1872 veröffentlichte zweite Teil des Quickborn steht hinsichtlich der Lyrik dem ersten Band nach, obgleich sich auch in ihm manches Gedicht findet, das den Vergleich mit den älteren Gedichten wohl aufnehmen kann. Das Beste des zweiten Teils aber sind die beiden Versepen „Rotgeter=Meister Lamp un sin Dochder", das schon 1862 erschienen war, und der „Heisterkrog". Im ersteren schuf der Dichter eine Idylle aus einer kleinen Stadt, über der eine tiefe Ruhe und Heiterkeit waltet. Der Höhepunkt des Werkes ist, für das lyrische Empfinden Groths bezeichnend, der Traum Annas, durch den sie ihre Ablehnung der Werbung gerechtfertigt findet. Man möchte das Epos ein idyllisches Seitenstück zu Goethes „Hermann und Dorothea" nennen. Bedeutender ist der ergreifende „Heisterkrog", in dem er die Höhe des Quickborn als Epiker erreicht. Diese epische Erzählung gehört zu den schönsten bürgerlichen Epen, welche die deutsche Dichtkunst hervor= gebracht hat. Als Auftakt das geräuschvolle Treiben des Bredsteder Marktes, dann die tiefe Stille der Marschen im Sonnenglanz als schroffer Gegensatz, aber schon ballt sich am Horizont wie eine düstere Wolke die Tragik, und aus der Ferne klingt es wie leiser Donner:

Man kann wat hörn, as twischen Drom un Waken,
Dat bringt Een dör bet an de deepste Stell,
Doch ob dat Freud, ob Schrecken, weet man nich,
Man hört, as horch man op en Klockenklang:
Dat kann Gefahr bedüden oder 'n Fest,
Dat kann to Gräfnis un to Hochtid lüden.
Ja, wenn man wak! — doch schu't man sik to waken —
Wat't ok bedüdt: de Klang is wunnerbar!

Und als dann der Frau van Harlem die Sterbeglocke geläutet hat und Maria wahnsinnig geworden ist, da steht Jan mit seiner Sehnsucht nach Liebe wieder vereinsamt da, und auf seiner Seele lasten zwei Menschenleben:

Wa he't nu drog?
           Wer wagt dat uttospreken?
So lang dat Stimm hett, weer't ok man to schrigen,
So lang't sik seggn lett, weer't ok ahn en Wort,

Mit Ween' un Klagen — is't noch recht keen Unglück.
Eerst wenn dat gänzli stumm ward, wenn keen Lut
Mehr vun de flaten Lippen, nich en Ton
Mehr ut de Bost, keen Tran mehr ut de Ogen
Sik drängt un Luft matt, ja, denn sprek derbun.
Wa wull de Welt ok fortgan, harr dat Ton
Un Stimm sik richti kund to maken?
Se muß ja still holn, horchen muß de Steen,
De Storm muß swigen gegen dissen Lut.
Dat geit ni, ne, dit Unglück ward begrabt,
Dat ward mit Eer bedeckt, mit Blöm beplant,
Dar ward — as op en Slachtfeld — sei't un ackert,
Darmit de Welt ni wis ward, wat der liggt.
Denn wenn't man Een begreep un kunn dat seggn,
Muß alle Freud verstumm' un Lebenslust,
De Welt muß still holn, bet se sik vernü,
Bet anners war, as nu, er lusti Lop.

Klaus Groth war von einem heiligen Feuer für seine edle Sache erfüllt. Seine Begeisterung trieb ihn sogar so weit, in den „Briefen über Hochdeutsch und Plattdeutsch" die Ansicht zu vertreten, daß das Übergewicht des Hochdeutschen über das Niederdeutsche für die Entwickelung unserer Literatur bedenklich gewesen sei. Gegen diese Behauptung machte sich selbstverständlich und mit Recht Widerspruch geltend. Eine der deutschen Sprachen mußte ein Übergewicht haben, damit das deutsche Volk nicht auf dem Gebiet der Literatur derselben Zerfahrenheit wie auf politischem Gebiet anheimfallen konnte, damit es doch ein einigendes Band hatte. Innerhalb der Nationalliteratur aber haben auch die Mundarten ihr Recht. Wesentlich gemäßigt war schon Groths Schrift „Über Mundarten und mundartige Dichtungen," die noch mehrmals erwähnt werden wird. Neben dieser Beschäftigung auf literarhistorischem und linguistischem Gebiet entfaltete Groth noch eine reiche Tätigkeit als Kritiker. Er nahm für die plattdeutsche Literatur eine ähnlich hervorragende Stellung ein wie Goethe vor ihm für die hochdeutsche. Auf sein Wort hörte man, war er doch der Dichter, der mit seiner Wünschelrute den Quickborn gefunden hatte.

Hatte Klaus Groth der plattdeutschen Dichtkunst ein

Heimrecht in der deutschen Literatur geschaffen, so schuf
Fritz Reuter ihr ein Hausrecht beim deutschen Volk.
Dieser Dichter, dessen Name bei Erwähnung der platt=
deutschen Literatur jedem zuerst vorschwebt, wurde am 7.
November 1810 in Stavenhagen, wo sein Vater Bürger=
meister war, geboren. Nach dem Besuch der Gymnasien in
Friedland und Parchim bezog er i. J. 1831 die Universität
Rostock, um sich ohne eigene Neigung nach dem Willen seines
Vaters dem Studium der Rechtswissenschaft zu widmen.
Im nächsten Jahre vertauschte er dann Rostock mit Jena,
wo er sich einer Burschenschaft anschloß, deren Bestrebungen
damals wesentlich politischer Natur waren, sich auf die
Einigung Deutschlands richteten und deshalb von den
Bundesregierungen argwöhnisch beobachtet wurden. Infolge
seines leichtsinnigen Lebenswandels rief ihn der mißtrauische
Vater nach Hause zurück (1833), erklärte sich aber damit
einverstanden, daß Fritz sich zur Fortsetzung seiner Studien
nach Berlin oder Leipzig begab. Inzwischen hatten die
Bundesregierungen eine Zentraluntersuchungskommission
zur Verfolgung der burschenschaftlichen Bestrebungen ein=
gesetzt, und als Reuter in Berlin hörte, daß befreundete
Burschenschafter verhaftet seien, reiste er nach Leipzig weiter.
Da man ihm hier als ehemaligem Jenaer Burschenschafter
jedoch die Immatrikulation verweigerte, wollte er über
Berlin nach Hause zurückkehren. In Berlin ereilte ihn
jedoch sein Schicksal. Er wurde als Demagog verhaftet
(Oktober 1833) und nach einjähriger Untersuchungshaft
nach der Festung Silberberg gebracht. Dort verblieb er
bis zum Jahre 1837, dann wurde ihm endlich nach drei=
jähriger Haft das Urteil des Kammergerichts verkündet,
das besagte, daß er wegen seiner Zugehörigkeit zu den
hochverräterischen burschenschaftlichen Verbindungen in Jena
und wegen Majestätsbeleidigung mit der Konfiskation seines
Vermögens zu bestrafen und mit dem Beile vom Leben
zum Tode zu bringen sei. Diese Strafe war jedoch schon
vor Verkündung des Urteils vom König in eine dreißig=
jährige Festungshaft umgewandelt worden. Nach der Urteils=
verkündigung wurde Reuter nach Glogau und von dort
einen Monat später nach Magdeburg überführt, wo er ein
Jahr verblieb. Dann ging es nach Graudenz (März 1838),
und im Jahre 1839 wurde er auf Betreiben seines Vaters

an die mecklenburgische Regierung ausgeliefert zur weiteren
Fortsetzung der Festungshaft in Dömitz. Anläßlich der
Thronbesteigung Friedrich Wilhelms IV. wurde der Volks=
verführer dann i. J. 1840 begnadigt. Zwar nahm er in
Heidelberg seine Studien wieder auf, seine Krankheit, eine
Folge der während der Festungshaft erlittenen Entbehrun=
gen, veranlaßte seinen Vater jedoch, ihn bald in die Heimat
zurückholen zu lassen und ihn als Volontär in den Stromer=
kittel zu stecken (1841). In diesem Beruf hat er dann 10
Jahre zugebracht, bis die Notwendigkeit, sich eine sichere
Existenz zu schaffen, damit er seine Braut Luise Kuntze,
seinen guten Engel, heimführen konnte, ihn bewog, sich
als Privatlehrer in Treptow an der Tollense niederzulassen
(1850). Nach einjähriger Tätigkeit verdiente er durch
Stundengeben und Porträtmalen soviel, daß er seinen Haus=
stand gründen konnte. Nun hatte er ein Heim, und nun
begann die für sein Lebensalter fast beispiellose Ent=
wickelung.

Schon in den vierziger Jahren hatte er ein plattdeutsches
Läuschen veröffentlicht; jetzt arbeitete er in seinen Muße=
stunden auf diesem Gebiet weiter, und als er i. J. 1853
den ersten Band seiner „Läuschen un Rimels" herausgab
und den ihm so notwendigen klingenden Erfolg einheimste,
war ihm sein Weg vorgezeichnet. In Treptow schuf er
noch die Versnovelle „De Reis' nah Belligen", dann
siedelte er nach Neubrandenburg über (1856). Hier ent=
standen „Kein Hüsung", die Lustspiele „Onkel Johann und
Onkel Jochen", „Blücher in Teterow" und „Die drei Lang=
hänse", ferner „Ut de Franzosentid", „Hanne Nüte", „Ut
mine Festungstid" und der erste Teil von „Ut mine Strom=
tid". Im Jahre 1863 verlegte der Dichter dann seinen
Wohnsitz nach Eisenach und veröffentlichte den Rest
der Stromtid, „Dörchläuchting" und „De Reis' nah Kon=
stantinopel." Als gefeiertster Dichter seiner Zeit starb er
am 12. Juli 1874 in seiner Villa am Fuß der Wartburg.
Das Fazit dieses reichbewegten Dichterlebens faßt sein
Biograph Paul Warncke kurz in die Verse zusammen:

   Vel harte Last
   Un wenig Rast,

> Vel Hen un Her
> Un Krüz un Quer,
> Vel tau Vergewen,
> Vel Glück, vel Nod —
> Ach Gott, wo swer
> Un doch — wo grot,
> Wo schön so'n Lewen!

Reuter begann seine dichterische Laufbahn mit den Läuschen un Rimels". Auch sein glühendster Bewunderer muß ohne weiteres zugeben, daß diese gereimten Anekdoten, mögen sie sich auch durch plastische Gestaltung und wirksam herausgearbeitete Pointen auszeichnen, keine dichterische Tat waren. Höher steht schon die epische „Reis' nah Belligen." Zwar macht sich in ihr die burleske Komik noch reichlich breit, daneben aber findet der Dichter schon Töne, die von seinem eigentlichen Gebiet künden, der tiefen Erfassung und Schilderung des Gemütslebens. In seinem nächsten Werk „Kein Hüsung" dann ein düsteres Bild, ein unvermittelter Übergang vom Lachen zum Weinen. Das Epos bedeutet wieder einen Aufstieg, gemütvolle Töne herrschen in vielen Teilen vor, die Handlung ist straff aufgebaut, die Sprache markig. Es war und blieb Reuters Lieblingswerk, „sin Best", das er mit seinem Herzblut geschrieben hatte. Am reichsten und reinsten strahlt das Können des Dichters aus den lyrischen Teilen der Dichtung, die sich wie bunte Blumen unter einem düsteren Gewitterhimmel ausnehmen und die Tragik desto schärfer hervortreten lassen. Mit bewußter Kunst hat der Dichter sie oft unvermittelt vor den dunklen Hintergrund treten lassen, wie in dem Gesang „De Haß", der dadurch einer der packendsten Teile des Werks geworden ist. Tief ergreifende Töne sind es, die Reuter in dieser Tendenzdichtung für die jammervolle Lage der mecklenburgischen Landarbeiter gefunden hat, deren ganzes Elend aus den letzten Worten des sterbenden Daniel hervorklingt:

> Jug einzigst Arwdeil is de Not,
> Jug einzigst Lohn dat däglich Brod;
> De Arbeit is Jug einzigst Freud,
> Ji sib Jug einzigst Ogenweid;

De heilig Schrift is, richtig lesen,
Hir unn'n Jug einzigst Stütt un Staf,
Un wenn Ji nah ehr Vörschrift wesen,
Denn is Jug einzigst Trost dat Graf.
Koent Ji nich an Jug sülwst Jug freu'n,
Nich Dag för Dag mit Armaut ringen,
Ahn Afgunst Macht un Rikdaum seihn,
Koent Ji dat trotz'ge Hart nich bwingen,
Nich jede Arbeit still verrichten
Ahn Wedderwürd' un bös' Gedanken
För jeden Herrn, ok för den slichten;
Koent Ji nich jeden Abend danken
Uprichtig för Jug sures Brod,
Denn wir't am Besten, Ji wir't dod,
Un dat Ji legt an mine Städ'.

Der tragische Ausgang des Werkes ist allerdings nicht gerechtfertigt. Die Schuld Johanns, die er durch den Totschlag auf sich ladt, wird zu sehr gemildert durch die aufreizende Behandlung, die er von dem erbärmlichen Herrn zu erdulden hat, und deshalb müssen die Folgen dieser Handlung, der Wahnsinn und der Selbstmord Marikens, als zu schwer und ungerecht erscheinen. Mariken, ohne Schuld, wird von den Rädern des Schicksals blind zermalmt, und den Helden selbst trifft seine Wucht nicht in gleichem Maße. Über diesen Mangel aber trägt den Leser, wie Adolf Wilbrandt sagt, die „starke Melodie" hinweg, des Dichters „poetische, fortreißende Gewalt, mit der sein Herzblut sich ausströmt", und die kein Werk Reuters in ähnlicher Weise durchklingt.

Nachdem Reuter i. J. 1858 den zweiten Band der „Läuschen un Rimels" veröffentlicht hatte, trat er i. J. 1859 mit dem ersten Band „Olle Kamellen" hervor, der neben der kleineren Erzählung „Woans ick tau 'ne Fru kam" den Roman „Ut de Franzosentid" enthält. Hatte der Dichter in den Läuschen seine Lehrzeit, in den Verserzählungen seine Gesellenzeit durchgemacht, so folgt jetzt die Meisterzeit, die ihn als den Fürsten des humoristischen Romans zeigt. In die Gesellenzeit aber gehört noch die schon 1858 begonnene Dichtung „Hanne Nüte un de lütte Pudel", die 1860 im Druck erschien. Diese Vogel- und

Menschengeschichte gehört in ihrem ersten Teil mit zum
Schönsten, was Reuter geschaffen hat. „Hier zeigt Fritz
Reuter noch einmal seine eigentümliche, aus der Welle
des Epischen emportauchende lyrische Kraft; zum letzten Mal.
Denn er war fortan der Prosadichtung verfallen. Er
hatte zu viel zu sagen, das nur in der geschmeidigsten
aller Formen, in der einfachen Erzählung, im Roman ganz
zu sagen ist." (Wilbrandt.) Die wunderbare Frühlings=
szene mit den Dorfkindern gibt dem Werk einen frischen
Auftakt:

> Dor spaddelt dat Allens von Gören un Gören,
> De springen un wöltern in't gräune Gras;
> Dat ein', dat liggt langs, un dat anner verdwas;
> Kein Mütz un kein Büx,
> Kein Strümp un kein Stäwel,
> Kein Rock un kein Nicks,
> Blot Beinen un Knaewel;
> So spaddelt dat 'rümmer in'n Sünnenschin. —
> Kann't sichtens up Irden woll beter sin?

Dann folgen die prächtigen Abschiedsszenen und die Tier=
szenen, und dann erlahmt das Interesse des Lesers an der
dürftigen Detektivgeschichte, die sich so garnicht in den
Rahmen des Frühlingswerkes fügen will. Und wenn „Hanne
Nüte" noch immer viel gerühmt wird, so ist der erste Teil
des Werkes gemeint, in dem der Dichter uns unwider=
stehlich bezaubert.

Das Lachen der Läuschen, der Reis' nah Belligen und
Hanne Nütes und die Tragik von Kein Hüsung war in
der Brust des reifenden Dichters inzwischen zum Humor
verschmolzen. In der Prosa haben wir erst den echten
Reuter, den großen Humoristen, der aus Tränen mit=
fühlend lächelt. Als solcher tritt er uns zuerst in dem
Roman „Ut de Franzosentid" entgegen. Es ist bewunderns=
wert, wie fein der Dichter das Leben beobachtet hat, und
wie drastisch er seine Personen mit wenigen Strichen zeichnet.
Und welch ein Reichtum an Gemüt liegt vor uns ausge=
breitet da! Mit welch klassischem Behagen ist alles er=
zählt! Wir meinen den Leuten schon begegnet zu sein,
nach wenigen Seiten kennen wir sie und begrüßen sie als

alte, liebe Bekannte. Unmittelbar neben dem Weinen liegt das frohe, herzbefreiende Lachen. Die Stimmung jener großen Zeit ist prachtvoll getroffen, wo die tüchtigsten und edelsten Eigenschaften der Deutschen erwachten, wenn dieses Erwachen des deutschen Michels auch nicht ohne Komik geschah. Reuter hatte den Gipfel erreicht und blieb zunächst auf dieser Höhe. Auf die in „Schurr=Murr" vereinigten kleineren Erzählungen (1861) folgte „Ut mine Festungstid" (1862), eine fast beispiellos dastehende Verklärung von sieben Leidensjahren, die ihn als großen Menschen zeigt. Und dann kam „Ut mine Stromtid", einer der deutschesten aller Romane. Zwar fehlt ihm die rüstig fortschreitende Handlung der Franzosentid, Personen und Begebenheiten haben's garnicht eilig, gern spinnt der Dichter ihm zusagende Szenen breit aus, aber wir fühlen dies nicht als einen Mangel, denn gerade im liebevollen Erfassen des Kleinen, im behaglichen Ausmalen der Charaktere, die dadurch eine bezwingende Lebenswahrheit erhalten, liegt die Stärke des Dichters. Die Menschen stehen im Mittelpunkt unseres Interesses, nicht die Handlung, und Braesig ist die Seele des Ganzen, der Brennpunkt, in dem sich alles sammelt. Nichts geschieht ohne sein Zutun und seinen Rat. In ihm hat Reuter eine Gestalt geschaffen, die nicht nur in der Literatur, sondern im Volk weiter leben wird als „Typus des naiv=sicheren, herzensguten Humoristen, denen der angeborene Mutterwitz manches Rätsel der Verständigen enthüllt, und dem aus seiner inneren Grundberanlagung ein goldener Humor erblüht." (Borchling.)

Nach dem historischen und dem sozialen Zeitroman machte Reuter in „Dörchläuchting" (1866) einen lustigen Abstecher an den kleinen Fürstenhof Adolf Friedrichs von Mecklenburg=Strelitz, den er nicht auf einsamem Thron sitzen, sondern sich wie einen Bürger unter seinesgleichen bewegen ließ, doch verfiel er in den Fehler, seinen Helden zu karrikieren. Man spürt schon, wie dem Dichter die Hand erlahmt. Eigene Erlebnisse verwertete er dann in der „Reis' nah Constantinopel" (1868), doch fehlt diesen letzten beiden Erzählungen trotz mancher schönen Einzelheiten jener große Zug seiner besten Prosawerke. Der Dichter fühlte selbst das Abnehmen seiner Kraft und ließ die Feder ruhen, da er das Publikum nicht „mit überreifen Birnen traktieren" wollte. Vor seinem Tode aber griff er im großen Jahre noch einmal in die Saiten und veröffentlichte „Ol' 'ne lütte Gaw för Dütschland" und das ergreifende „Großmutting, hei is dod." Erst aus seinem Nachlaß wurde dann die unvollendete „Urgeschicht von Meckelborg" herausgegeben, in der Reuter eine Satire auf die politischen Zustände seines Heimatlandes versuchte. Die Selbsterkenntnis, daß dieses Gebiet ihm nicht lag, hat ihn wohl von der Vollendung des Werkes abgehalten.

Man hat Fritz Reuter oft den Vorwurf gemacht, daß er seine Werke zu sorglos aufgebaut habe, unbekümmert um jede technische Bildung. Wer sich der Mühe unterzieht, das Büchlein von Dr. Vogel „Fritz Reuter, Ut mine Stromtid" durchzulesen, wird bald anderer Meinung sein. Und wem dieses Urteil noch nicht genügt, dem wird doch wohl zu denken geben, was Gustav Freytag, selbst ein Könner, in seinem Nachruf über ihn sagt:

„Auch als Dichter schuf er nicht wie ein Sorgloser, der nur lustigen Einfällen folgt, die wie ein nicht zu erschöpfender Born aus seiner Seele quollen. Er war Künstler im höchsten Sinne des Wortes; wenn er auch einmal einer lustigen Schnurre bereitwillig nachgab, er verstand doch sehr gut, wo und wie er die schönen Wirkungen zu verteilen hatte, er wog ernsthaft den Bau und die Komposition seiner Erzählungen und war sich auch, wie der Künstler soll, seiner technischen Bildung bewußt. Und es war eine Freude, ihm zuzuhören, wenn er einmal von der Arbeit an seinen Poesien sprach. Gerade daran muß hier erinnert werden, denn es fehlt noch nicht ganz an ungerechten Beurteilern, welche in seinen Geschichten nur eine Reihe zusammengereihter drolliger Einfälle und Situationen finden. Diese mögen die technische Arbeit doch näher prüfen, und sie werden finden, daß er auch da, wo er sich die Sache einmal leicht macht, nur als ein sorgloser Meister schafft und nicht als ein unbewanderter Naturalist. Ja, der feine Künstlertakt, mit welchem er seine Charaktere in Haupt- und Nebenfiguren abstuft, die Färbung einer Gestalt durch die kontrastierende der anderen ergänzt und hebt, ist geradezu bewundernswert, und ebenso bewundernswert ist die sichere Hand, mit welcher er jeden einzelnen Teilnehmer an seinen epischen Handlungen zu seinem Ziele führt.

Schnell freilich empfindet der Leser den Zauber, welcher fast alle Charaktere seiner Erzählungen umgibt. Auch diese Wirkung verdankt der Dichter zum Teil der kunstvollen Weise, in welcher er idealisiert, d. h. künstlerisch zubereitet, denn jede seiner Gestalten erscheint wie aus der Wirklichkeit abgeschrieben, und doch sind sie sämtlich Idealgebilde; in allen pulsiert das Leben reich und voll, und doch ist jede ihrer Lebensäußerungen zweckbewußt nach der Gesamtidee der Erzählung gerichtet. Wenn ihm einmal begegnet, daß er in sittlichem Eifer die Wirklichkeit kopiert — Familie Pomuchelskopp — oder daß er lachend einer geschichtlichen Anekdote folgt — die Durchlaucht von Strelitz —, so stechen solche Gestalten von den übrigen, welche völliger künstlerisch gebildet sind, so scharf ab, daß sie als Karikaturen erscheinen, was sie in der Tat nicht sind."

Es wird wohl niemanden einfallen, Reuter in eine Linie mit den Größten unserer Literatur zu stellen. „Man findet bei ihm keine wuchtigen Probleme, keine tiefen Konflikte, er kennt nicht die letzten Geheimnisse des Seelenlebens und nicht die verzehrenden Kämpfe der Weltanschauung.... Seine Stärke ist das herzhafte Mitleben mit seinen Menschen und durch sie mit den Menschen überhaupt." (Düsel.) Reuter wandelt nicht einsam wie ein Olympier auf der Höhe, mitten unter uns geht er und faßt uns wie ein Freund traulich bei der Hand, er führt uns in seine frohe Welt ein und lehrt uns die Welt mit seinen sonnigen Augen betrachten. Den Humor Jean Pauls, der sich im Phantastischen zu verlieren drohte, packt er herzhaft bei den Rockzipfeln und stellt ihn wieder fest auf die Beine. Mit vollem Recht verdiente er, daß Bismarck ihn als den „auserwählten Volksdichter" begrüßte, denn wohl niemand sei er hoch oder niedrig, reich oder arm, scheidet von ihm, dem er nicht Freude auf seinen Lebensweg mitgegeben hätte. Er war eine Persönlichkeit im Goetheschen Sinne und ein Spender tiefer Freude.

Während Reuter in ganz Deutschland gefeiert und in allen Ständen gelesen wurde, blieb der Name seines Landsmannes John Brinckman ziemlich unbekannt, und nur in einem kleineren Kreise schätzte man ihn als einen Reuter durchaus ebenbürtigen Dichter. „Es scheint fast, daß Mecklenburg damals nicht Raum hatte für zwei Klassiker solchen

Schlages. John Brinckman wurde bei Lebzeiten, und noch sehr lange nachher, erdrückt von der Volkstümlichkeit seines trotz aller Bitternisse schließlich doch glücklicheren Genossen: das Licht des einen stellte den anderen in den Schatten." (A. Römer.)

John Brinckman wurde am 3. Juli 1814 in Rostock als Sohn eines Kapitäns geboren, der i. J. 1824 beim Untergang seines Schiffes den Tod in den Wellen fand. Im Jahre 1834 bezog Brinckman die Universität seiner Heimatstadt, um sich dem Studium der Rechtswissenschaft zu widmen. Aber ebenso wenig wie Reuter vermochte er ihr Geschmack abzugewinnen, und er wandte sein Interesse der Philosophie, der Geschichte und den lebenden Sprachen zu. Auch unter der studierenden Jugend Rostocks machte sich damals das Streben nach der Einheit Deutschlands bemerkbar. John Brinckman hatte in den Kreisen der Schwärmer verkehrt, und das genügte der Zentraluntersuchungskommission, gegen ihn und einige andere die Untersuchung einzuleiten. Im Jahre 1838 wurde er zu dreimonatiger Kerkerhaft verurteilt. Zwar wurde ihm die Strafe vom Großherzog Paul Friedrich erlassen, das Studium war ihm jedoch verleidet, und so folgte er denn einer Einladung seines älteren Bruders Michael in Neu-York, der dort als Kaufmann lebte (1839). Dort verbrachte er 3 Jahre als Journalist, Übersetzer und Sekretär bei Gesandschaften und Konsulaten, bis Kränklichkeit und Heimweh ihn in sein Vaterland zurücktrieben (1842). Nach kurzem Aufenthalt bei einem Freunde nahm er eine Hauslehrerstelle auf einem Gut an, die er i. J. 1844 mit einer solchen in Dobbertin vertauschte. Zwei Jahre später gründete er in Goldberg eine Privatschule, wo er auch seine Lebensgefährtin fand. Da ihn die kleinstädtischen Verhältnisse jedoch zu sehr beengten, bewarb er sich um eine Lehrerstelle an der Güstrower Schule, die er auch erhielt (1849). In dieser Stellung ist er bis zu seinem Tode am 20. September 1870 in vielseitiger Tätigkeit für städtische Angelegenheiten und auf dichterischem Gebiet geblieben, durch Privatstunden das verdienend, was er über sein schmales Gehalt von zuerst 300 und zuletzt 700 Talern hinaus für den Unterhalt seiner zahlreichen Familie bedurfte.

Schon als Student hatte Brinckman sich als hoch=

deutscher Dichter versucht; sein erstes plattdeutsches Werk war die i. J. 1854 erschienene launige Geschichte vom „Voß un Swinegel oder dat Brüden geiht üm." Angeregt wurde der Dichter zu diesem Werk durch Wilh. Schröders 1841 veröffentlichten „Wettlop twischen den Voß un den Swinegel"; er erhob sich mit seiner Schilderung jedoch weit über seinen Vorgänger. „Der Übertölpelung des Hasen durch das falsche Spiel des Igels stellt er einen gerechteren Kampf gegenüber und macht den Sieg des Schwächeren über den bösartigen Fuchs damit zu einem sittlichen." (Römer.) Das kleine Tiermärchen, in den prächtigen Rahmen einer Austköst eingespannt, zählt zu den besten Tierdichtungen der deutschen Literatur. Schon im nächsten Jahr veröffentlichte Brinckman dann sein Hauptprosawerk „Kasper=Ohm un ik." Damals war es allerdings nicht so umfangreich, wie wir es heute kennen. Dieses „Dreedubbwelt Maat" gab der Dichter ihm erst in der zweiten Auflage (1868). Der Kasper=Ohm hat Brinckmans Namen zuerst in weitere Kreise getragen. Nicht eine straff aufgebaute Erzählung gibt uns der Dichter in diesen Erinnerungen aus seiner Jugendzeit; es sind nur lose aneinander gereihte Stückchen, die durch die Person des Keppen Pött zusammengehalten werden. Erst am Schluß tritt eine durchlaufende Handlung ein, und dieser ernste Teil steht dem Ganzen gar wohl zu Gesicht. Die kleinen Bilder aber sind mit großer Meisterschaft und feinem, etwas barockem Humor gezeichnet, nicht mit dem Reuterschen Humor, der alles zum Lachen hinreißt, nein, mit jenem trockenen Humor, welcher das fröhliche Behagen des Feinschmeckers und das Schmunzeln des Kenners auslöst. Kasper=Ohm mit dem feinen Taktus ist ein würdiges Seitenstück zu Onkel Braesig, beides sind knorrige Kernmenschen, die mit ihrem guten Herzen unter dem wunderlichen Rock gar schnell unsere Freunde werden. Einen großen Erfolg wie sein Landsmann errang der Dichter allerdings nicht mit dem Buch. Ihn mußte der Beifall des kleinen Kreises der Kenner entschädigen.

Das nächste Werk des Dichters war der Lyrikband „Vagel Grip" (1859), neben Groths Quickborn das beste Gedichtbuch in niederdeutscher Sprache, das es zu Lebzeiten Brinckmans nicht zu einer zweiten Auflage brachte und ihm keinen Pfennig Honorar eintrug. Wenn das Buch auch unter der Rostocker Greifenflagge segelt, so singt es doch nicht von der Stadt, sondern vom Dorf, und ich stehe nicht an, zu behaupten, daß das, was das Herz des Dorf= bewohners bewegt, weder vorher noch nachher in so vollen, tiefen und reichen Tönen gesungen ist wie von Brinckman. Groths Gedichte klingen aus der Seele des ganzen dith= marsischen Volkes, ob städtisch oder ländlich, heraus; Brinck= man singt vom mecklenburgischen Dorf. „An Zartheit und Tiefe der Empfindung wird Brinckman von keinem nieder= deutschen Lyriker übertroffen, von nur wenigen erreicht: dabei versteht er es meisterhaft, seine Sprache dem Denken und Fühlen des plattdeutschen Volkes anzupassen, alles ist bei ihm wahr und schlicht und natürlich, niemals begeg= nen Worte oder Redewendungen, die den Eindruck machen, als seien sie eigentlich hochdeutsch empfunden und erst nach= träglich in das Niederdeutsche übertragen, nirgends ver= fällt Brinckman der weichen Rührseligkeit, die ja in Wahr= heit dem Geiste des niederdeutschen Volkes so fremd ist und doch in der Dialektdichtung so überreichlich angetroffen wird." (C. Schröder.) Trotzdem sich mancher frohe Vers in dem Buch findet, ist die Grundstimmung doch ernst. Für jeden Zeitabschnitt des Lebens weiß der Dichter ge= mütvolle Töne zu treffen, und mühelos reihen seine Lieder sich zu einem Kranz um das Leben des Dorfbewohners. Die Jugendzeit hallt aus „Areboar", „Twäschens", „Hassel= stöck", „Grot Wasch" und „In'n Dik" wider. Diesen schließen sich die Lieder an, die das zarte Knospen der ersten Liebe schildern, wie „Maien", „Ick men man so", „Hartspann" und „Wenn Nümms dat nich süt":

Se stroepten un söchten in't Holt sick tosam
Blagoeschen, Maesch, Neste und Naet;
De Slapps as sonn Rebuck so oarig un fram,
Grar as sonn Kattefe de Kraet.

Dat würr ni nich nog er, dat wad ni nich all,
So blew dat, so is dat noch hüt;
Nu drap de twe beir sick hir achte in'n Stall
Un küß' sick, wenn Nümms dat nich süt.

In „Wat mag ick bi girn" jubelt die Liebe noch, „Nu lat mi los" ist ein Seitenstück zu Groths „Voer Doer", doch in dem zarten „Bigoeschen" pocht schon die Tragik der Liebe an die Tür:

> Du wist mi man bigoeschen
> Un menst dat doch nich so;
> As Immen bi de Roeschen
> Stellst du un singst doato.
>
> Min blanke Kron de lat mi
> Un grip nich na min Kranz,
> Du söchst man foer de Strat mi,
> Nich foer din Hus mi, Hans!

An „More schelt" und „More schellt all werre" schließen sich dann die schönsten Blüten des Kranzes an:

> Wat wist du't noch besteken,
> Wenn't di nich mir geföllt?
> Lat riten, Hans, lat breken,
> Wat doch nich länge höllt!

und das ergreifende Lied der Verlassenen „Er is as müch se wenen":

> Wu oft nich nagan büst mi, —
> Wat kekst mi an so soet!
> In Schummern hest du küßt mi, —
> Min Hart dat würr so het.
>
> Nu seggst, ick schall man lopen,
> Du harrst mi jo man narrt;
> Nu lach se alltohopen, —
> Mi aewest blött dat Hart.
>
> Nu trug ick werre Kenen, —
> Wen wet, wat he nich lüggt!
> Nu is mi, as ob't wenen,
> Dot — dot mi wenen mücht.

Ein zweiter Kranz umfaßt die Ehe mit ihren Freuden, besonders aber mit den Sorgen. Behagliche Zufriedenheit klingt aus „Eng un woll" und „Wat hett sonn Junke mir." Doch schon melden sich Sorgen („Dat kümmt mit Hupen")

und Krankheit („Koll Fewe"; „De krank Saen"), und der
Tod des Kindes reißt eine tiefe Wunde:

Nu, Meiste, schruw He to dat Sark!
Nu, More, More, mak di stark
Un droeg di aw din Tran!
De Wag de för nu voer Johann
Un Schritt foer Schritt lettst du din Spann
Hen na den Kirchhoff gan.

Aber stark und glücklich bleiben die Eheleute in ihrer Liebe
zu einander („Un schüll ick ire bun di gan"), bis „De
voernem Gast" kommt und die Ehe trennt. Neben diesen
rein lyrischen Gedichten enthält das Werk Naturbilder, die
den Dichter gleichfalls als Meister zeigen („Snedrewel"
„Kuklas", „De oll Ek"; die epischen „Firabend", „De
Kronen", „Regenwere"), und auch humoristische Stückchen
wie „Stutenollsch", „Oll Bare Knak", „Förste Knop" u. a.
Einige Lieder („Bim=bam=beie", „Pöppedeiken", „Doenken",
„Dat Led bun dat Pack") 2) hat der Dichter unmittelbar
aus dem Munde des Volkes genommen, und es mag für
den echten Ton seiner Dorfpoesie sprechen, daß sie sich
zwanglos den übrigen Gedichten einfügen ließen.
Als nächstes Werk veröffentlichte Brinckman die Ge=
schichte von dem Aufschneider „Peter Lurenz bi Abukir"
(1868). In diesem Buch verewigte er eine Gestalt seiner
Vaterstadt, die ihm aus seiner Jugend noch bekannt war,
den Rostocker Kaufmann Peter Lorenz. Dieser hatte sich
an der Politik jener bewegten Zeit übernommen, die größten
Haupt= und Staatsaktionen behandelte er als Kleinig=
keiten und stellte sich als den eigentlichen Macher in die
Mitte. Es wirkt grotesk=komisch, wie er, ein Seitenstück
zum Don Quixote, dem einfältigen Gastwirt Block die un=
glaublichsten Geschichten vorlügt und ihm weismacht, daß
er, Peter Lurenz „van dei horizontale Peilung", die Schlacht
bei Abukir für seinen Duzfreund Nelson gewonnen habe.
Ein Kabinettstück voll übermütigen Humors! Im Jahre
1870 ließ Brinckman dann das Stippstürken „Uns' Herr=
gott up Reisen" erscheinen. Wie der „Kasper=Ohm" durch
die Person des Bataviafahrers Kasper Pött zusammen=
gehalten wird, so ist diese Aufgabe in letzterem Werk dem

Herrgott zugefallen, der sich sein liebes Land Mecklenburg mal wieder ansehen will und nach einem Besuch beim Pastor Jobst Sackmann in Limmer und bei Eulenspiegel in Mölln denn auch dorthin gelangt. In diesen Rahmen hat der Dichter zwei Erzählungen hineingeflochten, die lustige von den Handwerksgesellen, die den Teterowern einen echten Eulenspiegelstreich spielen und dann zu seinem Grabe wallfahrten, und die rührende von den vermückerten Twä= schens. Großzügig in der Anlage, sorgfältig ausgemalt in den Einzelheiten, voll drastischen Humors und zarter Klänge, entbehrt das Werk doch wie alle derartigen Erzählungen der Einheitlichkeit. Über diesen Mangel aber täuschen die Schönheiten, die der Dichter mit reicher Hand in ihm aus= gestreut hat, leicht hinweg. Es ist kein falscher Ton in der reichen Sinfonie.

Im Nachlaß des Dichters fanden sich noch Werke, welche die Bewunderung vor seinem Können nur steigern konnten. Im Jahre 1886 wurden zunächst die Erzählungen „Mottche Spinkus un dei Pelz", „Dei General=Reeder" und „Höger up" veröffentlicht. Das erste mit seiner derbkomischen Mischung von Plattdeutsch und Judendeutsch zeigt sich dem Reuterschen Läuschen „En Schmuh", das denselben Stoff behandelt, weit überlegen. Von packender Wirkung ist der „General=Reeder." Auf dem Fundament eines tiefen Gott= vertrauens baut der prächtige Kapitän Heuer, in dem Brinckman seinem Vater ein schönes Denkmal gesetzt hat, sein Leben auf und verläßt sich in allen Nöten auf den General=Reeder, „de baben in de Mars van de Welt sitt un en widen Kikut hett." „Die Perle in diesem Trio ist „Höger up", ein Meisterwerk in Erfindung, Komposition und Darstellung, wunderbar fesselnd auch in Zeit= und Lokalkolorit." (Römer.) In dieser Märchennovelle erzählt der Dichter von einem Findelkinde, das es vom Hütejungen bis zum Junker von Voß bringt. „Höger up! All wat nich is, is nich, kann aewersten noch warden; an Kaenen is't gelegen." Aus dem weiteren von Römer i. J. 1904 ver= öffentlichten Nachlaß ragt der unvollendete Roman „Von Anno Toback un dat oll Jhrgistern" hervor Den Stoff kennen wir schon, es ist der im „General=Reeder" bearbeitete. Den Personen dieser Novelle sind aber neue Züge hinzugelegt, die alten sind schärfer hervorgehoben, flüchtig angedeutete Vorkommnisse sind breit ausgebaut, und die kurze Novelle ist zu einem „Schiemannsgoarn" ausgesponnen, zu dem Seeroman, um dessen Vollendung der frühe Tod des Dichters uns betrogen hat. In der vorliegenden Form ist das Werk allerdings nicht für die Veröffentlichung bestimmt gewesen; vieles ist zu breit ausgesponnen, manches nicht ausgefeilt. Hätte der Dichter das Werk vollenden dürfen, so wäre es für die Seekante das geworden, was Reuters „Stromtid" für die Landbevölkerung ist. Ein Trost mag es immerhin sein, daß wir den Schluß aus dem „General-Reeder" kennen, und daß somit der Genuß des Werkes für die, welche Bruchstücken abhold sind, kaum gestört wird.

Man hat oft nach den Gründen dafür gefragt, daß Brinckman nicht denselben Erfolg errungen hat wie sein Landsmann Fritz Reuter. Ein Grund wird wohl in der lautgetreuen Schreibweise zu suchen sein, die das Lesen der Werke erschwert, weil unser Auge an die hochdeutsche Schreibweise gewöhnt ist. Dann fehlten ihm aber auch die Rezitatoren, die Reuters Namen in alle Welt trugen. Vor allem aber fehlte ihm der alles bezwingende, sonnige Humor Reuters. Brinckman ist in seiner Entwickelung durch die Sorge um das tägliche Brot gehemmt worden. Er konnte sich nicht frei entfalten, und sein Dichten ist ein Suchen nach dem Gebiet, auf dem er Erfolg ernten konnte. Vom skizzenhaften „Kasper=Ohm" wandte er sich der Lyrik zu, dann versuchte er sich im „Peter Lurenz" auf dem Gebiet des grotesken Humors, daneben arbeitete er an Novellen und dem großen Roman, auch ein hochdeutsches Lustspiel und Epos verfaßte er, und als er in „Uns' Herrgott up Reisen" auf dem Wege zum sonnigen Humor war, rief der Tod ihn ab. Seine Natur blieb zu ernst, zu schwer und zu tief. Seine Muse konnte sich nicht in lichte Höhen aufschwingen; sie ging zu den Leuten und belauschte ihr Herz, und wenn sie dann von ihnen erzählte, konnte sie die Runen, die ihnen die Bitternisse des Lebens ins Gesicht geschrieben hatte, nicht vergessen. Reuter wird durch Braesig charakterisiert, Brinckman weniger durch den Kasper=Ohm als durch „Vagel Grip". Die Anerkennung, die ihm bei Lebzeiten versagt blieb, ist ihm erst in neuerer Zeit zuteil geworden, jetzt erst erkennt man die Wahrheit dessen, was Klaus Groth über ihn schrieb: „John Brinckman gehört unter die plattdeutschen Schriftsteller ersten Ranges. In seinem Vagel Grip finden sich Lieder und Romanzen voll Reiz und Schönheit, sein Kasper-Ohm un ick ist ein Roman von einer Vollendung, daß man prophezeien darf: Man wird ihn lesen, so lange man plattdeutsch liest, und die Zahl seiner Freunde und Verehrer wird wachsen mit den Jahren."

Als vierter Klassiker trat Johann Meyer in den Kreis der neuplattdeutschen Literatur. Er wurde als Sohn eines Landwirts am 5. Januar 1829 in Wilster geboren. Sein Vater verzog später nach Schafftedt und übernahm dann, als der Knabe zehn Jahre alt war, in Sollerup bei Schleswig eine Wassermühle. Nachdem Johann Meyer, dem bald die Kenntnisse, die ihm die Dorfschulen übermitteln konnten, nicht mehr genügten, Privatschulen in Lunden und Schleswig besucht hatte, erlernte er im elterlichen Hause die Müllerei und zugleich das Zimmerhandwerk, wie es dort üblich war. Daneben aber arbeitete er eifrig an seiner Weiterbildung. Während des Freiheitskampfes der meerumschlungenen Provinzen gegen die Dänen wurde er zu den Waffen einberufen, erkrankte jedoch und wurde nach seiner Genesung als Pfleger an das Lazaret in Altona kommandiert. Nach Beendigung des Krieges besuchte er das Gymnasium in Meldorf (1850). Er bestand die Aufnahmeprüfung als Schüler der Tertia, legte schon i. J. 1854 die Reifeprüfung ab und bezog dann die Universität Kiel, um Theologie zu studieren. Als ihn diese Disziplin auf die Dauer jedoch nicht zu fesseln vermochte, lag er eifrig philosophischen, literarischen, ästhetischen und geschichtlichen Studien ob. Im Jahre 1858 trat er als Lehrer in eine Altonaer Privatschule ein, und kaum ein Jahr später nahm er eine Stelle als Redakteur der Itzehoer Nachrichten an. In dieser Stellung wirkte er über zwei Jahre. Sein weiches Gemüt paßte jedoch wenig in die Arena der politischen Kämpfe. Nach kurzem Aufenthalt im Elternhause gründete er dann die Idiotenanstalt in Kiel (1862), als deren Leiter er bis zu seinem Tode am 15. Oktober 1904 segensreich gewirkt hat.

Johann Meyer fühlte sich schon als Kind zur Poesie hingezogen, und bald spürte er in sich den Trieb, sich

selbst poetisch zu betätigen. Viele plattdeutsche Lieder und
Balladen schrieb der Dichter, der später auch auf hoch=
deutschem Gebiet ein achtungswertes Talent zeigte, in seiner
Sekundanerzeit. Im Jahre 1858 erschienen dann seine
„Dithmarschen Gedichte", und im folgenden Jahre gab er
den „Plattdeutschen Hebel" heraus. Aus diesen Jahren
stammen auch seine kleinen Erzählungen „De Konterlör
un sin Dochder" und „Cassen mit de Hummel." Nun tritt
eine längere Pause im Schaffen des Dichters ein, bis er
i. J. 1873 seine epische Dichtung „Gröndunnersdag bi Eckern=
för" veröffentlichte. Wieder folgt eine Pause bis zum Jahre
1879, mit dem dann die dramatische Periode des Dichters
beginnt.

Johann Meyer ist als Dichter eine durchaus selbständige
Persönlichkeit. Mit Groth, Reuter und Brinckman hat er
die Gemütstiefe gemeinsam, ist jedoch weicher als diese drei.
Wenn bei ihm zuweilen ähnliche Töne erklingen wie bei
Groth, so ist dies darauf zurückzuführen, daß beide aus
derselben Landschaft stammen. Meyer ist kein Nachahmer
Groths, er hat völlig aus Eigenem geschaffen. Seine Lyrik
reizt in ihrer Zartheit der Empfindung und ihrer Glätte
unwillkürlich zum Vergleich mit Geibel. Tief sieht er in
die Volksseele hinein; bald innig und rührend, bald schalk=
haft, leicht und graziös entströmen seiner Laute die Lieder,
die selbst den Beifall eines Hebbel fanden, der nach dem
Erscheinen der „Dithmarschen Gedichte" schrieb: „Vom
hellen sangbaren Liede an, durch das saftige frische Idyll
bis zum historischen Genrebild hinauf, klingen uns aus
der Sammlung alle Töne wieder entgegen, die Klaus Groth
den verdienten Beifall gewannen, einige schwächer und
matter, wie das sich bei zwei verschiedenen Individuen von
selbst versteht, andere in gleicher Stärke und einer mit
viel größerer Gewalt. Findet sich kein Stück, wie: „Rumpel=
kab'n" oder „Matten Has", die ich an die Spitze des Quick=
born stelle, so kann „Anna" es kühn mit „Hanne ut Frank=
rik" und mit „De Bullmach" aufnehmen, und „De Slach
bi Hemmingstedt" überragt die gleichnamige Ballade bei
Groth um vieles; ebenso „De letzte Fehde"...." Wie sich
bei Groth Form und Gedanke aufs innigste vermählen, so
sind sie auch in einer großen Zahl der Gedichte Meyers
eine harmonische Verbindung eingegangen. Zu diesen

Perlen der Literatur zählen „In de Schummern", „Regen,
Regen, rusch", „Gude Nacht", „Abendleed", „Bi de Weeg",
„De Scheper op de Heiloh", aus dem Meyers liebenswürdiger
Optimismus hell hervorstrahlt:

  De schöne Welt? — — ach, ja! — so schön!
  So sünnschienhell, so blau un grön!
  Un weer't ock man op't Heilohfeld,
  Se's dochen schön, de schöne Welt!
  Kumm mit herut un freu di man
  Un beb' den leewen Herrgott an!
  He hett sin Pracht, he hett sin Flor
  Ock buten öber't brune Moor,
  Bi'n Scheper op de Heiloh.

In anderen Gedichten waltet ein liebenswürdiger Humor,
so in „Schreeg öwer", „Snider", „Hans Narr", „Günd achter
de Blomputt" und manchen der unter dem Titel „Lüttjen
Kram" stehenden Reime. Ein besonderes Reis in Meyers
Dichterkranz bilden seine kräftigen, formvollendeten und
von Pathos erfüllten Balladen, in denen er vielfach dieselben Stoffe aus der Dithmarschen Vergangenheit behandelt hat wie Groth. Es sind anschauliche Bilder,
die der Dichter vor uns entrollt und mit denen er uns
packt; neben den von Hebbel genannten Balladen ist es
besonders „De Lehnseed", die für des Dichters Art und
Weise bezeichnend ist:

  Se leegn dar to slapen so still un so bleek
  Ober't Feld, as de dalhauten Böm;
  Un de Lurken de sungn ehr den Graffgesang, —
  Un de Summer de streu ehr de Blöm.

  Dat Land weer erobert; — in Trümmer leeg Heid;
  Un de dar an't Leben noch weern,
  Bi Loh op de Koppel, dar dreebn se se hin, —
  Beer dusend, — un leeten se swer'n.

  Se weern so ruhig, — se sä'n keen Wort;
  Un doch so bull Kummer un Weh!
  Un as de Prester dat Teeken ehr geev,
  Dar sacken se All in de Knee.

Dar gung wul de Boſten, — dar flog wul dat Hart,
Dar ſtundn wul de Ogen vull Tran!
Dar wünſch ſick wul mennig Een nix, as den Dod
Un nümmermehr optoſtahn!

Un ſe wanken na Hus hin, — ſo ſtill, as ſe keemn;
So ſtill, as ſe kneet harrn bi Loh; —
Un ſe bröchen ehr doden Bröders to Eer'
Un de Frieheit, — de Frieheit darto!!

Meyers Stärke war die Kunſt der Schilderung, von der er in den kleineren erzählenden Dichtungen „Anna" und „Dat Gewitter", vor allem aber in dem Epos „Grönbunnersdag bi Eckernför" die ſchönſten Beweiſe ſeines Könnens geliefert hat. Dieſes Epos iſt das Meiſterſtück des Dichters. Mit ſicherer Hand malt er den Kampf der Schanzen gegen die däniſche Flotte in prächtiger Steigerung, Ernſt des Krieges und Humor des Kriegers bringen Schatten und Licht in das Gemälde, und in den Donner der Geſchütze rauſcht leiſe eine Welle hinein, klingt zart die rührende Liebesepiſode von der jungen Wittwe, in deren Herz die Liebe zu ihrem Quartiersmann aufkeimt:

„Kummt ſo de Leevd'? ick meen de keem mit Roſen
Un gung dar, as en Engel, dör' de Blom,
De paſs nich in de Slacht bi Mord un Dod.
Un dochen, wenn ſe kummt, wer kann ſe möten?
Wer mött en Steern, de jüſt bun'n Himmel fallt?
He fallt, un weer de Nacht ock noch ſo düſter."

Hier iſt die gleiche aus der Woge des Epiſchen emportauchende lyriſche Kraft, die Reuters „Hanne Nüte" ihr Gepräge gibt. —

Dank müſſen die Plattdeutſchen Meyer auch dafür wiſſen, daß er' durch den „Plattdeutſchen Hebel" ihre Literatur um ein Werk bereichert hat, das die größte Volkstümlichkeit verdient. Wie ein Kritiker ſagt, hat er das Hebelſche Werk wie auf einem Zaubermantel aufgenommen und unvermerkt im Norden niedergeſetzt, „ohne bei der vollkommenen Einheimelung auch nur im geringſten die Integrität des Volkslebens hier und dort zu trüben." Über Meyers dramatiſche Tätigkeit wird bei Beſprechung des plattdeutſchen Dramas beſonders berichtet werden, an dieſer Stelle aber mögen noch die Worte ſeines Biographen

Joh. Heinemann Platz finden, die den liebenswürdigen Dichter treffend charakterisieren: „Seine hohe Begeisterung für alles Edle und Schöne, die sittliche Reinheit seiner Gedanken und sein frommer Glaube, sein Mitleid mit der Armut und sein offenes Auge für die Gebrechen und die Not der Menschenbrüder, sein empfänglicher kindlicher Sinn für das um ihn wirkende und schaffende Leben in der Natur und seine optimistische Weltanschauung — das alles entstammt dem Urquell und der Grundrichtung seines Herzens und Gemütes: Dem Idealismus." —

Es wäre ein müßiges Unterfangen, die vier Klassiker der neuplattdeutschen Literatur an einander zu messen und den einen auf Kosten des anderen herauszustreichen. Mag Meyer auch etwas hinter die anderen zurücktreten, ein Dichter war auch er. Sie waren alle vier Vollmenschen, jeder von ausgeprägter Eigenart, und wir wollen uns freuen, daß die junge Literatur vier bedeutende Bannerträger hatte.

3. Neben den Klassikern (1850—1870).

Die allgemeine Anerkennung, die zuerst der Quickborn und dann die Werke Reuters gefunden hatten, ermutigte manchen Niederdeutschen, nun auch sein Scherflein zur plattdeutschen Literatur beizutragen, und so begann denn schon in den fünfziger und sechziger Jahren des vorigen Jahrhunderts ein vielstimmiges Singen im plattdeutschen Dichterwald. Fehlte es auch an Nachtigallen, so barg der Wald doch andere Vöglein genug, und im allgemeinen klang das Frühlingskonzert der jungen Literatur harmonisch, wenn auch einige Sänger ihre Noten vom hochdeutschen Blatt gelesen hatten und Töne erschallen ließen, die besser in einen Salon als in den grünen Wald paßten. Der Westfale Zumbroof (geb. 1816 in Münster, gest. 1890) hatte den ersten Band seiner „Poetischen Versuche in westfälischer Mundart" schon in den vierziger Jahren erscheinen lassen. Die humoristischen Gedichte und Läuschen dieses und der

folgenden vier Bände trugen dem Verfasser mit Recht vielen
Beifall ein, und er blieb auf lange Zeit der gelesenste
Dichter seiner Heimat. Kräftige, oftfriesische Eigenart sprüht
aus den „Döntjes un Vertellsels" von Fooke Hoissen
Müller (geb. 1798 in Aurich, gest. 1856), die erst nach
seinem Tode veröffentlicht wurden. In den „Döntjes un
Leedjes" des Buches findet sich manches Gedicht, das noch
heute fortlebt und wohl noch lange fortleben wird, wie
„Schwaaltes, leeb' Schwaaltes," „By't Melken" und die
Romanze „Könl Helgo's Dog". Den größten Teil des
Buches nimmt das Epos „Tiart Allena" ein, und da es
eins der besten niederdeutschen Epen und im Buchhandel
nicht wieder erschienen ist, wird eine ausführliche Inhalts=
angabe dem Leser willkommen sein.

Auf seiner Warf* lebt der oftfriesische Bauer Tiart
Allena in stetem Kampf mit den anstürmenden Wogen der
Nordsee. Sein ganzes Sinnen und Trachten richtet er
darauf, seine Deiche zu verstärken, um das Meer von seinem
Besitztum fern zu halten.. Seine Frau ist tot, sein Sohn
Otto lebt bei ihm. Otto knüpft ein Liebesverhältnis mit
der armen Stientje an, doch als er den Vater bittet, sie
freien zu dürfen, schlägt dieser ihm die Bitte ab. Da
Tiart Allen unter den Bauerntöchtern, wo er auch an=
klopft, für seinen Sohn keine Frau findet, holt er ihm
eine Frau aus der Stadt. Am Abend des Hochzeitstages
— Stientje ist ins Wasser gegangen und wird an diesem
Tag begraben — pocht das Meer wieder ungestüm an die
Deiche, die Männer eilen hinaus, und Otto wird bei den
Dichtungsarbeiten fortgerissen:

De Bulgen slaan to Hope,
    Un spüddern Schuum un Sand.
Baas Allen wöhlt in't Water,
    Un klautert wer an't Land:
„Mien Otto! — Giff en Teeken! —
    Lüh! still ins mit so Rär'n! —
— „Och Stientje, Stientje!" wimmert
    En braaken Stimm van Fern. — ...

---

*) Künstlicher Erdhügel als Siedelstätte.

He hört dat Water blubbern,
   He hört de Winde weihn,
He hört de Tüüten* piepen,
   He hört de Mewen schrein,
He hört in dusend Stimmen,
   Wat lebt un wewt wietuut. —
He hört sien eegen Hartslag, —
   Van Otto nich en Luut.

As Koppelhunde stoltern
   Strandup ballstür'ge Seen!
He mug hör gruuf befehlen,
   Hör bidden up sien Kneen:
„Bringt mi mien Kind!" — Se targen
   Hum man mit Brüh un Turt.
Elk smit hüm bör sien Footen
   En Drachtje Schill un Wurt! —

Un mit Gelachter flüchten
   Se in hör seker Riek:
„Bast holl wi unse Fangsten. —
   „Baas Tiark! Wahr Du dien Diek!
„Süttst Du? Daar buten rieden
   „Wittkoppde Jungens Wacht! —
„Kumm mit! — Daar's Ottos Bruutbedd!" —
   Dat was de Hochtiednacht.

Tiark ist zuerst gebrochen, zwingt sich aber wieder hoch. Die junge Witwe schickt er in die Stadt zurück, und er selbst geht auf den Rat eines Arztes auf Reisen. Als er nach längerer Zeit zurückkehrt, findet er in seinem Heim alles verändert vor, seine Schwiegertochter hat sich auf der Warf eingenistet, seine Knechte und Mägde sind durch fremde ersetzt, nur die Mareemöh, mit der er in seiner Jugend getändelt hat, ist noch da und erzählt ihm von allem und daß die Frau in wenigen Tagen wieder heiraten wolle. Die Frau übersendet ihm dann den Schlüssel zu einem Gelaß, das in dem für ihn hergerichteten Zimmer steht, und da findet Tiark den Heiratskontrakt seines Sohnes, der ihn jetzt um sein Besitztum bringt:

---

*) Strandläufer.

„Ja dwingen! — dwingen wull ik't,
„Un as't nich gung mit Geld,
„Do hung ik, blind vör Yfer,
„Mien Polder* hier, mien Welt
„An'n enkelt Minskenleben,
„En naare swacke Draad.
„Ik Narr, ik was der stolt up,
„As up en Heldendaad.
„Pfui! up en Minskenleben
„Sien Alles setten! — Door!
„Nu kummt an Dag, mien Okko,
„Wat ik mit Di verloor!" —
Sien Ellbaag up de Tafel,
Sien Hande vör't Gesicht
Sunk Baas in sück tosamen,
As by sück sülfst to Bicht.

Wenn seine Schwiegertochter wieder heiratet, hat Tiark alles verloren. In einem prächtigen Traumbild zieht seine Jugendliebe zu Mareemöh und sein Leben an ihm vorüber. Als Mareemöh das Zimmer betritt, läßt Tiark aus der Unterhaltung schon seinen Entschluß ahnen. Sie verläßt ihn, um ihm eine Mahlzeit zu bereiten; als sie wiederkommt, ist der Baas fort, und auf einem Zettel steht, daß er noch eine große Reise machen müsse. Da stürzt sie ihm nach, auf den Deich hinaus, in die düstere Nacht hinein. Der Sturm braust ums Haus, die Mägde sind schon zur Ruhe gegangen, da klopft es ans Fenster, der Polder stände voll Wasser. Sie eilen hinaus:

Un — flupps! — Daar flammt en Schien up,
    En Weerlücht uut de Grund,
In d' Feren, waar Tiark Allen
    Sien Seedick steit — of stund. —
'T wurd Nacht wer — dann en Dönner,
    Dat Lucht un Erdriek bebt.
Verbaast un stumm steit alles, —
    So wat het Nümms belevt!

---

*) Eingedeichtes Marschland.

Tiark Allena hat den Deich gesprengt; was er in harter
Arbeit dem Meer abgetrotzt hat, will er sich nicht nehmen
lassen, lieber gibt er's dem Meer wieder. Brausend
schwemmt die See den Deich fort. Nach langen Jahren
hören die Leute von einem Matrosen, daß Tiark Allen
sich mit seiner Mareemöh in Amerika ein neues Heim
geschaffen hat. — Die Sprache des Epos ist von kerniger
Kraft, Bilder und Personen treten plastisch vor uns hin,
besonders aber ist der Held in seiner Urwüchsigkeit prächtig
gezeichnet, so daß man dem Dichter das Schlußwort glaubt:

Tiark Allens Saak is: 'T Ganze dwingen!

Ein ganz vergessener Lyriker ist J. D. Plate (Pseudo=
nym Lüder Woort; geb. 1816 in Masen in Hannover,
gest. 1902), der weniger in seinem Epos „Dietrich un Meta"
als in seinen „Plattdeutschen Dichtungen" manche Töne
anschlug, die sich auch bei Groth fanden, und der deshalb
für einen bedingungslosen Nachahmer dieses Dichters ver=
schrien wurde. Eine häufig hervortretende Unbeholfenheit
im Ausdruck stört den Genuß seiner Gedichte und läßt be=
dauern, daß der Dichter durch eifriges Nachfeilen diesen
Mangel nicht überwunden hat. Eine Lyrikerin von echtem
Empfinden entstand der niederdeutschen Literatur dann in
Alwine Wuthenow (geb. 1820 in Neuenkirchen bei
Greifswald, gest. 1908). In ihren Gedichtbänden „En boar
Blomen ut Annemariek Schulten ehren Goarn" und „Nige
Blomen" zeigte sie, daß ihr in ihrer tief aus dem Herzen
quillenden Poesie alle Töne von der leidenschaftlichen Be=
wegung bis zum behaglichen Humor zur Verfügung standen.
Zu ihren besten Gedichten zählen das frische „Dei Schipps=
jung" und das in der Nervenheilanstalt gedichtete „Ick
möt furt", in dessen Schlußvers die Verzweiflung der un=
glücklichen Dichterin und ihre Sehnsucht nach der Freiheit
einen erschütternden Ausdruck finden:

Doch nu ward't tau dull mi, nu packt mi dat an!
Möt beger oder breken, ick riet wat ick kann!
Ut Ost un ut West un ut Süd un ut Nurd
Blöst't luder un luder: Ick möt furt! Ick möt furt!
Herrgott in den Hewen! O, hür mi dit Mal!
Heft Du denn kein Mitleid mit so beele Qual!

Du kannst ja doch Allens! Mak apen min Purt!
O help doch nah Huus mi!
Ick möt furt! Ick möt furt!

Ihr Landsmann Berling (geb. 1817 Altenkirchen Rügen,
gest. 1873) gehört dagegen zu jenen Dichterlingen, deren
Verse als abschreckendes Beispiel dienen mögen. Gut ge=
wählt ist nur der Titel seines Buches „Lustig un trurig",
denn man möchte lachen und weinen über Verse wie die
folgenden:

För den Hierd tau fallen,
Is dat höchste Glück,
Wenn de Fahnen wallen,
Nümmer Mißgeschick!

Als Berling seine Gedichte an Reuter zur Begutachtung
übersandte, entledigte dieser sich des peinlichen Auftrags
mit Humor, indem er ihm schrieb:

Ein jeder Vagel singt sin Leid,
De Drautzel singt un ok de Sparling,
Dat singt, as em de Snabel steiht;
Sing du man lustig, Doktor Barling!

Eine ähnliche Erscheinung wie Berling war der Mecklen=
burger Wilhelm Heyse (geb. 1825 in Leussow b. Mirow.
gest. 1911), der die plattdeutsche Literatur mit Lyrik und
Epik in den Büchern „Punschendörp", „Mecklenborger Bur=
hochtid un Rosmarin un Ringelblomen" und „Frische Kar=
miten" beglückte. Als Lyriker war er rettungslos Heinrich
Heine verfallen und strebte anscheinend danach, ein platt=
deutscher Heine zu werden. Wie weit er es in sinnloser
Nachahmung seines Vorbildes gebracht hat, möge der Leser
aus den folgenden Reimen ersehen:

De Stirnings an den Häwn,
De lewn sik fürig un het
Un flämern un blänkern un lüchten
Un kiken sik an so söt. —

Se wannern all dusend van Johren
So still äwer Land un See
Un lachen sik an — un starwn
Toletzt vör Lew un Weh.

Die epische Burhochtid ist immerhin besser, hat aber nur kulturhistorischen Wert. Mehr Eigenart als Hehse zeigte Marie Mindermann (geb. 1808 in Bremen, gest. 1882) in ihren „Plattdeutschen Gedichten", in denen sich mancher anmutige Vers findet. An Groth schloß sich der Holsteiner Ferdinand Weber (geb. 1812 in Oldesloe, gest. 1860) an, dem besonders die Wiedergabe zarter Naturstimmungen gelang. Als Nachdichter machte sich der Schweriner Eduard Hobein (1817—1882) durch seine „Blömings un Blomen ut frömden Gor'n" einen Namen, während seine eigene Lyrik („Feldflüchters") mit wenigen Ausnahmen an Mangel an Stimmung krankt und auch sein Epos „De Grofffsmidt" sich nicht über den Durchschnitt heraushebt. Patriotische Töne klingen vor allem aus „Düt un dat" von Adolf Schirmer (geb. 1821 in Hamburg, gest. 1886) wieder und finden sich auch in „Kuddelmuddel" von Palleske (geb. 1830 in Wutzig, Pomm.), dem es im übrigen in seiner Lyrik nicht gelang, seinem Empfinden den rechten Ausdruck zu geben. Die ihm fehlende Unmittelbarkeit besaß dagegen in vollem Maße Robert Dorr (geb. 1836 in Fürstenau bei Elbing), dessen Buch „Twüschen Wiessel on Noacht" gefällige Gedichte von erfreulicher Frische enthält. Ein Lyriker, der tief aus Eigenem schöpfte und dem sein Reichtum an Bildern erlaubte, in den sattesten Farben zu malen, war Bohsen (geb. 1834 in Neuenkirchen, Holst., gefallen 1870). In seinen „Leeder un Stückschen" singt und klingt das dithmarscher Leben wie in den Versen seines großen Landsmannes, dessen Vollendung der Form und inniges Empfinden ihm allerdings fehlen. Am wenigsten sprechen seine Balladen an, während seine Kinderlieder anmutig und seine Naturbilder häufig farbenprächtig sind:

> Nu sackt de Sünn hendal un dippt
> In't Haff un glittert roth as Glöd,
> De Bülgen blenkert, as bedrippt
> Mit smölten Gold, de wiis se flödt.

In der Prosa fand der große Roman in der ersten Zeit neben Reuter wenig Pflege. Wenn auch manches Gute an Prosawerken geschaffen wurde, für den großen Roman, der das ganze Leben und Schicksal des Helden in allen seinen Verzweigungen darstellen soll, fehlte es an

Talenten. So begnügten die Schriftsteller sich denn mit der einfachen, nur Unterhaltung bezweckenden Erzählung, oder sie pflegten, indem sie lediglich eine Episode aus dem Leben ihres Helden darstellten, die Novelle. Schon vor dem Auftreten Reuters hatte Wilhelm Schröder (geb. 1808 in Oldendorf bei Stade, gest. 1878) sein berühmtes Märchen „De Wettlop twischen den Hasen un den Swinegel up de Buxtehuder Haide" geschrieben. Diese Geschichte mit der köstlichen Moral, wenn einer freit, soll er sich eine Frau aus seinem Stande nehmen, „wer also en Swinegel is, de mutt tosehn, dat siene Froo ook en Swinegel is: un so wieder" ist sein bestes Werk geblieben und hat ihm einen Platz in der Literatur gesichert. Lugt aus diesem Geschichtchen schon der Satiriker hervor, so ist ganz politisch-sozial-satirisch die Geschichte von dem zweibeinigen Swinegel „Swinegels Lebensloop un Enne in'n Staate Muffrika." Mit drolligem Humor berichtet der Dichter von seinem Helden, wie er, der Sohn des Häuslers, von der Konfirmation wegen Mangels an Kenntnissen zurückgestellt wird, später Soldat, Reitknecht beim Oberst, handgreiflicher Friedensrichter und Amtsvogt, Abgeordneter und schließlich Minister wird. Auf diesem Posten stirbt er, und sein Fürst widmet ihm in einem ehrenvollen Nachruf die Worte: „Ja so ist es — Swinegel sind sie alle, alle, alle! Die meisten von ihnen aber, die meine Diener, sind heimliche Swinegel, und das sind die gefährlichsten für Fürst und Volk, für die Menschheit. Mein Swinegel aber war der beste, denn er „wagte zu scheinen, was er war," er war ein ehrlicher Swinegel". Schröders weitere Werke „Swinegels Reis' nah Paris", „Bismarck", „Haideland un Waterkant", darin „De Tambour von Waterloo", „Kasper Wullkopp" u. a., und die „Riemels un Döntjes" haben sich trotz mancher drolligen Einfälle auf die Dauer nicht behaupten können, da der Dichter in ihnen sein eigentliches Gebiet, die Satire, nicht pflegte. Zu unrecht vergessen ist des Aacheners Heinr. J. H. Müller (1802—72) „Ossen ärme Bastian", in dem der Verfasser Leben, Meinungen und Taten eines Muttersöhnchens mit viel Humor, Witz und Satire schildert. Auch Ferdinand Westhoffs (geb. 1812 in Notteln, Westf., gest. 1870) „Twee Geschichten in Mönsters Platt", welche die Abenteuer von Ollmanns Jans enthalten, sind voll

derber Komik und verdienen mehr Leser, als sie heute
noch haben. Eine ganze Reihe hauptsächlich schnurriger
Erzählungen und Gedichte schrieb in lebendiger Darstellung
F. W. Grimme (geb. 1827 in Assinghausen, Westf., gest.
1887). Harmloser Humor, tiefes Mitgefühl und scharfer
Blick für die Schwächen seiner Mitmenschen sind seinen
Werken durchweg eigen, von denen „Sprikkeln und Spöne",
„Spargitzen", „Grain Tüge", „Lank un widß düär't Land"
genannt seien. Herzlich unbedeutend ist dagegen Franz
Bockels (geb. 1798 in Klostersande bei Elmshorn, gest.
1879) Sammlung kleiner Erzählungen „Instippen"; besser
sind seine ausgewählten Gedichte, die ihn als schalkhaften
Humoristen zeigen, der allerdings tiefere Wirkungen nicht
erstrebt. Von den zahlreichen Werken Theodor Pie-
nings (geb. 1831 in Meldorf, gest. 1905), die voll toller
Laune stecken, aus den Helden jedoch zumeist Karrikaturen
machen, seien „De Reis nah'n Hamborger Dom" und „Hans
un Grethe" erwähnt. Vorwiegend für das Komische be-
gabt war auch Karl Valentin Immanuel Löffler
(Pseud. de olle Nümärker; geb. 1821 in Berlin, gest. 1874),
von dessen Werken „Lustige Vertellungen", „De Theerschwöäler" und „Ut min Dischlad" genannt seien. Erwähnt
werden möge auch Enno Hector (geb. 1821 in Dor-
num, Ostfriesland, gest. 1874; „Harm Düllwuttel", „Harm
up't Dorn'mer Märkt" u. a.), dem auch manches volkslied-
artige Gedicht gelang. Ein echter Humorist war der Mecklenburger Sibeth (1793—1880), der sich nicht ohne Geschick mit
„Dumm Hans" und „De Geschicht von den rieken Hamborger Kopmann Stahl" in der gereimten Erzählung versuchte, sein Bestes aber in der prächtigen „Geschicht von
de gollen Weig" gab, einem schlichten Märchen in dem
breiten Rahmen humoristischer Begebnisse, die den Märchenerzähler in der Fortsetzung seiner Erzählungen stören.

Neben diesen Humoristen treten in den sechziger
Jahren schon einige Dichter auf, welche die ernste Erzählung pflegten. So Karl Bornewiek, der in
seinem kleinen Roman „Tau Hus un in de Frömm'" anscheinend Wahrheit und Dichtung mischte und mit schlichter
Form des Erzählens lebenswahre Darstellung verbindet.
Ein bedeutendes Talent erstand der plattdeutschen Literatur
dann in Joachim Mähl (geb. 1827 in Niendorf bei

Pinneberg, gest. 1909). So schlicht und kunstlos seine Novellen auch anmuten, so straff sind sie gebaut, von so reifer Kunst und tiefem Gemüt zeugen sie. In „Tater-Mariken" (1868) schuf Mähl eine prächtige Dorfgeschichte, besonders ließ er in dem Lehrer und seiner Wirtschafterin, die sich im Alter die Hände zum Ehebund reichen, um dem Findelkind Eltern sein zu können, zwei kernige Gestalten erstehen. Nach der Dorfgeschichte „Jean" erklomm er dann in der ergreifenden „Fanny" (1870) die Höhe seiner Kunst. Wie ein lieblicher Traum zieht die Handlung an unserem Auge vorüber, bis der Tod den Helden im Kampf fürs Vaterland auf dem Schlachtfeld ereilt und die Harmonie fast zu guter Menschen jäh ein trauriges Ende erfährt. Auf dem Hintergrund des Freiheitskampfes der Schleswig-Holsteiner gegen die Dänen spielt auch „Lütj Anna" (1871), die eine längere Pause im Schaffen des Dichters einleitet, der erst nach 25 Jahren eine köstliche Nachlese in den „Geschichten frisch ut Leben un deep ut Hart" veranstaltete, die sich den größeren Werken würdig anreihen. Zwischendurch hatte er den „Reinke Bos" ohne Kenntnis des alten Epos neu gedichtet und damit die niederdeutsche Literatur um ein wertvolles Werk bereichert. Die Satire ist in seinem Epos ausgeschaltet und dafür die humoristische Seite des Erzschelms desto stärker betont, dem vom Bösewicht nur noch wenig anhaftet, denn Bösewichter lagen dem optimistischen Dichter nicht. Weniger geglückt ist ihm sein Versuch, den edlen Ritter von der traurigen Gestalt Don Quixote der niederdeutschen Literatur zu gewinnen (1910). Schon der Umstand, daß er das Original bedeutend kürzte, läßt erkennen, daß der Dichter vieles nicht für geeignet zur Übertragung hielt. So gibt denn die Bearbeitung weder den Geist des Originals wieder, noch ist es Mähl gelungen, den Ritter einzuplattdeutschen. Die feine, tiefe Tragik, der ständige Gegensatz zwischen der Traumwelt der Romantik und der nüchternen Wirklichkeit, die das Werk des Cervantes durchzieht, ist verloren gegangen, dafür ist die derbe Komik stark herausgearbeitet, so daß der Ritter eine bedenkliche Ähnlichkeit mit einem dummen, weltfremden Tölpel erhalten hat.

Mähl war aber auch ein feinsinniger Lyriker, und es möge den Niederdeutschen eine Ehrenpflicht sein, seine zerstreuten Gedichte zu sammeln. In der Lyrik spiegelt sich Mähls ganze Zartheit der Empfindung wider, dazu klingt in den Gedichten dann noch eine Saite, der wir in seiner Prosa nicht häufig begegnen, die Naturempfindung, wie sie uns z. B. in dem Gedicht „Harwstdagg" entgegentritt (Schreibweise der „Nedderdüütsh Sellshopp".):

Dat rēgent liis von'n Himmel,
Un ünner Tranen lacht
De Sünn' un malt ëin'n Bagen
An'n Hewen fuller Pracht.

Ein egen Oort von Harwstdagg
Halv düüster un halv klor,
Full Sünnenschin un Rēgen,
Un stimmt ëin'n sünnerbor.

Full Sünnenschin un Rēgen
Un Rēgenbagenpracht,
As wen'n Por Minschenoogen
Still ünner Tranen lacht. —

Als Erzähler, der ernste und schalkhafte Töne gleich geschickt zu greifen wußte, bewährte sich der Oldenburger Theodor Dirks, der als einer jener dem deutschen Hause so vertrauten Kalendermänner Ende der sechziger Jahre seine Kunst leider nur auf kleine Erzählungen beschränkte, die erst 1901 in Buchform erschienen sind. Seine gemütstiefen Geschichten sind in Form und Inhalt gleich vollendet und rechnen zu den besten Erzeugnissen der plattdeutschen Literatur, besonders ist die ergreifende Novelle „Trientje Stelken" ein kleines Meisterwerk. Als Kuriosum mögen dann noch die „Neun plattdeutschen Göttergespräche" von Ludwig Reinhard (geb. 1815 in Mustin, Lauenburg, gest. 1880), dem Freunde Reuters, erwähnt werden. Die Gespräche sind zwar flott und drollig geschrieben, erinnern aber doch zu sehr an die Blumauersche Behandlung der alten Welt und hinterlassen den Eindruck, daß die plattdeutsche Sprache nicht das richtige Gewand für den Gedanken ist. Hauptsache sind dem Verfasser übrigens die hochdeutschen Einleitungen zu den einzelnen Gesprächen, in denen er seiner Satire auf mecklenburgische Zustände frei die Zügel schießen läßt.

4. Die patriotische Dichtung.

Die Ereignisse der großen Jahre 1870 und 1871 haben in der niederdeutschen Literatur nur einen schwachen Widerhall gefunden. Reuter verjüngte sich jubelnd und begrüßte die Erfüllung des Traums seiner Jugend mit „Ok 'ne lütt Gaw för Dütschland" und „Großmutting, hei is dod". Groth dichtete „An uns Kronprinz in Frankrik" und Meyer „Na, Jungens, denn man los". Nur ganz vereinzelt finden sich vaterländische Gedichte in den Büchern jener Zeit, wie „De Fähnrich" in den „Feldblomen" des Holsteiners J. Fr. Ahrens (geb. 1834), aus denen ein fester, männlicher Charakter spricht. Von erzählenden Werken über den Krieg sei Daniel Sanders aus Stargard in Mecklenburg derb-humoristischer „Franzosenkrieg 1870/71" genannt. In dem Epos „Kaiser Wilhelm" bewies er jedoch keine glückliche Hand. Seine Verse sind zwar glatt, es gelingt ihm jedoch nicht, die Begeisterung, die ihm die Feder in die Hand gedrückt hatte, auf den Leser zu übertragen. Sein Bestes blieb sein Erstlingswerk „Bunte Biller ut min Kinnerjchren", in denen er das Leben und Treiben einer Kleinstadt mit breitem Pinsel behaglich malte. Immerhin steht sein Epos hoch über den „Biller ut de Kriegstid" des Schleswig-Holsteiners Pollitz, über Josephys (geb. 1821 in Parchim, gest. 1885) „Uns' Krieg mit den Franzos" und über des Hannoveraners Rehding „De Franzosenkrieg 1870", der wie G. F. W. Heinemanns (geb. 1825 in Stöcken, Hann., gest. 1899) „De dütsch-französische Krieg" auch den mäßigsten Ansprüchen nicht genügen kann. Zu den besten Werken, die durch jene Zeit angeregt sind, gehören die Kriegserinnerungen „Ut uns' le Bourget-Tid" und besonders „Erlewnisse ut 1870 un 71" des Arztes H. Brelenfeld, in denen uns die hohe Begeisterung jener Zeit, aber auch der ganze Jammer des Krieges lebendig vor Augen treten. So ist die Schilderung seiner Tätigkeit auf dem Schlachtfeld bei St. Privat tief ergreifend, doch wie weiß er die Tragik zu mildern und zu verklären durch die Retraite der Kavallerie „Ich bete an die Macht der Liebe", wie fein läßt er die Liebe eine Brücke bauen vom sterbenden Krieger hin zur Heimat, auf der sich die Gedanken begegnen! „Un dei Lew tau de Heimat, bei Lew tau Fru un Kinner

bei bugt' 'ne Brügg so schön as'n Regenbagen man sin
kann un bei spannt sick ut von't Schlachtfeld bet beip in
Dütschland herin, un midden up des' Brügg, dor begegen
sick bei Gedanken von hier un dor un manches true Mudder-
hart is hier mit ehren leiwen Söhn tau'n letzten Mal tau-
samenbrapen, so lang em bei leiw Gottessünn noch beschient,
un hadd em liesing einen Kuß up den Mund gewen, dat
hei den Döst nich mihr fühlt, un einen Kuß up jedes Og,
dormit sei sick för ümmer schluten känen; morgen kann
de Sünnstrahl den Gruß nich mihr äwerbringen, morgen
is bei Brügg affbraken un bei Regenbagen verschwunn'n,
morgen hewwen sei em in sinen Mantel inwickelt, dat
Snuwdauk äwer't Gesicht deckt, morgen hett hei mit all
bei hunnerte Kameraden sin letzt Quartier betagen up dat
Schlachtfeld von St. Privat." Auch in den Werken späterer
Dichter finden wir noch Episoden aus der Kriegszeit ver-
arbeitet, so bei Knoche, Schwarz, Sander, Quitzow u. a.

5. Die humoristische Dichtung.

Auch nach Reuters Tode blieb die plattdeutsche Literatur
im Zeichen des Realismus. Im Gegensatz dazu machten
sich in der hochdeutschen Dichtung bis zur Jahrhundertwende
noch mannigfache Strömungen geltend. Neben dem Realismus
erklangen romantische Töne; in den achtziger Jahren machte
dann eine Reihe Schriftsteller gegen Realismus und Romantik Front und verkündeten den Naturalismus, die nackte,
naturgetreue Wiedergabe des Lebens, als die allein selig-
machende Wahrheit. Diese Richtung hatte das Gute im
Gefolge, daß sie die Dichter scharf beobachten lehrte; zu
einer herrschenden Stellung hat sie es trotz mancher Erfolge jedoch nicht gebracht. Der einzige plattdeutsche Dichter,
auf dessen Entwickelung sie einen tiefgehenden Einfluß aus-
geübt hat, ist der Dramatiker Fritz Stavenhagen. Gegen
den Naturalismus erfolgte dann der Rückschlag in der
Heimatkunst, die auch in der niederdeutschen Dichtung eine
große Rolle spielt.

Auch der Stoffkreis der plattdeutschen Literatur blieb im wesentlichen auf das Dorf und die Kleinstadt beschränkt. Es ist bezeichnend, daß in der hochdeutschen Literatur die Dorfgeschichte eine besondere Gattung bildet, während die plattdeutsche zum größten Teil aus Dorfgeschichten besteht, neben denen sie dann noch die Kleinstadt in den Kreis ihrer Darstellung zieht. Kleinstadt und Dorf aber wurden von dem Strom der Zeit nicht so gewaltig wie die Großstadt durchbraust. Die auf die Wiedergabe des wirklichen Lebens gerichtete plattdeutsche Dichtkunst ging daher an den großen geistigen und sozialen Kämpfen der Jahrzehnte nach der Gründung des deutschen Reiches achtlos vorüber. Die Gründerzeit, die Kämpfe auf naturwissenschaftlichem und religiösem Gebiet, Darwinismus und Kulturkampf, nationale und Rassenprobleme, das Hervortreten und die wirtschaftlichen Kämpfe des Arbeiterstandes, sie fanden keinen Platz in der niederdeutschen Dichtung, die überhaupt wenig zur Tendenzdichtung neigte und die Darstellung des Einzelnen vor der Schilderung abstrakter Verhältnisse bevorzugte. So ist denn Reuters „Kein Hüsung" fast die einzige soziale Dichtung geblieben, die einzige Dichtung mit der ausgesprochenen Tendenz der Forderung von Menschenrechten für eine Volksklasse. Sie ist aber schon im Beginn der sozialistischen Bewegung aus liberalen Ideen entstanden und hat keine Nachfolger gefunden. Dagegen konnte der humoristische Roman, dem Reuter seine Beliebtheit und die plattdeutsche Literatur ihren großen Aufschwung verdankte, nicht ohne Einfluß bleiben. Der von Reuter und Brinckman gezeigte Weg mußte vielen als der für die Dialektliteratur allein richtige erscheinen, und so traten denn zunächst eine Anzahl Humoristen auf, die sich zum Teil sogar, ohne Mecklenburger zu sein, der Reuterschen Mundart bedienten. Allerdings gilt von manchen dieser Humoristen das Wort Vischers:

Mancher kursiert als Humorist,
der nichts weiter als Spaßmacher ist,
nichts ahnt von dem innern Widerspruch,
von dem Zickzack, dem tiefen Bruch,
der durch das ganze Weltall dringt.

Ein Humorist, der an diesen inneren Widerspruch nicht rührte, war Richard Knoche (geb. 1822 in Brakel, gest.

1892), der in seinen drei Bänden „Niu luſtert mol" flott zu erzählen weiß, beſonders von den Erlebniſſen des Trainſoldaten Pappſtoffel im großen Kriege. Mit einem echt humoriſtiſchen Werk, dem „Frans Eſſink", trat Franz Gieſe (geb. 1845 in Münſter) in den Kreis der Humoriſten. Gieſe ſchildert in ſeinem Roman das Münſter aus der Mitte des 19. Jahrhunderts mit lachendem Humor, und ſein Frans Eſſink, der ſparſame, auf ſeinen Vorteil erpichte Spießbürger, iſt eine gar ergötzliche Geſtalt. Die Höhe ſeines erſten Werkes erreichte der Dichter in ſeinen kleineren münſterſchen Erzählungen und dem „förſtbiſchöflik Monſterſke Hauptmann Franz Miquel un ſine Familje" nicht wieder, obgleich auch ſie manches Gute enthalten. War Gieſes Franz Eſſink eine humoriſtiſche Geſtalt, ſo hat das gleichnamige Seitenſtück mit ſeinen Fortſetzungen „Nao ſienen Daud", „Up de Tuckesburg", „Up de Seelenwanderung" von Landois (geb. 1835 in Münſter, geſt. 1905) einen ſtark ſatiriſchen Einſchlag. Landois gab ſeinem Humor einen barocken Anſtrich und räumte beſonders in den Fortſetzungen der Satire einen breiten Raum ein. „Es iſt ein ewiges Buch, ein unvergängliches Buch, dieſe Schilderung des münſterſchen Kleinbürgerlebens, von dem wir heute nur noch Reſte finden in den engen Straßen der Altſtadt und in einigen verſteckten Altbierwirtſchaften. Mit einer unheimlichen Greifbarkeit, einer verblüffenden Deutlichkeit ſind hier alle Perſonen herausgemeißelt, und um all die kleinen Vorkommniſſe ſchlingt ſich als goldenes Band der echt niederſächſiſche Humor, es dadurch zu einem der Hauptwerke der mundartlichen Literatur unſerer niederſächſiſchen Heimat machend." (Löns.) Neben dem erſten Teil des Werkes, das ſeinen Höhepunkt wohl in dem Kapitel „De Huldigunk" erreicht, treten die anderen Teile zwar zurück, aber auch in ihnen herrſcht das befreiende Lachen. So ſind des Helden Erlebniſſe nach ſeinem Tode, wie er als ehemaliger Gelbgießer die Sonne putzen muß und dann ſeinen Einzug in den Himmel hält, von einer urwüchſigen Komik. Und dann dieſe Satire! Mehr drollig als ätzend und beißend, aber ſtets ins Schwarze treffend. Beſonders in dem Band „Nao ſienen Daud" hat Landois, der unter dem Decknamen Iſelmott ſchrieb, ſich als meiſterhaften Satiriker gezeigt. Der Dichter hat in ſeinem Frans Eſſink eine Prachtgestalt der niederdeutschen Literatur geschaffen, die sich zwar an Tiefe mit Braesig und Kasper=Ohm nicht messen kann, aber doch aus demselben Kernholz geschnitzt ist.

Ist Frans Essink in erster Linie ein Verwandter von Kasper=Ohm, so wandelte Karl van der Boeck (geb. 1832 in Münster, gest. 1892; Pseudonym Derboeck) ganz auf Reuters Spuren, dessen Mundart er sich sogar bediente. Mit behaglicher Breite erzählt er in seinem Roman „Splebber un Spöhn" eine Geschichte aus dem mecklen= burgischen Landleben. Wenn die Erzählung sich auch häufig sprunghaft fortbewegt und nicht zur Sache gehörende Anek= doten den Gang der Handlung verzögern, so bieten dafür Gestalten wie der Leutnant Grollmann, der Lehrer und spätere Nachtburmeister Peperkorn und Dull Lotting Ent= schädigung. Als begabter Erzähler tat sich auch Otto Kuß (geb. 1848 in Schroda) hervor, der gleichfalls in mecklenburgischem Platt schrieb. Wußte er schon in „Ut mine Ferientid" und „De Witwerfind" den Leser durch spannende Handlung zu fesseln, so zeigte er in der Erzählung „De Stadthauptmann von Fredenhagen", in der neben feinen Zügen ein übermütiger Humor das Szepter schwingt, seine Begabung von der stärksten Seite. Wesentlich anders geartet war Karl Prümer (geb. 1846 in Dortmund), ein liebenswürdiger Spötter, als der er besonders in seinem „Westfälischen Ulenspeigel" auftritt. Der sicheren Charakter= zeichnung und dem liebenswürdigen Humor dieses Werkes begegnen wir auch in seinen „Geschichten un Gestalten ut Westfalen", dem „Westfälischen Husfründ" und „Jup un Jan", die weniger ein lautes Lachen als eine behagliche Freude an den kräftigen Gestalten auslösen. Ihm ver= wandt ist Wilhelm Koch (geb. 1845 in Köln, gest. 1891), dessen „Kölsche Schelbereien" und „Ommerjööncher" voll derberen Humors stecken wie die Werke seines Lands= mannes Wilhelm Schneider (Pseudonym Wilh. Clauß; geb. 1862 in Köln), der sich mit „Seilspenner", „Et Kreegsjohr", „Ming eerfte Liebschaff", „Kölsch Gemööt", „Alaaf Kölle" u. a. vielen Beifall errang.

Einen festen Platz in der Literatur erwarb Karl Tiburtius (geb. 1834 in Bisdamitz auf Rügen, gest. 1910) sich durch seinen Roman „Kandidat Bangbüx". Mit köstlichem Humor schildert er darin die Erziehung zweier

Menschen zu brauchbaren Gliedern der menschlichen Gesellschaft. Der Gutsbesitzer Wulf erzieht den Kandidaten der Theologie, der einen Grugel vorm Predigen hat, zur Selbständigkeit, und ihn selbst, den herzensguten, doch leichtsinnigen Menschen bringt das Schicksal zur Vernunft, indem es ihm das Messer an die Kehle setzt. Um diese beiden schart sich ein Kreis köstlicher Gestalten: Der alte Pastor, des Kandidaten Gegenfüßler Fips, Wulfs in anderen Regionen schwebende heiratstolle Schwägerin, sein vorlauter Sohn Karl Gustav und der Dremmler Peter Bahls. Die Vorzüge dieses Werkes, lebenswahre und -warme Gestaltung, weiß der Dichter in seinen kleineren, unter dem Namen „Hackels" vereinigten Erzählungen voll zu behaupten. Voll prächtigen Humors sind auch die „Feldblaumen" von Karl Müller (geb. 1838 in Kakelbütt, Mecklb.) und Friese (geb. 1848 in Königsberg, Preußen), lustige Geschichten, die nach C. Schröders Urteil „durch und durch echt und voll ausgelassenen Humors" sind.

Eine im ganzen unerquickliche Erscheinung war dagegen Max Blum (geb. 1846 in Wokuhl bei Neustrelitz, gest. 1902). Zwar fehlte es ihm nicht an Phantasie, doch verzettelte er seine Begabung planlos in seinen Werken, in denen man nach einem Faden der Erzählungen vergeblich sucht. Die Personen handeln häufig gänzlich unbegründet wie Tolle, unglaubhafte Situationen sollen komisch wirken, rufen aber nur ein Schütteln des Kopfes hervor. Von seinen Werken seien nur „Bossen sin Pulterawend" und „De Puppenspäler" als Beispiele des Gesagten erwähnt. Am tollsten und zerfahrensten aber ist „De dulle Prinz", in dem die Mängel der übrigen Werke noch verstärkt erscheinen. Erquicklich wirkt dagegen Max Sander (geb. 1848 in Treptow, Toll.), ein Schüler Reuters, der im „Untroffzier Schult in'n französchen Krieg" behaglich zu erzählen weiß und dessen Novelle „De Burmeister" trotz einer leichten Neigung zur Karrikatur voll drolligen Humors steckt. Nur unterhalten will Otto Thyen (geb. 1866 in Neuenburg, Oldenb.), der in seinen „Plattdeutschen Volkserzählungen" und den „Lüttgen Geschichten ut min Heimat" manche komischen Gestalten und Situationen schildert, daneben aber auch, wie in „Sloß Steenfeld", dem zweiten Band der Volkserzählungen, wärmere Töne anschlägt. Nur unterhalten will auch Dufahel (geb. 1856 in Neustrelitz, gest. 1906), der in „Durch Eilboten" einige Postgeschichten aus alter Zeit flott erzählt. Auch Heinrich Jürs (geb. 1844 in Altona) ist ein liebenswürdiger Erzähler, der in seinen „Spaßigen Rimels", „Plattdeutschen Humoresken" u. a. eine tiefere Wirkung nicht erstrebt. Ein liebenswürdiger Plauderer ist auch Heinrich Bandlow (geb. 1855 in Tribsees). In seinen größeren Erzählungen „Naturdokter Stremel", „Ferdinand Schult", „Ernst Spillbom" und „In'n Posthus" gelingt ihm zwar eine straffe Durchführung der Handlung nicht, so daß sie sich in eine lose Reihe von Einzelepisoden auflösen. Seine Begabung verweist ihn auf die Skizze, das Feuilleton. Auf diesem Gebiet leistet er Gutes, besonders in den „Stratenfegels" und in „Lustig Tügs." So stecken die Skizzen von Krischan, dem Doktor= kutscher, und die Schnurre von den gestohlenen Galoschen voll herzhaften Humors. Ein prächtiges Werk sind die „Hamborger Schippergeschichten", die Otto Ernst (geb. 1862 in Ottensen) nach Holger Drachmann in einem klassi= schen Platt meisterhaft nachdichtete. Auch Alfred Eh= manns (geb. 1861 in Ankum) Dorfgeschichte „Adam sin Adämken" steckt voll feinen Humors, ebenso wie einige der schlichten Geschichten „Wohr is't" von Marie Petri (geb. 1856 in Elberfeld).

Als feinsinniger Poet und Schüler Jean Pauls zeigte sich Otto Vogel (geb. 1838 in Greifswald) im „Pom= mernspeegel" und in seiner ergreifenden Erzählung „Russel= bläder". Die träumerisch=versonnene Stimmung des Buches läßt das schwere Herzeleid, von dem der Dichter berichtet, in einem milden Licht erscheinen. „Glück un Unglück is tau sine Tid gaud, un de grellen un swarten Stripen, ut de dat Lewen tausamenwewt is, gewen ein ganz genehm Muster af." Vom Helden des Buches, dem Küster Fritz Abel Dünn= bier, bis zu Tante Jette, dem Geizhals Onkel Reepsläger, der den Magen für den größten Feind des Menschenge= schlechtes hält, und Wise Lewing, des Küsters Jugendliebe, ist jede Gestalt meisterhaft gezeichnet. Der Höhepunkt des Werkes ist der Abschied der beiden Liebenden, der mit zum Erschütterndsten gehört, was in plattdeutscher Sprache ge= schrieben worden ist. Vogel verwandt ist Otto Piper (geb. 1841 in Röckwitz bei Stavenhagen). Hatte er schon in der Kleinstadtgeschichte „Ut 'ne lütt Stadt" seine Fähigkeit für Charakterschilderung und scharfe Beobachtung bewiesen, so schuf er in der Erzählung „In'n Middelkraug" eins der besten Werke der neuplattdeutschen Literatur, in dem Raabescher Geist weht. Es ist ergreifend zu lesen, wie Baron Nante, der Almosenempfänger, und der frühere cand. theol. und Hauslehrer, der es bis zum Chausseegeldeinnehmer gebracht hat, sich im Middelkraug kennen lernen und dort eine eigenartige Freundschaft mit einander schließen, wie sie einander verschweigen, daß ihr Lebensschiff gescheitert ist, und doch ihre Verhältnisse genau kennen, und wie dann der Baron stirbt und begraben wird, der Exkandidat für seine letzte Fahrt das Chausseegeld einnimmt und dem Freund in seiner Stube eine rührende Leichenpredigt hält. Wie in den „Nuffelblädern" so webt auch in dieser Erzählung jener echter Humor, der den tiefen Riß der Welt erkannt hat und gütig lächelt.

Zum Schluß sei dann noch zweier Humoristen gedacht, welche die Tiererzählung pflegten. F. A. Ackermann (geb. 1837 in Bützow, gest. 1903), schuf in seiner „Vageldeputatschon bi Bismarck" ein anmutiges Sachsenwaldidyll, dem es an satirischen Seitenhieben auf politische Verhältnisse nicht fehlte, und Karl Beyer (geb. 1847 in Schwerin, Mecklb.) ließ in seinen „Swinegel-Geschichten" den stachligen Vierfüßler drollige Abenteuer bestehen, die der Dichter mit lachendem Humor erzählt.

6. Die Realisten.

Eine weit größere Pflege als der Humor fand die ernste realistische Erzählung in der niederdeutschen Prosa. Zwar nimmt auch in vielen dieser Werke der Humor einen mehr oder minder breiten Raum ein, ihre Grundstimmung aber ist ernst. Den Übergang zu dieser Gruppe bildet Quitzow (geb. 1812 in Wismar, gest. 1896), der im ersten Teil seiner „Meckelnborger Geschichten" mit behaglicher Breite und vielem Humor erzählt „As Wisme wedder meckelnborgsch würd". Im zweiten Teil berichtet er von „Hanne Möller un fin Mudder", wie der Held, ein Tagelöhner vom Lande, ein Leben voll Mühsal, Elend und Arbeit lebt. Es liegt etwas von der düsteren Stimmung von „Kein Hüsung" über dem ersten Bande des schlichten Werkes, das der Wirklichkeit abgelauscht zu sein scheint, während der zweite Band hauptsächlich Hanne Möllers Erlebnisse in den Jahren 1870/1 erzählt. Wahrheit und Dichtung enthält auch nach Buckows (geb. 1819 in Neuenkirchen, Dithm.) Angabe seine Erzählung „Fritz", deren sorgfältiger Stil nur schlecht über den Mangel an Gefühlswärme hinwegtäuscht. Wärmer geschildert und spannend erzählt sind der „Wihnachter Abend" und die „Söß plattdütschen Geschichten von den ollen Radmaker Martin" von Ludwig Wiedow (geb. 1830 in Kirch Mulsow i. Mecklb.), der dann besonders in den „Dörpgeschichten" und „Anning un Mriken" eine gesunde Kost bot, während sein Landsmann Dahl in den „Holthäger Geschichten" sich als Schwarzseher zeigte und die Landbewohner nur von der Schattenseite zeichnete. Humoristische Töne klingen dann wieder in die „Ollen Scharteken" von Wilhelmine Wehergang (geb. 1840 in Greifswald) hinein, die von dem Lavendelduft der Biedermeierzeit umschwebt sind. Auch Karl Tannen (geb. 1827 in Leer, gest. 1904) versuchte sich in den kleinen Erzählungen „Uut'n Flickenbüdel" nicht ohne Erfolg als Schriftsteller, sein Hauptwerk bleiben aber doch die prächtigen Neudichtungen des Reinke Vos und Till Ulenspeigel.

Der große Roman fand dann in Edmund Höfer (geb. 1819 in Greifswald, gest. 1882) einen berufenen Vertreter. Im „Pap Kuhn" zeichnet der Verfasser Lust und Leid seines ewigen Kandidaten mit sicheren Strichen, und wie ein goldenes Licht läßt er den Humor seine Strahlen dazwischen werfen. Die abgerundete Gestalt seines Helden, der im Herzen kein Theologe ist, aber, einmal auf diesen Weg geschoben, ihn auch weitergeht, bis die Liebe ihn zur Selbständigkeit erweckt, ist fein durchgeführt und vertieft. Mit den lyrischen Gedichten „Dit un dat in Hadler Platt" trat Franz Grabe (geb. 1843 in Altenbruch, Hadeln) in den Kreis der Dichtung. Seine Begabung verwies ihn jedoch mehr auf das Gebiet der Erzählung, auf dem er in den Werken „Von de Elwkant ut Hadelnland", „Ut ole un nee Tiden", „Ut'n Volkslewen" u. a. humoristische und ernste Situationen trefflich zur Darstellung brachte.

Ein feinsinniger Dichter war inzwischen in **Paul Trede** (geb. 1829 in Brochdorf, Holstein, gest. 1908) herangereift. Schon im Jahre 1856 hatte er Erzählungen unter dem Titel „Klaas bun Brochdörp" veröffentlicht, die er später selbst nicht für voll ansah. Nach langer Pause trat er dann i. J. 1880 mit der Novelle „Abel" hervor, die ihn schon als Meister der Dorfgeschichte zeigte. In der wilden Abel und ihrem Widerspiel, dem biederen Jochen, verkörperte er Prachtgestalten des Marschlandes. Sein nächstes Werk waren die „Grünen Blätter", eine Sammlung hoch- und plattdeutscher Gedichte, die sich den wohlverdienten Beifall von Groth und Meyer errangen. Besonders seine plattdeutschen Lieder sind dem unmittelbarsten Leben einer feinen und warmherzigen Natur entsprungen. Die Höhe seines Könnens erreichte er dann in der ergreifenden Novelle „Lena Ellerbrok", die von Stormschem Geist erfüllt ist und zum bleibenden Besitz der plattdeutschen Dichtung gehört. Mit zarten Strichen hat er die Heldin gezeichnet und ihre Handlungsweise, die so garnicht von den Dörflern verstanden wird und sie in den Geruch einer Hexe bringt, psychologisch begründet. Voller Lebensglut birgt diese Novelle im engsten Rahmen gewaltige Leidenschaft und bewegte Handlung und weckt durch ihren Stimmungszauber den wärmsten Anteil. Bewundernswürdig weiß der Dichter seine Muttersprache zu handhaben und ihr die feinsten und zartesten Töne zu entlocken. Sein letztes Werk, die Sammlung kleinerer Erzählungen „Brochdörper Lüd", zeigt Trede dann als liebenswürdigen Humoristen. Er war einer der begabtesten Novellendichter der plattdeutschen Literatur, gleich groß als Dichter wie als Sprachkünstler, und nicht zum wenigsten hat ihm die sorgfältige Ausfeilung seiner Werke seinen Erfolg verbürgt.

Der große Roman hat vor der Jahrhundertwende noch eifrige Pflege gefunden. **Wilhelm Rocco** (geb. 1819 in Bremen, gest. 1897) war zwar hauptsächlich Unterhaltungsschriftsteller, der tiefere Wirkungen nicht erstrebte. Immerhin ist seinen Romanen „Vor beertig Jahr", „Scheermann und Compagnie", „Kinner un ole Lüde" und „Bi Grotmudder Lürssen" nachzurühmen, daß sie spannend erzählt und gemütswarm sind, sich von allen Trivialitäten frei halten und auch frischen Humor besitzen, Vorzüge, die besonders in seinem letzten Werk „De Komödjantenmudder" hervortreten. Einen höheren Flug versuchte Heinrich Burmester (geb. 1839 in Niendorf, Lauenb., gest. 1889) zu nehmen. Es gelang ihm aber weder in seinen epischen Gedichten „Schaulmeister Klein" und „Ohmbetter" noch in der Erzählung „Arm un Riek" die Kluft zwischen Wollen und Können zu überbrücken. Auch seinen Gedichten „Land= stimmen" haftet etwas Unausgeglichenes an. Erst in „Harten Leina", „Nahwerslüd" und besonders in „Hans Höltig" glückte es ihm, seine Gestalten mit Leben zu erfüllen. Den Vorzug einer scharfen Charakterzeichnung und einer spannenden Fabel beeinträchtigt er indes durch seine Nei= gung, von der Sache abzuschweifen und Dinge, die mit der Erzählung wenig oder gar keinen Zusammenhang haben, in den Kreis seiner Darstellung zu ziehen. Ihm verwandt ist Adolf Hinrichsen (geb. 1859 in Bützow), der in den „Wohren Geschichten", „Twei Leiwsgeschichten" und dem Roman „De Ebers" spannend zu erzählen weiß. Im letzten versucht er ein weiteres Weltbild zu entrollen, führt die Handlung jedoch sprunghaft vorwärts zum Schaden der psychologischen Entwickelung seiner Charaktere. Übrigens schreibt er ein schlechtes Plattdeutsch, und bei jedem Satz fühlt man durch, daß der Verfasser hochdeutsch gedacht hat. Im Gegensatz zu ihm weiß Angelius Beuthin (geb. 1834 in Neukoppel, Holstein) seine Muttersprache geschickt zu handhaben. Hatte er schon in „Klas Hinnerk" und „De latinsch Buer un sin Nabers" sich als flotten, spannenden Erzähler gezeigt, so traten diese Vorzüge in seinem Roman „Halfblod", dessen Technik an Spielhagen erinnert, be= sonders hervor. Die interessante Verwickelung und Lösung des Knotens täuschen den Leser leicht darüber hinweg, daß der Held einseitig gut dargestellt ist und zur Klasse jener Musterknaben gehört, die von Edelmut triefen und die es nur in Büchern gibt. Neben der lebendigen Darstellung ist jedoch auch die gute Charakterzeichnung hervorzuheben, wenn die Farben hier und dort auch zu stark aufgetragen sind.

Eine dichterische Vollnatur trat dann mit Ferdinand Krüger (geb. 1843 in Beckum) auf. In „Rugge Wiäge"

(1882) greift er mit fester Hand ins Leben der westfälischen Bauern hinein und schildert den ergreifenden Kampf dieses hartnäckig am Alten hängenden Standes gegen die in ihr Gebiet eindringende Industrie. Eine Menge feiner Einzelzüge die von scharfer Beobachtung des Lebens zeugen, plastische Gestaltung und die klassisch zu nennende markige Sprache lassen diesen und den groß angelegten Roman „Hempelmanns Smiede" (1893) als Meisterwerke der plattdeutschen Literatur erscheinen. „Lyrischer Stimmungszauber liegt wie Sommerrauch über manchem Kapitel; in anderen lächelt der köstliche, der echte Humor, der tief im Gemüt wurzelt, unter Tränen. Er ist ein Schöpfer großer Romane, ein Menschen- und Sittenschilderer voll kraftvoller Eigenart; westfälische Männer und Frauen mit all ihrer Art und Unart treten uns fast greifbar entgegen." (L. Schröder). Alle Vorzüge der älteren Werke finden sich dann in den nach langer Pause erschienenen „Witte Liljen und andere Erzählungen" wieder, in denen zum Teil ein köstlicher Humor sein Szepter schwingt. Nur drei Werke hat uns der Dichter geschenkt, diese aber lassen es bedauern, daß er so selten zur Feder greift. Aus seinen Werken spricht eine ganze Persönlichkeit, die hellen Auges ins Leben schaut und das Geschaute mitfühlenden Herzens berichtet, der nichts Menschliches fremd ist und der auch jener göttliche Humor, der die Erdenlast leicht macht, zu Gebot steht.

Soziale Fragen klingen im „Göderschlächter" von Julius Dörr (geb. 1850 in Prenzlau) an. Es ist ein düsteres Bild, das uns der Dichter in seinem ergreifenden Roman entrollt, rücksichtslos deckt er eine Fülle von Elend auf, doch auch ihn bewahrt der Humor vor dem krassen Naturalismus. Auch die Erzählungen von A. Schetelig (geb. 1846 in Friedrichstadt), „Lieschen Ströh un ehr Söhn" und „Sin Eenzigst" neigen zur Schattenseite des Lebens. Sie besitzen die Vorzüge tiefer Wahrheit, lebendiger Anschaulichkeit und feiner Charakteristik, und der gewandte Stil des Dichters gereicht ihnen besonders zum Vorteil. Auch Heinrich Kloth (geb. 1848 in Bockholt bei Eutin) ist ein Erzähler, bei dem man gern Einkehr hält. Hatte er sich schon in dem Roman „De Landratsdochder" als ein Könner erwiesen, so konnte dieser Eindruck durch „Slïperlisch'n" nur verstärkt werden. Ein straffer Aufbau, Züge feinen Humors,

Gestalten wie Nachbar Buck, Frie Gulpert, Jochen Ebento und die Heldin rechtfertigen die Beliebtheit des Romans durchaus. Wenn Kloth sich auch Reuter zum Vorbild genommen hat, so steht er doch selbständig da und schöpft nur aus Eigenem. Von ähnlicher Art ist A d o l f H o l m (geb. 1858 in Mucheln, Kr. Plön), der in den kleinen Erzählungen „Holsteinische Gewächse" und „Köst un Kinnerbeer", besonders aber in dem Roman „Rugnbarg" sich als feinsinniger Erzähler erwies. G i l d e m e i s t e r (geb. 1857 in Vorwendorf bei Wismar) überhäufte dagegen seine Dorfseen „Jochen Franck" und „Fiken Bolt" mit Handlung, so daß ihm für das Innenleben seiner Personen kein Raum mehr blieb. Höher steht sein Lyrikband „Ketelbeuters", in dem sich manches ansprechende Gedicht findet. Sein großer Roman „Dörpschult un Senater", der bunte Bilder aus dem Bauernleben bietet, leidet an vielen unnötigen Längen und besonders an einseitiger Darstellung der Charaktere. Die kurze Erzählung pflegte E r i c h s o n (geb. 1852 in Beelböken, Mecklb., gest. 1911), dessen „Hütt un Mütt" manche prächtige kleine Erzählung, vor allem die düstere, ergreifende Novelle „Grumdow" enthielt. Die Erwartungen, die man hiernach auf ihn setzen konnte, erfüllte er in seinem Roman „Ut Kraug un Katen", der in lose Bilder zerflattert, jedoch in keiner Weise. Frisch und echt wirken dagegen seine „Kinnerriemels". Ein guter, gern gelesener Erzähler war F e r d i n a n d H a n ß e n (geb. 1851 in Baalter-Altendeich, Dithm.). Seinen Erzählungen „Persetter sin Hannis", „De Brodermord to Rantzau" und „Profiser Möller", einer köstlichen Humoreske, möchte man wegen ihrer gesunden Empfindung recht weite Verbreitung im Volk wünschen. Ein fruchtbarer Schriftsteller ist F r i t z W o r m (geb. 1863 in Barth, Pomm.). Von seinen gut erzählten Werken ragen die auch kulturhistorisch wichtigen „För Old un Jung", „Mönchgauder Spaukgeschichten", „Ut de mönchgauder Spinnstuw", „In letzte Stunn" herbor.

Für den h i s t o r i s c h e n R o m a n fand sich kein Raum in der plattdeutschen Literatur. Zwar werfen historische Ereignisse ihre Schatten in die Werke mancher Dichter hinein und geben ihnen den Hintergrund. Es sei nur an Reuters „Franzosentid", an Mähl und Quitzow erinnert. Die Weltgeschichte selbst aber fand keine Bearbeiter, die, wie

Meyer in seinem „Gröndunnersdag bi Eckernför", wenn
auch im engsten Kreise geschichtliche Tatsachen nachgedichtet
hätten. Auch Heinrich Rickers (geb. 1864 in Ivens=
fleth bei Glückstadt), der in „Ut sware Tiden" die Belagerung
Glückstadts zur Franzosenzeit anschaulich schilderte, war es
weniger um die Weltgeschichte als um ein Liebesidyll zu
tun, zu dem die schwere Zeit nur den Hintergrund lieferte.
Der Abenteuerroman fand dagegen einen befähigten
Vertreter in Segebarth (geb. 1833 in Wieck, Fisch=
land), der in den „Darßer Schmugglern" spannende Aben=
teuer erzählt, deren Helden anschaulich gezeichnet sind.
Auch seine „Demokratentid" und „Up Friegensfäut" zeigen
ihn als phantasievollen Erzähler, während die gereimte
Novelle „Dat Strafgericht" die Wirkung seiner Prosa=
erzählungen nicht erreicht. Wenig Pflege fand auch das
Märchen. Zu erwähnen ist Abbenseth aus Bremerbörde,
dessen Feder die beiden schlicht erzählten Märchen „Bur
un König" und „De Wunschring" entstammen.

7. Lyriker.

Neben diesen Prosaisten, deren Bedeutung hauptsächlich
auf dem Gebiet der Erzählung lag, betägtigten manche
Dichter sich fast nur als Lyriker. So beschenkten die Brüder
Friedrich (geb. 1819 in Rostock, gest. 1872) und Karl
Eggers (geb. 1826 in Rostock, gest. 1900) die Platt=
deutschen mit einer prächtigen Gabe in ihren „Tremsen".
Das naive Empfinden von Karl Eggers ließ ihn besonders
glücklich den Ton des Volksliedes treffen, so daß seine Über=
setzungen aus Burns wie Originaldichtungen anmuten. Unter
den eigenen Dichtungen der beiden ragen vor allem die
Idyllen hervor. So ist der „Bloomen=Johann" ein Meister=
stück von Friedrich Eggers, dessen Feder auch die Balladen
„Dat Bleekermeten" und „De Gast" entstammen. Auch Wolf
Graf Baudissin (geb. 1812 in Tharand) wußte in
seinen „Vertellen un Rimels" den Ton des Volksliedes
zu treffen. Burns und Hebel wurden von Joh. Ehlers
(geb. 1837 in Hillerwettern Dithmarschen) in seinem „Mi=

trokosmus" gewandt bearbeitet, daneben zeigt er sich als
als geistreicher Spruchdichter. Mit scharfer Klinge trat der
in Amerika lebende Ostfriese Harm in „De Upstalsbom in
Amerika" gegen die plattdeutsche Bewegung Deutschlands
auf. Er warf den Niederdeutschen vor, daß sie die alten,
stolzen Worte „Lywer dood as Slave" und „Wahr di Gard,
de Buren kamt" vergessen und sich zu Sklaven hätten machen
lassen: die alte Sprache könne nicht durch Vereine erhalten
werden, sondern nur bei ihnen in Amerikas freier Luft
gedeihen:

  Wi plant de Frieheit wul op dat Graf,
  Wo de Doden er Doden begraven.
  Wi sünd Uncle Sam sin lebennige Staff,
  Keen duddige dütsche Slaven.

Auch der rührige Reuterforscher und -biograph Gae=
bertz (geb. 1855 in Lübeck, gest. 1912) versuchte sich in
„Julklapp" auf dem Gebiet der Lyrik, brachte es jedoch nur
zu Durchschnittsversen. Er war keine schöpferische Natur,
und die Glätte mancher Verse kann nicht darüber hinweg=
täuschen, daß sie nur anempfunden sind. Ein liebens=
würdiger Poet und Idealist ist dagegen Fritz Storck (geb.
1838 in Elberfeld), der die plattdeutsche Literatur mit
einer ganzen Reihe von Werken beschenkte, von denen
„Jelänger jeleewer", „Kalloroden", „Ömmergrön" und
„Spreu" genannt seien. In ihnen spiegelt sich die sonnige
Natur des Dichters rein wider, dem die Poesie tief aus
dem Herzen quillt. Zarte und kräftige Töne stehen ihm
ebenso zu Gebot wie ein lachender Humor und leiser Spott.
Mag er von der bergischen Kirmes singen oder von dem
Franzmann, der nach dem Rhein schielt wie der Fuchs nach
den Trauben, mag er dem Wald lauschen oder launige Töne
anschlagen, in allem tritt uns ein reiches, warmes und
lebensfreudiges Gemüt entgegen. Tiefe Heimatliebe spricht
aus den Gedichten „Von de Nordseestrand" von Emanuel
Gurlitt (geb. 1826 in Altona, gest. 1896), der in „De
Slacht bi de Kohstieg" eine Episode aus der Erhebung der
Herzogtümer humorvoll verklärte. Ergreifende Töne schlug
Wilh. Oesterhaus (geb. 1840 in Detmold) in „Juse
Platt" an. Gute lyrische Stimmung findet sich auch in
Schmachtenbergs (geb. 1848 in Heegenbruch i. Bergi=

schen) „En Freud on Leid" und „Mengelbuwen". Von einem festen männlichen Charakter zeugt **Harbert Harberts** (geb. 1846 in Emden, gest. 1895) „An be Waterkant", aus dem tiefe Heimatliebe klingt. Der Priegnitz entstand ein Sänger in **Hermann Graebke** (geb. 1833 in Lenzen, gest. 1909), dessen „Priegnitzer Kamellen un Hunnenblömer" und „Priegnitzer Vogelstimmen" neben Unreifem Gutes enthalten. Auch **Julius Stinde** (geb. 1841 in Kirchnüchel b. Eutin, gest. 1905) versuchte sich in seiner Muttersprache und zeigte sich in dem Lyrik, Prosa und Dramatisches enthaltenden „Ut'n Knick" als Dichter heiterer und sangbarer Verse. **Heinrich Teut** (geb. 1868 in Osterbruch, Hadeln) vermochte dagegen in seinem „Krut" den lyrischen Ton nur ganz vereinzelt zu treffen.

Auch manche hochdeutsche Dichter grüßten das Handwerk auf plattdeutsch, wie **Fontane, Seidel** und **Liliencron**. Vor allem aber **Theodor Storm**, dessen „Gaude Nacht" eine Perle plattdeutscher Lyrik ist:

> Aewer dei stillen Straten
> Geiht klar dei Klockenslag;
> Gaud Nacht! Din Hart will slapen,
> Un morgen is ok en Dag.
>   Din Kind liggt in dei Weigen,
>   Un ik bünn ok bi di;
>   Din Sorgen un din Leiwen
>   Is allens üm un bi.
> Noch einmal lat uns spreken:
> Gauden Abend, gaude Nacht!
> Dei Mand schint up dei Däken,
> Uns' Herrgott hölt dei Wacht.

Hier möge auch des Mecklenburgers **August Dühr** (geb. 1841 in Friedland, gest. 1907) gedacht werden, der das Wagnis unternahm, Homers Ilias und Odyssee plattdeutsch zu bearbeiten. Er versuchte dieses Unterfangen im Vorwort zur Ilias mit den Worten zu rechtfertigen: „Das Hochdeutsche besitzt nicht die Gabe, neben dem feinen, konventionellen, modernen Tone auch noch den ursprünglichen, epischen, patriarchalischen, herzhaft derben Typus auszugestalten. Das Hochdeutsche ist zu modern für den alten

Homer..... Homer hätte in der feinen attischen Sprache auch keinen Eindruck gemacht. So mußte es denn kommen, daß der volkstümliche epische Ton, den wir für Homer fordern und erwarten, in hochdeutschen Übersetzungen unterging." Dühr ist an seiner Aufgabe gescheitert. Wenn man auch zugibt, daß die kräftige plattdeutsche Sprache das heroische Pathos Homers sehr wohl treffen kann, so muß doch berücksichtigt werden, daß sie die Elemente der griechischen Bildung nicht in sich aufgenommen hat und daß die hellenische Vorstellungswelt ihr fremd geblieben ist. Dühr war auch zu wenig nachschaffender Dichter, als daß es ihm gelungen wäre, die griechischen Helden soweit als möglich einzuplattdeutschen und mit Leben zu erfüllen. Außerdem wählte er für die Übersetzung den Alexandriner als Vers, der wegen seiner Eintönigkeit wenig geeignet ist, den lebendigen Hexameter zu ersetzen. Felix Stillfried, von dem wir in seinem Büchlein „In Lust un Leed" gleichfalls Nachdichtungen aus Homer besitzen, bewies eine glücklichere Hand als Dühr, indem er sich auf solche Szenen beschränkte, in denen das Gemüt zu Wort kommt. Ein Vergleich möge die Kunst beider zeigen. Aus dem Abschied Hektors von Andromache im 6. Gesang der Ilias übersetzt Dühr:

> Dunn in vulle Rüstung Hektor hen nah sinen Jungen langte,
> Doch dat Kind bi desen Anblick för sin'n leewen Vadder bangte,
> Und mit eenen Upschrie fohrt' de Lütt an'n Bussen von de Amm,
> Denn he schreckt' för't blanke Isen un den Helmbusch, de em kam
> Nehger, den he von de Helmspitz furchtbor runnernicken sach,
> Dat sin Vadder un sin Mudder schlögen up 'ne helle Lach.

Dieselbe Stelle lautet bei Stillfried:

> So sprök de Held un reckte ut den Arm
> Nah sinen lütten Sähn. De schriegte up
> Un bögte sick taurügg un läd den Kopp
> An'n Bussen von de Amm'; denn hei würd bang

Vör sines Vadders Blick un vör den Helm
Un vör den groten Helmbusch up den Kamm,
Wo fürchterlich de weihn un nicken deed.
Dunn lacht' sin Vadder, lacht' sin Mudder ok....

8. Die Heimatkunst.

Gegen Ende des 19. Jahrhunderts traten in der hoch=
deutschen Literatur eine Reihe Dichter auf, die man als
Heimatkünstler zu bezeichnen pflegt. Adolf Bartels weist
darauf hin, daß schon auf früheren Entwickelungsstufen der
deutschen Literatur die Heimatkunst mehrmals Vertreter ge=
funden hat, zuerst in Hebel, J. H. Voß und Usteri, später
in Groth, Reuter, Keller u. a., und fährt dann fort, „Von
der alten Volksliteratur unterscheidet sich die neue Heimat=
kunst dadurch, daß sie sich nicht herabläßt, nicht belehren
oder gar aufklären will, von der früheren Dorfgeschichte
dadurch, daß sie nicht eine interessante Geschichte, sondern
das Leben selbst zu geben strebt und sich viel inniger an
den Boden mit seiner Atmosphäre und dem charakteristischen
Milieu anschließt. Dilettantische örtliche Kunst ist sie durch=
aus nicht, sie wendet sich an das ganze deutsche Volk und
strebt den strengsten ästhetischen Anforderungen Genüge zu
leisten. Vom Naturalismus aber trennt sie sich insofern,
als sie Natur und Leben nicht mit bloßem Respekt, gleich=
sam wissenschaftlich gegenübersteht, sondern aufs neue in der
dichterischen Liebe ihr Grundprinzip gefunden hat. Heimat=
kunst ist die Kunst der vollsten Hingabe, des innigsten An=
schmiegens an die Heimat und ihr eigentümliches Leben,
Natur= und Menschenleben, aber dabei eine Kunst, die
offene Augen hat, die weiß, daß Wahrheit und Treue der
Darstellung unumgänglich, der Würde der Kunst allein ent=
sprechend sind, daß nicht die blinde, sondern die sehende
Liebe das Höchste ist." Schon die Darstellung im Dialekt
gibt schärfere Bilder, als das gleichmachende Hochdeutsch
zu bieten vermag, und legt es dem Dichter nahe, auch den
Schauplatz der Handlung nicht nur durch den Dialekt zu
charakterisieren, sondern ihn intim zu schildern, ihn zu

eigenem Leben zu erwecken. So sind neben Groth und Reuter auch Brinckman und F. H. Müller Heimatkünstler, vor allem aber ist es Paul Trede. Im letzten Jahrzehnt des Jahrhunderts fand die Richtung dann einige Vertreter, die zu den besten Dichtern der plattdeutschen Literatur gehören.

Einer der berufensten Nachfolger Reuters auf dem Gebiet des Romans war der Mecklenburger Adolf Brandt (Pseud. Felix Stillfried; geb. 1851 in Fahrbinde b. Schwerin, gest. 1910). Schon in seinem Erstlingswerk, dem großen Roman „De Wilhelmshäger Kösterlüd" treten die Vorzüge des Dichters — scharfe Charakterzeichnung, spannende Handlung, die Fülle feiner Einzelzüge, die Mischung von Ernst und schalkhaftem Humor und gemütvolle Darstellung — voll zu Tage. Mag die Handlung auch zuweilen durch die Fülle von Nebenpersonen etwas beeinträchtigt werden, so entschädigt doch die Lebenswahrheit des Werkes den Leser reichlich. Stillfried hat in dem Roman seine eigene Jugend geschildert und läßt uns einen tiefen Blick in das Leben des Lehrerstandes tun. In drei Generationen treten sie vor uns hin: Der alte Gothmann hat seine Fachkenntnisse als Bedienter beim Superintendenten erworben, sein Schwiegersohn hat schon das Seminar besucht und dessen Sohn bringt es zum Universitätsprofessor. So stellen die drei eine Stufenleiter des Aufwärtsstrebens dar. Den Höhepunkt von Stillfrieds Schaffen bildet dann der nächste Roman „Ut Sloß un Katen", später „Dürten Blanck" genannt. Mehr noch als in den Kösterlüd liegt ein prächtiger Humor wie warmer Sonnenschein über dem Werk. Jede Gestalt, vom alten Schäfer Kempk bis zum Baron, der in seinem Stammbaum und demjenigen seiner Gutsleute herumklettert, bis er eine ihm peinliche nahe Verwandschaft zwischen sich und Kempk entdeckt, hebt sich scharf umrissen ab. In der Titelheldin aber ist dem Dichter eine Gestalt gelungen, die in ihrer herzgewinnenden Schlichtheit, Treuherzigkeit und Hilfsbereitschaft an Goethes Dorothea gemahnt. Eine treue Schilderung kleinbürgerlichen Lebens ist der letzte Roman des Dichters „De unberhoffte Arwschaft." Auch in den Mittelpunkt dieses Werkes hat Stillfried eine sympathische Mädchengestalt gestellt, die frische Anna Warncke, der allerdings der stille Zauber, der Dürten

Blanck umwebt, fehlt. Die Vorzüge der Romane zeigen auch die unter dem Titel „Hack un Plück" erschienenen kleineren Geschichten, von denen „Fritz Stoppsack" und „De Hex von Moitin" besonders hervorgehoben sein mögen. Im Gegensatz zu Reuter, der dazu neigt, seine Gestalten zu idealisieren, hebt Stillfried auch ihre Schattenseiten hervor und erzeugt so realistischere Lebensbilder. Der Gesamteindruck, den der Leser von den Erzählungen des Dichters gewinnt, läßt sich am besten mit seinen Versen wiedergeben:

> O wunnerbor,
> Wo leg dat vor,
> Wo seg min Og dat all so klor!
> De Seen, dat Holt, dat gräune Feld,
> In'n Sünnenschin de wide Welt!

Neben dem Erzähler aber darf der Lyriker nicht vergessen werden. Im Gegensatz zu den Romanen liegt über der Lyrik „In Lust un Leed" eine elegische Stimmung. Tief empfundene Verse sind es, in denen der Dichter seiner Jugend und seiner Heimat gedenkt, jenes stillen Dorfes und des uns aus den Kösterlüd bekannten Katens:

> Doch denk ick an den Katen —
> Ick weit nich, wo mi ward!
> Wo kannst du mi so faten,
> Min Baders Hus, an't Hart!

Aber der Humor kommt in dem Buch auch zur Geltung, besonders in der feinen Idylle „Steinbeck". Neben der schon erwähnten Übersetzung aus der Ilias enthält der Band dann noch eine prächtige Nachdichtung der Nausikaaepisode der Odyssee und mit reifer Kunst eingeplattdeutschte Bearbeitungen aus Horaz.

Während Stillfrieds Bedeutung auf der Erzählung beruhte, lag das poetische Schwergewicht seines Landsmannes Helmut Schröder (geb. 1842 in Spornitz bei Parchim, gest. 1909) auf der Lyrik. Drei Bände Gedichte hat er uns beschert: „As't de Garw giwwt" (1880), „Kränz' un Strüz" (1899) und „Ut minen lütten Gorden" (1909). Mit Lyrik begann und schloß er seine dichterische Laufbahn, und diese drei Jahrzehnte umfassen ein stilles, aber reiches

Dichterleben. Die Welt seiner Gedichte ist eng begrenzt. er ist Dorflyriker wie Brinckman, die bei diesem fehlende subjektive Lyrik tritt bei Schröder aber stark hervor. Mag er in der Anschaulichkeit seinem großen Vorgänger auch nicht gleichstehen, vermag seine Lyrik auch nicht so zu erschüttern wie diejenige Brinckmans, in einem erreicht er ihn fast, in der Musik der Sprache. Schröder ist ein Sprachpfleger und -künstler, wie die niedersächsische Literatur sie nur wenige aufzuweisen hat. Trefflich weiß er in vielen seiner Gedichte den Ton des Volksliedes zu treffen („Dor güng en Jäger" u. a.), tief empfunden ist seine Liebeslyrik in den „Möllerleidern", Perlen der plattdeutschen Dichtung sind seine „Nachtwächterleider". Am stärksten aber tönt uns aus Schröders Versen sein tiefer, das Mystische berührender Glaube entgegen. Seine Lyrik wird durchklungen von dem Ton, daß er Gottes Kind ist, daß Gott ihm in jeder Stunde zur Seite steht. Er findet für sein Gefühl starke und reine Töne:

> De Nacht ahn Lut —
> Un baben di de Heben
> Vull Steern un heimlich Leben, —
> Un du allein, —
> Minsch, kannst em seihn
> Ahn soll'te Hännen,
> In't Hart kein Brennen:
> Denn gah un wein!

Ihm war ein Herz gegeben, das sich in Gott freuen konnte, und so blüht in seinen Gedichten denn ein Stückchen Eden. In seinen Psalmen zieht er alle Register, so daß sie wie Orgelklang einherbrausen. Aus Schröders Lyrik klingt eine seltene Harmonie. Das Bild einer einfachen, geraden und männlichen Natur tritt uns aus den Gedichten so heiter und rein entgegen, und das prächtige, an älteren Ausdrücken reiche Platt tönt in den sorgfältig gefeilten Versen so voll, daß er sich leicht einen dauernden Platz in der niederdeutschen Literatur erobert hat. Am bezeichnendsten für ihn ist der Vers:

> Holl di Kopp un Nacken stief!
> Flenn nich, as en hülplos Wief,

Liggt de Pott in Schören.
Gnaegeln is tau nicks nich nütt;
Nimm, wat di de Herrgott bütt,
Lachend, as de Gören.

Neben den lyrischen gehören aber auch die erzählenden Werke Schröders zum festen Bestand der plattdeutschen Literatur. Auch ihr Schauplatz ist das Dorf, und zwar das Bauerndorf, das der Dichter mit allen Licht= und Schatten=seiten schildert. Gleich Felix Stillfried ist auch Helmut Schröder realistischer als Reuter. Schon „Holzen Rike" zeigt des Dichters Können von der besten Seite, wenn auch die Lösung des Knotens durch die breit ausgesponnene Texas=episode unnötig verzögert wird. Groß angelegt und durch=geführt und voller Züge feinsten Seelenlebens ist dann der ergreifende Roman „Bi Kräuger Volks". Der Dichter hat das Wort, daß unrecht Gut nicht gedeiht, zur Grund=idee genommen und läßt an der Sünde des Vaters diesen und seinen Sohn zugrunde gehen. In die Erzählung ist, ein echt Schrödersche mystischer Zug, eine Gespensterfabel verwoben, die dichterische Verkörperung der Schuld. Neben diesen beiden Werken ragen noch zwei kurze Erzählungen aus „Veer Vertellen" hervor, die erschütternde „Hartnack" und die heitere „Fritz Röblins Brutfohrt." Jenes schildert uns, wie ein Bauernsohn, als sein Vater gegen seine Heirat mit der armen Rike ist und diese auf Zureden ihrer Mutter ihm sein Wort zurückgibt, zur Flasche greift und sich an Rikes Hochzeitstage erhängt. Durch die Brutfahrt aber klingt, besonders im Anfang, leise ein romantischer Ton, der ihr gar wohl zu Gesicht steht, bald aber einem heiteren Realismus weicht.

Echte Dorfstimmung webt in M i n n a S c h r a d e r s (geb. 1850 in Hörste, Westf., gest. 1902) kleineren Erzählungen „Wat se sick in en Ramskenbrinker Duorp vertellt", die bald humorvoll, bald in ernster Schilderung das westfälische Dorf lebendig vor uns erstehen lassen. Fest im Boden seiner Heimat wurzelt mit seinen Werken A u g u s t F r e u=d e n t h a l (geb. 1851 in Fallingbostel, gest. 1898). In seinen Gedichten spiegelt sich die Heide und ihre Bewohner treu wieder. Daneben zeigt er sich als talentvoller Er=zähler in dem Sammelband „Heidekern", der treffliche

Bearbeitungen ausländischer Dichter (Smit, Kielland) und eigene Erzählungen voll schalkhaften Humors enthält. Von größerer Bedeutung ist sein Bruder **Friedrich Freudenthal** (geb. 1849 in Fallingbostel). In seinen kleinen Erzählungen und Skizzen, die in den Bänden „Bi'n Füer", „In de Fierabendstied", „Lienhop un anner Geschichten", „Unnern Strohdack" und „Wied un sied" vereinigt sind, mischen Humor und Ernst sich zu einem harmonischen Gesamtbild. Von Band zu Band aufwärts steigend, bald schlichte Anekdoten bietend, wie sie im Volk umlaufen, bald zarte Naturstimmung, bald feine Seelenmalerei seiner originellen Gestalten, verwebt er alles so mit der Heide, daß sie selbst lebendig wird und bei uns einkehrt. Höher steht jedoch seine Lyrik. In seinen Gedichten „In Lust un Leed" trifft er vielfach den naiven Ton des Volksliedes, der Burns berühmt gemacht hat, so in

> Du bist so jung, du bist so schön,
> Unschüllig as en Kind,
> Wat wullt du blos hier buten stahn
> Bi mi in Reg'n un Wind.

Die Treuherzigkeit und Schalkhaftigkeit seiner Muse (man denke nur an die köstliche Romanze „Jan Kiwitt sin Wiew") lassen ihn als einen der besten Dichter für das Volk erscheinen. Eine reife Kunst entfaltete er auch in dem kleinen Epos „De Invalid von Waterloo" (aus „In Lust un Leed"), in dem er erzählt, wie ein Bauernsohn der Heide gegen Napoleon in den Krieg zieht, bei Waterloo zum Krüppel geschossen wird und in seine Heimat zurückkehrt, wo man ihn bereits für tot gehalten hat. Sein Hof ist seinem Bruder verschrieben, der auch des Invaliden Braut geheiratet hat. Da bricht er unter der Wucht des Schicksals fast nieder, beißt aber die Zähne zusammen, doch seine ganze Verzweiflung klingt aus den Worten:

> Doch wat fragt wi, de wi bi Waterloo
> De mörderliche Slacht mit dörchmakt hebbt,
> Denn na en Hoffstä, Heimat, Öllern, Brut!
> Wi hebbt wat anners woll belewt, woll'ck menen,
> Hebbt Dod un Deuwel in de Ogen kekn,

Hebbt us nich bugt un bögt un hebbt nich bewt;
Ne, Jungs, wi lat't uns von so'n Kinnerkram
Denn of noch hier, wills Gott! nich ünnerkriegen! —

Sein noch siecher Körper kann die Last nicht tragen, der
Invalide verfällt in schwere Krankheit, nach der er sich
ein stilles Leben als Imker aufbaut. — Knorriger als
Friedrich Freudenthal ist der Oldenburger Franz Poppe
(geb. 1834 in Rastede), der sich durch „Jan un Hinnerks
gesammelte Werke" einen großen Leserkreis erworben hat.
Während der erste Teil nur lokales Interesse bietet, bewährt Poppe sich im zweiten als humorvoller Erzähler
und Schwankdichter, der seine Gestalten gut zu charakterisieren weiß. Aus dem ganzen Schaffen des Dichters, besonders aber aus den Gedichten des dritten Teils spricht
eine warme Heimatliebe, die auch die Schattenseiten der
Heimat mit goldigem Humor zu verklären weiß.

In Johann Hinrich Fehrs entstand den Niederdeutschen dann wieder ein Dichter, den sie mit Stolz in
eine Reihe mit Groth, Reuter und Brinckman stellen
können. Ein bodenständiger Holsteiner weist er in seinen
Werken mehr verwandte Züge mit seinen Landsleuten
Groth und Meyer als mit den Mecklenburgern auf, und
den lachenden Humor dieser beiden suchen wir vergeblich
in seinen Dichtungen. Die Werke von Fehrs sind nicht
nur von Bedeutung für die plattdeutsche Literatur, sie
sichern ihm als einem der besten Vertreter intimer Heimatkunst einen Ehrenplatz in der deutschen Nationalliteratur.

Fehrs, der Sprößling eines alten Bauerngeschlechts,
wurde im Jahre 1838 in Mühlenbarbeck bei Kellinghusen
geboren. Über den Tag seiner Geburt gehen schriftliche
und mündliche Überlieferung allerdings auseinander. Der
Dichter selbst erzählt: „Im Kirchenbuch zu Kellinghusen
steht von der Hand des derzeitigen Pastors geschrieben,
daß ich am 8. April 1838 geboren sein soll; meine Mutter
behauptete: am 10. April — ich glaub's, und es schmeichelt
mir, ich bin um zwei ganze Tage jünger, als der Pastor
wahr haben will." Da der Dichter auf die Angabe seiner
geliebten Mutter fest baut, müssen wir's auch, zumal seine
geistige Frische der Mutter recht gibt. Im Sommer hütete
der Knabe die Kühe seines Vaters, doch „der Herbst machte

aller Herrlichkeit ein Ende, unsere Kühe kamen in den
Stall und wir in die Schule." Bald nahm aber auch die
Sommerherrlichkeit ein Ende, denn der Junge wurde in
die bessere Schule des Nachbardorfes geschickt. Nach seiner
Konfirmation (1854) entschieden seine Eltern sich dafür.
daß ihr Johann Hinrich den Lehrerberuf ergreifen sollte.
Nach vier Präparandenjahren in Altona bezog er i. J.
1859 das Seminar in Eckernförde, und nach drei „herr=
lichen" Jahren, in denen der angehende Lehrer sich auf
eigene Faust viel mit Geschichte und Literatur beschäftigt
hatte, wurde er Lehrer an einer Erziehungsanstalt in
Reinfeld bei Lübeck, wo er mit Mähl Freundschaft schloß.
Dann nahm er eine Stelle als Waisenlehrer in Itzehoe
an und vermählte sich 1865 mit der Tochter eines Predigers,
die dort eine Privatmädchenschule ins Leben gerufen hatte.
Die Schule übernahm er und wirkte an ihr, bis er nach
dem i. J. 1899 erfolgten Tode seiner Gattin in den
Ruhestand trat.

Fehrs begann schon früh, Verse zu schmieden, auch
entstanden kürzere und längere Erzählungen; aus Scheu
behielt er seine Versuche jedoch im Pult, „und als ich sie
mit gutem Bedacht endlich ins Feuer warf, erzeugten sie
prächtige Flammen." Nach mehreren hochdeutschen Werken
veröffentlichte der Dichter dann i. J. 1878 „Lütj Hinnerk",
die Geschichte eines zarten, krüppeligen Jungen. Schon
über diesem Werk liegt wie ein dünner Schleier jene leichte
Wehmut, der wir häufig in seinen Werken begegnen. Im
Jahre 1886 gab er dann den Gedichtband „Zwischen Hecken
und Halmen" heraus, dessen größter Teil hochdeutsch ist.
Die plattdeutschen Gedichte zeugen von reicher Phantasie
und feinem Empfinden und sind von einem zarten Stim=
mungszauber umwoben, der sie über die hochdeutschen stellt.
Eine reine lyrische Wirkung hat Fehrs in diesem Werk
und in später veröffentlichten Gedichten nur vereinzelt
erreicht. Das epische Können überwiegt das lyrische be=
trächtlich. Seine besten Gedichte aber stellen ihn, wenn
auch nicht in eine Reihe mit Groth und Brinckman, so
doch in ihre Nähe. Besonders hervorgehoben seien das
prächtige „Hans Kasper un Trina", „En Drom", „Sommer=
glück", „Rike", „De Heiloh" und das für den Lyriker
Fehrs charakteristische „Verlorn":

Brune Heid!
Du stunnst in Blöt, ik plück er Blom un Blatt —
Ach, Struß un Kranz hett bald de Wind verweiht!

Blanke Born!
Du weerst so still un spegelst er so schön —
Bild un Gestalt — dat's all begraben worn.

Graue Steen!
Din Broder steit op'n Karkhof mit en Krüz, —
Min Hart is möd, verlaten un alleen.

Im nächsten Jahr erschien dann der 1. Band von „Allerhand Slag Lüd", einer Sammlung von kleineren Erzählungen. Das beste Stück dieses Buches ist „En swaren Drom", in dem der Dichter die Bekehrung eines Wucherers durch einen Traum packend schildert. Denselben Kunstgriff, eine innerliche Wandlung durch eine Traum zu veranlassen, wendet der Dichter übrigens später in „Maren" in ähnlicher Weise an. Weiter möge auch „De Spinnfru" hervorgehoben werden, in der wir den Dichter als feinsinnigen Märchenerzähler kennen lernen. Gereifter zeigt er sich dann schon in dem zweiten Band von „Allerhand Slag Lüd", der i. J. 1891 herauskam. In diesem Band finden wir das tiefschürfende „In't Försterhus", ein ergreifendes Bild innerlicher Kämpfe und schließlicher Versöhnung mit der Welt des von seiner Frau verlassenen Försters. Eine andere Erzählung des Bandes, „Binah bankerott", veranlaßte Klaus Groth zu der Äußerung, die für das ganze Schaffen des Dichters Gültigkeit hat: „Fehrs ist kein Neuling in der Kunst, das holsteinsche Volk in seiner heimischen Sprache zu zeichnen; er ist darin ein Meister, wie ihn die Heimat nicht zweimal aufzuweisen hat..." Nach langer Pause erschien i. J. 1903 „Ettgrön", das wieder einen Aufstieg im Schaffen des Dichters bedeutet. Die Sprache ist noch reicher und voller, die Charakterzeichnung der Personen noch schärfer geworden. „Sünnabend" und die tragischen „Kinnerdank" und „Ehler Schoof" sind die Hauptstücke dieses Buches. Wieder eine

Pause, und dann erschien i. J. 1907 „Maren. En Dörp=
roman ut de Tid von 1848—51", ein Buch von über=
quellendem Reichtum der Bilder und Gestalten und von
einer psychologischen Tiefe, die es zu einem der bedeutendsten
Romane der deutschen Literatur macht. Was Reuter für
die Gutshöfe und Gutsdörfer als Dichter gewesen war,
das wurde Fehrs in diesem Werk für die Bauerndörfer.
Die reife Kunst, mit welcher der Dichter die Handlungs=
weise seiner Heldin verständlich zu machen weiß, wie er
Maren wachsen läßt und den Leser sie erst achten und dann
lieben lehrt, ist erstaunlich, und man wird den Worten des
Arztes rückhaltlos zustimmen: „Aber es hat schon etwas
Erhebendes, .. einem solch tüchtigen und tapferen Menschen=
kind begegnet zu sein im Leben. Hat man es gar um
sich gehabt und seine Liebe erworben, ist's ein seltenes
Glück, das nachklingt wie ein Glockenton." Um Maren
schart sich eine Fülle von Gestalten, keine überflüssig, und
alles, was sie tun und lassen, geschieht im Hinblick auf
Maren und zeigt sie von einer neuen Seite. Packende und
erschütternde Szenen reihen sich an einander, helles Licht
und dunklen Schatten wirft der Freiheitskampf des Bruder=
volkes in das stille Dorf, und ein leiser Humor huscht zu=
weilen, wie ein Sonnenstrahl durchs Blätterdach, durch die
Erzählung. Abel Lahann, Dortjen Holm, der Bauernvogt
ziehen als scharf ausgeprägte Menschen an uns vorüber,
und von erschütternder, dämonischer Wirkung sind die
Zwiegespräche des Schäfers Dirk da draußen auf der Heide
mit seinem Hund, die, den Worten der alten Propheten
vergleichbar, wie Fackelschein düster lohen. In diesem straff
komponierten, mit Stimmung gesättigten Roman ist das
norddeutsche Dorf lebendig geworden wie kaum in einem
andern Werk; er ist edelste Heimatkunst. — Zuletzt hat
der Dichter i. J. 1912 noch in einem Kalender die fein=
sinnige Erzählung „Kathrin" veröffentlicht, die beweist, daß
ihm sein Alter wie greifender Wein blüht, und die hoffen
läßt, daß er noch einmal ein großes Werk zwingen wird.
denn er hat uns noch viel zu sagen.

9. Die plattdeutsche Literatur im neuen Jahrhundert

läßt sich vom alten natürlich nicht durch eine scharfe Grenze trennen. Manche Werke bereits erwähnter Dichter sind erst nach 1900 erschienen. Die Richtungen des alten Jahrhunderts finden im neuen ihre Weiterbildung. Humoristen, Realisten und Heimatsdichter sind auch in ihm vertreten und dehnen ihren Stoffkreis auf die Großstadt und die Probleme der Weltanschauung aus. Die gezogene Grenze zeigt uns auf der einen Seite diejenigen Dichter, deren Haupttätigkeit auf literarischem Gebiet vor 1900 liegt, die vor diesem Jahr die Mehrzahl ihrer Werke haben erscheinen lassen und deren Entwickelung, soweit sich dies übersehen läßt, abgeschlossen ist. Ob es das wirklich ist, kann freilich erst die Zukunft lehren. Auf der anderen Seite aber stehen die nach 1900 aufgetretenen Talente, die noch in der Entwickelung stehen und über die sich ein endgültiges Urteil meistens noch nicht fällen läßt. Eine Freude aber ist es für den Literarhistoriker, daß die Zahl der plattdeutschen Sänger wächst, daß die Qualität der Dichter ein weiteres Blühen der niederdeutschen Literatur verheißt und daß sich unter ihnen starke Begabungen gezeigt haben, die auch auf Beachtung in der Geschichte der deutschen Nationalliteratur berechtigten Anspruch erheben können. —

Die Lyrik fand im neuen Jahrhundert eifrige Pflege. Einer ihrer talentvollsten Vertreter ist der Westfale Hermann Wette (geb. 1857 in Herbern, Bez. Münster). Schon aus seinen „Westfälischen Gedichten" sprach ein formgewandter Poet, besonders aber mutete ihre Frische und Innigkeit an. Nach Jahren des Reifens ließ der Dichter kurz hinter einander zwei weitere Bände Lyrik erscheinen, die „Neuen westfälischen Gedichte" und die „Pingsteblaumen." Im ersten stehen prächtige Naturbilder wie „Magister Maibag un fine Buegelschaul" neben kräftigen Balladen („Schön Betty", „Arm Katrin" u. a.), humorvollen Versen und tief empfundenen religiösen Gedichten. Die „Pingsteblaumen", in der Sprache noch vervollkommnet, bedeuten einen weiteren Aufstieg. Humor und Weltanschauung sind vertieft, die Sprache klingt wie edle Musik, und meisterhaft sind die Naturbilder. Den Höhepunkt des Buches bildet „De verlorne Suhn", eine Umdichtung des biblischen Gleichnisses. Ein anderer guter Lyriker ist Adolf Stuhlmann (Pseud. St. T. Uhlmann: geb. 1838 in Hamburg). In den „Rymels", dem „Lederboot" und den „Hasselpoggen" zeigt er feine, lyrische Empfindung, und ihm stehen viele Töne auf seiner Leier zu Gebot. Am besten klingen seine schlichten Lieder, die in ihrer Sangbarkeit an Volkslieder erinnern. In anderen malt er die Großstadt und weiß auch hier plastisch zu zeichnen wie in dem Hafenbild:

>de morgen kummt, een beven
>daer luft un lichter geit;
>de nebel stigt, an'n heben
>de sünn in osten steit.

>Se smückt mit rosen frölich
>de gebeln, mast un mast,
>wiildeß de lichter selig
>opflackert un verblaßt.

Auch als Prosadichter steht er seinen Mann. Schon den „Hasselpoggen" hatte er kurze Erzählungen beigesellt. Ein Prosawerk voll feinen und lecken Humors schuf er in dem Lokuser Ritterorden „Sünte Jürgen", dessen Hein Jansen eine Prachtgestalt ist. Die feine Satire des Werkes scheint darauf hinzudeuten, daß Stuhlmann hier sein eigentliches Gebiet gefunden hat.

Ein feinsinniger Lyriker ist Albert Schwarz (geb. 1859 in Wandhagen, Kr. Schlawe). Sein erstes Werk, die „Drag' knuppen", enthalten Lyrik und Prosa. Unter den Erzählungen stehen Kabinettstücke feinen Humors wie „En gruglich Geschicht" und „De Pird'kop", die bedauern lassen, daß der Dichter dieses Feld nicht weiter bebaut hat. Auch die Lyrik des Bandes zeigt schon gute Ansätze. Das Versprechen auf die Zukunft hat der Dichter in seinem Gedichtband „Oschen un Astern" eingelöst. Reine, volle Klänge von Liebe und Leben wechseln in ihm mit zarten Stimmungsbildern aus der Zeit, wo die Astern blühen. Erschütternd wirkt „Hoosten", eine Szene von der schleichendsten Krankheit der Menschheit. Hymnen, Oden und Reimverse,

alles meistert der Dichter mit sicherer Hand. Der Grund=
ton des Buches ist fröhlich, optimistisch, durch alle Wolken
klingt wie bei Liliencron der Ruf „Hurrah das Leben!",
so in der Frühlingshymne:

> Un du, o Minsch,
> Lat nie von Sorgen
> Un düster Gedanken
> Dat Hart di quälen!
> Freun fast ok du di, freun!
> Süh, de Welt is so grot,
> So unbegriplich is se,
> Dat dat Vermetenheit wir,
> Wenn swacke Minschenvernunft
> Slicht se finnen wull un bemäkeln.
> Freu di, freu di, o Minsch,
> Un drink in lange Taeg'
> Den weekwarmen Lebensstrom,
> De dörch dat Weltall drift;
> Drink em giprig un girn, as en Burß,
> De up lange Wannerfohrt
> Hellig is worden un küm,
> Drinken deit dat klore
> Water, dat unverwohrs
> Vör em ut sturre Felsen plätert.
> Freu di un sing' mit de Drothel,
> Sing' mit de Lewark un Nachtigal:
> Hosianna! He kümmt,
> He kümmt, de König!
> Un selig, selig sünd,
> De sin Allmacht föhlen
> Un mit Demot un Freud' em begröten!

Auch Max Dreyer (geb. 1862 in Rostock) zollte der
plattdeutschen Literatur seinen Tribut, indem er die Er=
innerung an seine Jugendzeit am Strand der Warnow in
die klingenden Verse seines Lyrikbuches „Nah Huus" ver=
wob. Dreyer handhabt seine Muttersprache so gewandt,
als ob sie und nicht das Hochdeutsche sein eigentliches
Werkzeug wäre. Von Liebe, Freundschaft und Haß plaudern
die anmutigen Verse, Wehmut wird von schalkhaftem Humor

vergolbet, und kräftig und lebensbejahend klingt das Werk aus:

> Ji segt, ick bün olt un gries wad mien Hoor —
> is jo nich wohr!

Sentimentale Wehmut ist der Grundton des Büchleins „Wenn de Bläder fallen" der Mecklenburgerin Auguste Schwanbek. Bessere Lyrik bietet Hella Rehberg-Behrns (Pseudonym Hans Gabriel; geb. 1860 in Schlowe bei Sternberg, Mecklb.). In ihrem Lyrikbande „Stille Dönken" paart sich tiefes Empfinden mit Können. Die leise Wehmut, die ihre Verse durchzittert, artet nie in Sentimentalität aus. Am besten gelingen ihre träumerischen Lieder wie dieses:

> Allnächtens stiggt s' an'n Heben rupp,
> Min Heimatsünn!
> Un jedwer Ros' un jedwer Knupp,
> Dei ick mal fünn,
> Bläuht wedder upp!
>
> Aewer min Hus un dörch min Hart
> Lücht't ehr Schien
> As Morgenrot, —
> As wier dat all, wat welk un dod,
> Wedder mien!

Gesunde Lyrik gibt Christian Flemes (geb. 1847 in Völksen, Hannover) in seinen „Plattdütschen Gedichten", die von warmem Empfinden erfüllt sind. Besonders versteht er Naturstimmungen mit feinen Farben wiederzugeben, wie in dem in seinem Werk nicht enthaltenen „Fröu an'n Morgen":

> Ganz lisen ruscht von'n frischen West
> De Blääd an Busch un Bom.
> De Fagels in dat weike Nest
> Sitt' noch in söuten Drom.
>
> Noch het de Dagg de Ougen tou,
> Noch is so still de Welt,
> Un sachen geit de Morgenrou
> Up Söcken dörch dat Feld.

> De Halms fünd noch in'n Slap un nickt.
> Denn Aten stoppt de Wind.
> De Dau, dei up de Wischen flickt,
> Üm er denn Sleier spinnt.
>
> (Aus der Anthologie „Up sassisch Eer.")

Den Dichtern, welche die stille Schönheit der Heide besingen, gesellt sich G. Müller=Suderburg (geb. 1849 in Suderburg) zu. In seinen Gedichten „Wat an'n Heidweg blöht" tritt ein fröhlich=schalkhafter Zug hervor, in ihnen spiegelt die Heide besonders im Sonnenglanz sich wieder, und sie entzücken durch den Reiz ihrer poetischen Kleinmalerei. „En weeken, deepen Klockenklank" klingt durch den plattdeutschen Teil von Hermann Fritz Neumanns (geb. 1858 in Elmshorn) „Lebensrunen", der wünschen macht, daß man dem Dichter häufiger begegne. Manches innige Lied ist Theilmann (geb. 1886 in Metjendorf bei Oldenburg) in seinen „Hunnblomen un Maljen" gelungen, die eine Entwickelung versprechen, während Uhdes (geb. 1876 in Großgermersleben) „Himmels=snettelken" Knospen und keine Blüten sind. Harmlos=heiter und frisch gesungen ist die Mehrzahl der Gedichte von Otto Graunke (geb. 1861 in Schivelbein; „Affids", „An'e Bäk", „Awendklocken").

Manche Dichter gaben in ihren Werken Poesie und Prosa gemischt. So Otto Weltzien (geb. 1873 in Darze bei Parchim) in „Tosamsöcht Wör". Wie seine weitere Entwickelung gezeigt hat, liegt seine Begabung auf dem Felde der Lyrik, und seine in Zeitschriften veröffentlichten Gedichte verheißen nach Form und Inhalt noch manches Gute. Johann Friedr. Dirks' (geb. 1874 in Emden) „Struukwark" ist im erzählenden Teil am besten. Ein guter Lyriker und Erzähler ist Wilhelm Schmidt (Pseud. W. Fischerbrock; geb. 1872 in Rostock) in „Wat Vagel Grip vertellt." Seine flott erzählten Geschichten von der Wasserkante enthalten gut charakterisierte Personen, höher aber möchte ich seine Kinderlieder stellen, die anmutig und von schalkhaftem Humor sind. Auch Husmann (geb. 1877 in Siedenburg bei Sulingen) gab sein Bestes in „En Kranz för de Görn", während seine Lyrikbände „Frühe Blüten" und „Frische Blomen" noch viel Unausgeglichenes enthalten.

An diese Dichter schließen sich einige Poeten an, die ausgesprochene Dichter des Hauses und der Kinderwelt sind. So Ernst Hamann (geb. 1862 in Damerow, Mecklb.), der in den anmutigen meckelbörger Döhnken „Mien lütt Welt" sich als Meister des engen Kreises, den er sich gesteckt hat, zeigt. So Richard Dohse (geb. 1875 in Lübz), dessen „Von Hart tau Harten" gleichfalls nach Inhalt und Form vollendete Lieder enthält. Auch Gustav Falke (geb. 1853 in Lübeck) entlockte seiner Leyer Klänge der Muttersprache und bescherte „En Handvull Appeln", die rotbäckig, schmackhaft und von herzerfrischender Anmut sind, ebenso wie Robert Garbes (geb. 1878 in Hamburg) „Görnriek". Eine treffliche Sammlung von Wiegenliedern, Kinderreimen usw. gab Pahsen-Petersen (geb. 1852 in Rendsburg) unter dem Titel „Kiekinnewelt" heraus. —

Wie schon erwähnt, erweiterte sich der Stoffkreis der plattdeutschen Dichtung, indem die Großstadt mit ihren modernen Problemen ihren Einzug hielt. Der Vertreter der Problemlyrik ist August Seemann, der Dichter großstädtischer Bilder ist Hermann Claudius.

August Seemanns (geb. 1872 in Groß Roge, Mecklenburg) erstes Buch „Heitblicken" (1902) steckt noch voll Gärung, der Dichter hat seinen eigenen Ton noch nicht gefunden und steht unter dem Einfluß des Naturalismus, besonders in den Balladen „Jutta", „Frigga" und „De Friwarber". Die Liebeslyrik erinnert an hochdeutsche Vorbilder, und die Gedankenlyrik, die später bezeichnend für ihn wird, klingt nur in „Un dennoch — doch" an. Aber noch rührt er nur leise an die Probleme der Weltanschauung, noch packt er den Stier nicht bei den Hörnern. Nach vierjähriger Pause gab er „Andäu" heraus. Hier haben wir schon den echten Seemann, den modernen Dichter. Er ist innerlich gereift, die Form ist glatter, für den Gedanken findet er durchweg schon den passenden Ausdruck, und der Naturalismus hat sich abgeklärt. Seine Gefühlslyrik, die gern an das Heimatsdorf anknüpft, ist sangbar und innig, und trefflich weiß er die Natur zu beseelen wie in „Dei Wind". Eins der schönsten Lieder dieses Buches ist „An dei Nacht":

Kumm, du ole, leiwe,
Kumm, du säute Nacht,
Nehm mi in din Armen,
Holl mi weik un sacht.

Lat din millen Ogen
Up mi rauhn so lang',
Dat sei von mi smölten
Weg all Angst un Bang'.

Legg din käuhlen Hännen
Mi up Stirn un Hoor'n,
Dat s' all Unglück schüchern
Furt as Gäus' ut'n Gor'n.

Küß mi tau bei Plinken
Mit dinen swigsamen Mund,
Dat an Seel un Sinnen
Ik mi slap gesund.

Die Gedankenlyrik nimmt schon einen großen Raum in dem Werk ein. Der Dichter ringt mit Glaubensproblemen in „Watt sall't" und „Christus", trotz mancher ungelösten Frage aber bleibt sein Wahlspruch „Un doch, wes' lustig Jung!", denn „ut dusend Borns quellt Sünnenschin". Neben manchen mit Gedanken und Bildern überlasteten Balladen steht in diesem Band auch die Meisterballade „Jan Rickels".

Die folgenden Bücher „Tweilicht" (1907) und „Vier= blatt" (1909) bedeuten wieder einen Fortschritt. In der Gefühlslyrik klingt häufig ein schalkhafter Ton, und aus der Gedankenlyrik ragt sein kraftvolles Gottsucherlied „Wur büst du" hervor mit dem Schluß „Den Kopp oewre Enn: ik will di wider säuken". Daneben stehen die Balladen zwar zurück, aber doch findet er eigenartige Töne in ihnen, so in „Dei Kulengräwer", „Andurick" und der Romanze „Von den Olen". Seemanns letzter und umfangreichster Lyrikband erschien i. J. 1910 unter dem Titel „Hänn'n". Reich an Gedanken wie seine Vorgänger spiegelt er das Wesen des Dichters treu wieder. Die Balladen sind noch mehr zurückgetreten, dafür nimmt die Gedankenlyrik einen breiten Raum ein. Besondere Schönheiten birgt das Kapitel „Hei". Der Naturalist der „Heitblicken" ist in den „Hänn'n"

ein Realist geworden. Neben der Lyrik hat Seemann auch
das Feld der Prosa bebaut und einen Band kleinerer Er=
zählungen unter dem Titel „As dat Leben schaelt" (1911)
veröffentlicht. Auch dieses Buch verrät den Dichter, der
seine Gestalten psychologisch vertieft und das Lokalkolorit
seiner Heimat zu treffen weiß. Aus dem Buch seien be=
sonders „Dieten Dreiher" und „An de Slüs'" als Beispiele
einer guten Erzähler= und Sprachkunst genannt. — Fest
und frei mit der Welt ringend und keinen Kampf scheuend,
steht der Dichter da, eine ganze Persönlichkeit. Was er
erlebt, was ihm über den Weg läuft, der graue Alltag
wird ihm zum Gedicht, zum Anlaß, sich mit der Welt
auseinander zu setzen und Gericht zu halten über sein eignes
Ich. Er ist so voll überquellenden Reichtums an Gedanken
und Bildern, daß seine Fruchtbarkeit nicht wundernehmen
kann. Seemann ist ein Lebensbejaher, der selbst Gevatter
Tod als Freund begrüßt und ihm die Steige harken und
mit Grün bestreuen will, ist er doch die Erfüllung und
die Lösung manches Rätsels:

All din Drömen ward Wohrheit,
All din Denken Klorheit,
All din Düster Licht.

Hermann Claudius (geb. 1878 in Langenfelde bei
Altona), ein Urenkel des Wandsbeker Boten, hat bisher
nur den Lyrikband „Mank Muern" veröffentlicht. Dieses
Buch zeugt von einem starken Können. Claudius ist nicht
der Dichter der Großstadt schlechthin, sondern der Dichter
Hamburgs. Mit sicherem Griffel zeichnet er die Straße
und den Hafen. Hohe, graue Mauern, Fabrikschornsteine,
Zeitungsfrauen, Arbeitslose, Streik, Elbe, allem weiß er
Leben einzuhauchen. Hamburg hat dem Buch sein Ge=
präge gegeben, und in ihm lebt die Seele dieser Stadt,
so wie Dichteraugen sie in ihrer Tätigkeit und Ruhe schauen.
Schon das erste Gedicht des Buches, das „Nachtleed", ist
bezeichnend für Claudius:

Üm dusend Muern krupt dat Duster her
up breede Swingen week un swatt un swör.
Üm dusend Muern geit dat üm un üm.
Ut dusend Muern kümmt en lurig Stimm.

> Ut dusend Muern rögt sick dat un rögt.
> Ut dusend Muern reckt sick dat tohögt:
> As dusend Arms, as dusend duster Hann,
> as Füst un Fingers, de nan Heben langn.
> Dat föhlt un wöhlt un föft un spöft ümher
> un jümmer ihriger un jümmer mehr.
> De lurig Stimm ward grot un fast un stark.
> De dusend Muern stat as eene Kark.
> Nu sitt de Nacht un speelt ehr Orgelwark.
> De dusend Hann, de folgt sick sacht tosam,
> De steenern Stadt, de is ton Beedn kam.
> Se süfzt un söcht, as en verlopen Kind,
> ehr eegen Seel, de se bi Dag nich finnt.

Dieser Reichtum an treffenden, oft kühnen Bildern kennzeichnet Claudius. Als friedliche Insel im Gewoge der Großstadt taucht dann sein Heim auf, und in diesem Teil des Buches findet der Dichter innige Töne für das Familienleben. Aber auch für die Natur da draußen vor den Toren hat er ein waches Auge, und auch seine Naturlyrik ist reich an Bildern und von zarter Stimmung, wie in „Go Nacht":

> Ower awendstille Wischen
> söcht min Og sick söte Roh.
> Newel deckt dat Gröne to,
> un de Böm stat swatt dartwüschen.
>
> Wunnerstille Abendfier.
> Ward de Wisch en See so deep
> un de Ellern sünd de Schep
> un dat Swigen sitt ant Stüer.
>
> Wulkenköpp wull een bi n annern
> nickt de Sünn noch na: Go Nacht.
> Sünd all halw in n Drom un lacht
> un vergeet för Slap dat Wannern.

Zerstreut stehen zwischen den lyrischen Gedichten auch Balladen, von denen „Stormflot", „Hans Hinnik", „De rode Hahn" und die Großstadtballade „Jan Voß" genannt seien. Claudius ist ein bodenständiger Dichter von reifem Können, und sein erstes Buch hat den Wunsch geweckt,

ihm noch oft zu begegnen, auch als Erzähler, was seine
Balladen erhoffen lassen.

Schließlich seien noch einige Talente genannt, deren
Gedichte bisher nur in Zeitschriften und Sammlungen er=
schienen sind. Eigene kräftige Töne findet G e o r g F i n k e
(geb. 1877 in Celle). Als Meisterin der Form in packenden
Balladen nimmt L u i s e G r ä f i n v o n B r o c k d o r f f =
A h l e f e l d t (geb. 1863 in Ascheberg) einen hervorragen=
den Platz ein. L u d w i g H i n r i c h s e n (geb. 1872 in
Kappeln) malt in seinen voll klingenden Versen scharf um=
rissene Naturbilder. K a r l S ö h l e (geb. 1861 in Uelzen)
sei wegen einiger keck hingeworfener Gedichte erwähnt.
Eine Entwickelung versprechen ferner E r n s t S c h ü t t e
(geb. 1878 in Hamburg) und T h o m a s W e s t e r i c h (geb.
1879 in Hamburg), die zu dem von der Nedderdüütsh Sell=
shopp in Hamburg herausgegebenen Sammelband „Up sassish
Eer" beigesteuert haben.

Wie die Lyrik hat auch die **Prosa** eine reiche Pflege
gefunden. Am dünnsten sind die guten **Humoristen** gesät.
Einen prächtigen Roman, in dem Scherz und Ernst zu Wort
kommen, der Humor aber doch den Sieg davonträgt, ist
„Giärd" von G r u n e n b e r g (geb. 1856 in Münster). Auf
dem Hintergrund des Revolutionsjahres 1848 schildert der
Dichter mit schalkhaftem Humor und feiner Satire, wie
der Patriot, Demokrat und Soldat Giärd erst zum Tode
und dann zu 14 Tagen Arrest verurteilt wird. Auch
D a l l m e y e r (geb. 1874 in Osnabrück) zeigt sich in dem
lieblichen Epos „Jan un Marie" und der Erzählung „Dat
Schützenfest" als echten Humoristen, und in seiner Lyrik
(„Plattdeutsche Dichtungen" und „Kleidörn") steht manches
gute Gedicht. Behaglich und gut erzählt sind F r i t z
K ä h l e r s (geb. 1873 in Klink, Mecklb.) humoristische
„Nige Kamellen". In vergangene Zeiten greift K ü k e l =
h a u s (Pseud. H u g o S t e i n; geb. 1871 in Mülheim,
Ruhr) in seiner Erzählung „Butt ewer Gudd" zurück, die
Wibbelt ein köstliches Gemälde aus dem Volksleben „mit
echt niederländischer Kleinmalerei liebevoll ausgeführt"
nennt. Einer jener Humoristen, die mit einem lachenden
und einem weinenden Auge in die Welt schauen, ist
L u d w i g S c h r ö d e r (geb. 1854 in Soest). So schillert
sein „Rägenbuogen" denn in allen Farben vom lachenden

Rot der schalkhaften Erzählung „Sauster un Iserlöhner" bis zu den düsterblauen Wolken, die schwer über dem Meisterstück des Buches, der Novelle „Schatten", hängen. Den derben Humor bevorzugt C. C. A. Holm (geb. 1856 in Altona) „Im scheeben Stebel", einem flott erzählten Werk, und kräftige Farben trägt auch Hans Kinau (Pseud. Gorch Fock; geb. 1880 in Finkenwärder) in dem plattdeutschen Teil der „Schullengrieper und Tungenknieper" auf, auch hat er auf dem wenig bebauten Feld der Ballade schon Vielversprechendes geleistet. Von den anekdotenhaften Skizzen „As noch de Trankrüsel brenn" reifte Ludwig Frahm (geb. 1856 in Timmerhorn Stomarn) zu „Eeken un Iloh", prächtigen kleinen Erzählungen, in denen ein echter Humor waltet. In einzelnen, wie in „De Franzosen= flint" greift er schon auf das Gebiet der Novelle hinüber. Die Odyssee wurde von Paul Lehmann=Schiller (geb. 1850 in Darsband, Rügen) in „Ganz olle Kamellen ut Ithaka" in drastischer, humorvoller Weise nacherzählt. Einen großen Roman aus dem Mecklenburger Landleben schuf Hans Wendt (geb. 1878 in Neubrandenburg). Seine „Meckelbörger Minschen" enthalten prächtige Gestalten wie Unkel August, Jochen Jürges und besonders Grete Schröder, und ihr Tun und Lassen hat der Dichter mit sicherer Hand psychologisch begründet. Lachender Humor wechselt mit Ernst, und manch Salzkörnlein Satire dient dem Werk zur Würze. Das alte Bremen feiert in den kurzen Er= zählungen von Georg Droste (geb. 1866 in Bremen) eine fröhliche Urständ. Seine Bücher „Vor de Fierstunn" und „Sunnenschien un Wulken" sind voll köstlicher Stim= mung. Gesunder Humor treibt auch sein Wesen in den „Dummjungs=Geschichten ut mine Schooltid" von Max Brinckman, einem Sohne John Brinckmans.

Eine der markantesten Erscheinungen der plattdeutschen Literatur ist der Westfale Augustin Wibbelt (geb. 1862 in Vorhelm bei Ahlen). Schon sein Erstlingswerk, die heiteren Erzählungen „Drüke Möhne", denen der Dichter später zwei weitere Bände desselben Titels angereiht hat, zeigen Wibbelts Kunst der Charakterisierung und sein Er= zählertalent. Derber, gesunder Humor spricht aus ihnen und scharfe Beobachtungsgabe. Wibbelt stellt seine Menschen mit allen Fehlern und Schwächen lebenswahr dar, sein warmes Herz hindert aber, daß der Satiriker zum Spötter wird, so unbarmherzig er sich auch über ihre schwachen Seiten lustig macht. Einen großen Stoff packt er dann in dem Roman „Wildrups Hoff" an. Mit ihm wird er zum Dichter. Der Humor ist vertieft, und ergreifende Tragik gesellt sich ihm zu. Aber manches ist noch unausgeglichen, und die Farben sind, wozu der Dialekt ja leicht verleitet, häufig zu stark aufgetragen. Diese Mängel überwindet Wibbelt dann in den nächsten Romanen „De Strunz", der Geschichte einer dörflichen Industrie, und „Hus Dahlen", die sich an packender Wirkung mit „Wildrups Hoff" allerdings nicht messen können. Auch in ihnen findet sich noch manche nicht abgeklärte Stelle, so geht der Humor in der Schlacht und dem glorreichen Rückzug unter der Leitung des Barons Hörn (Hus Dahlen) sehr ins Groteske über. Von dem Naturalismus des ersten Romans entwickelt Wibbelt sich allmählich zum Realisten, und sein nächster Roman „Schulte Witte" zeigt einen abgeklärten Realismus. Dieses Werk bedeutet einen Höhepunkt in seinem Schaffen. Manche behaglich geplauderte Szene hält zwar noch den Gang der Handlung auf, wie Wibbelt überhaupt gern einem drolligen Einfall nachgibt. Licht und Schatten aber sind gleichmäßig verteilt, die Charakterisierung der Personen ist verfeinert, der Humor vertieft, und die Tragik des zweiten Bandes, der Tod des Sohnes und der Meerske, sind von erschütternder Wirkung. Der Titelheld zählt zu den Prachtgestalten niederdeutscher Dichtung. Mit seinen Fehlern, Schwächen und Vorzügen und besonders mit seinem Humor ist Schulte Witte ein bodenständiger Vertreter norddeutschen Bauerntums, zu dem als Vertreter des münsterschen Bürgertums der Gelbgießer Lewink ein ergötzliches Gegenstück bildet.

Die kleinen Erzählungen „De lesten Blomen" und „Windhok" enthalten Scherz und Ernst, Humor und Satire in glücklicher Mischung. Besonders in dem letzten läßt der Dichter seiner Satire gegen die Kleinstädter frei die Zügel schießen. Ihnen folgen wieder große Romane, zunächst „De Pastor von Driebeck" und „De Järfschopp", die beide wieder ein Wachsen bedeuten. Bisher hatte der Humor den größten Raum in den Werken des Dichters beansprucht, jetzt tritt er zurück, und wenn er auch die versöhnliche Grundstimmung noch abgibt und alles durchwärmt, so beanspruchen von diesen beiden Werken ab doch die ernsten seelischen Konflikte den ersten Platz im Schaffen des Dichters. Wibbelt schürft tiefer und schnitzt seine Gestalten feiner. Auch seine Technik ist wiederum gewachsen, er baut die Werke straffer auf und hebt die Hauptpersonen wirksam durch andere Personen als Gegenspieler hervor. So hat er den Pastor von Driebeck, der lange kämpfen muß bis er die innerliche Verbindung zwischen sich und seiner Gemeinde hergestellt hat, durch die Pastoren von Hollingen und Düsterloh und den Dechanten prächtig beleuchtet. In diesen beiden Werken lugt auch der Lyriker schon aus einzelnen zarten Naturschilderungen hervor.

Sein abgerundetstes, reifstes und tiefstes Werk schuf Wibbelt dann in dem Roman „Dat veerte Gebott". Die Grundidee der Handlung, die schwere Last zu schildern, die einem Sohn das vierte Gebot aufbürden kann, ist meisterhaft durchgeführt. Die Gestalten sind prächtig gezeichnet, besonders der alte Schulze, Wilm und Anna, und damit auch bunte Blumen den Garten schmücken und das Auge erfreuen, hat der Dichter die heiratstolle Xantippe Bendine und den „unwiesen" Studenten und Dialektforscher Niggelamp hineingepflanzt, nicht etwa als überflüssige Personen, sondern eng mit der Handlung verflochten und zu ihrem Teile zur Entwickelung beitragend. Wie alle Romane des Dichters enthält „Dat veerte Gebott" eine spannende Handlung, aber nicht deswegen zählt die plattdeutsche Literatur ihn zu ihren besten, sondern weil ein Dichter ihn empfunden und geschrieben hat.

Neben dem Roman pflegt Wibbelt aber auch die Lyrik. Keine bloße Abschweifung, kein gelegentliches Lustwandeln und Erholen von dem Bebauen des weiten Feldes der Prosa im Blumengarten des Verses, sondern mit gleicher Kunst gepflegte Blumen. Und in den beiden lyrischen Bänden eine ähnliche Entwickelung wie im Roman: in „Mäten-Geitlink" (1909) frischer, froher Frühlingsfang der Amsel, sangbare Lieder, vorwiegend heitere Stimmung, viel Humor, bald zart, bald kräftig klingende echte Lyrik; im „Pastraoten-Gaoren" (1912) fehlen diese Klänge nicht, die Grundstimmung des Werkes aber ist ernst: auf den Jubel über die Schönheit der Welt, über die starke, alles durchströmende Lebens-

kraft folgen in ihm die ernsten Glockenklänge der Glaubens=
lieder, im tiefen Empfinden der alles beseligenden Liebe
Gottes an Helmut Schröder anklingend und doch wieder so
ganz anders. Wibbelt ist ein Meister der Lyrik, welche
Töne er auch anschlagen mag, ob er naive Kinderlieder
singt, ob er die Natur belauscht oder sich mit Gott und
Welt auseinandersetzt, und aus allen Klängen hallt die
Lebensfreudigkeit des Dichters wieder:

> Dat Allerschönste up de Welt
> Is doch dat Liäben!
> Dat Sugen un Söken, sacht un söt,
> Dat Reihen un Weggen met Hänn un Föt,
> Dat Waffen un Wiäben.
>
> Et schint so minn un is so stark,
> Et kann wat driägen,
> Un wat et hät, dat höllt et wiß.
> Dat Allerschönste up Äern is:
> Dat Liäben hiägen.

Heinr. Lange (geb. 1863 in Tessin, Mecklb.) knüpfte
mit dem grotesk=komischen „Kaptän Peiter Potts Aben=
teuer" an Peter Lurenz an und ging dann zu der **ernsten
realistischen Erzählung** über. Er erhebt sich in den beiden
Erzählungen, die er unter dem Titel „Dörch Nacht tau'm
Licht" vereinigt hat, über bloße Unterhaltungsliteratur
jedoch nicht hinaus. Besser sind die „Twei Geschichten ut'e
Franzosentid". Auch M. Wietholz (Pseud. Marg. Ne=
rese; geb. 1870 in Neurese, Kr. Cöslin) bietet in „Kinner=
streek", „Holt fast", „Ut ollen Tiden" und „Bi mi tau Hus"
flott erzählte Unterhaltungslektüre. Höher steht Friedrich
Cammin (geb. 1860 in Gr. Lantow bei Laage, Mecklb.).
Schon seine ersten Werke „Nahschrapels" und „Ut dei Bilad"
zeigten, daß der Dichter das Leben scharf beobachtet hatte:
besonders tritt dies in der kleinen Novelle „Wohre Leiw"
des letzten Werkes hervor. Unerbaulich ist dagegen die
in demselben Buch enthaltene Erzählung in Versen „Dei
Leiw in Sloß un Katen", deren Genuß schon durch die
unreinen Reime und das holperige Versmaß beeinträchtigt
wird. In den folgenden Werken „Regen un Sünnenschien"
und „In korten Tüg" überwindet Cammin die Mängel

seiner ersten Bücher und gibt dann in dem Roman „Badders=
arw" und dem Sammelband „Burrosen un Astern" schlichte,
lebenswahre Bilder des mecklenburgischen Landlebens. Auch
seine Lyrik klingt in dem letzten Buch freier und reiner.
Eine packende Fabel erfand Hermann Rehse (geb. 1878
in Bengerstorf bei Boizenburg) in dem Roman „Arwsünn",
die zu meistern ihm aber nicht gelungen ist. Einen frischen,
markigen Ton schlägt Dücker (geb. 1826 in Aberlach,
Dithm.) in den Novellen „Söte Ecken" an, zwischen denen
sich prächtige Stücke wie „Hanchen Wald un ehr erste Mann"
und „Klas Nickels un sin beid'n Bröder" befinden. Dückers
Erzählungen sind gemütswarm geschrieben und erinnern
in ihrer Klarheit an Björnsons Bauernnovellen. Einer
jener behaglichen Erzähler, die auch das Kleine liebevoll
erfassen und darstellen, ist Wilhelm Crone (geb. 1873
in Rüssel, Westf.) in seinem Gedichte und Erzählungen ent=
haltenden Buch „Lütt un Grot". Gesunde Kost bietet
August Schröder (geb. 1873 in Oldesloe) in „De sles=
wig=holsteinische Husfründ" und seinen Kinderliedern „Eek=
bombläder."

Ein Meister feiner Seelenschilderung ist Konrad Maß
(geb. 1876 in Anklam) in seinem Roman „Dörch Blaumen
un Nettel". Die spannende Handlung und die psychologisch
fein durchgeführte Entwickelung des Helden, des Bauern
Korl Blies', lassen bedauern, daß der Verfasser nicht mit
weiteren Werken hervorgetreten ist.

Schlichte, rotbäckige Erzählungen, in denen zuweilen
gesunder Humor durchbricht, hat M. Düsterbrock (geb.
1865 in Anklam) in den Bänden „En poor Planten ut
minen Gorn" und „Bur Kranich un anner Lüd" vereinigt.
Schlichte Schilderungen und Erzählungen gibt auch Wil=
helm Keetz (geb. 1870 in Strachau bei Bleckede, gest. 1909)
in „Lüneborger Land un Lüd" und „De Schult von Stra=
chau", dessen Fabel an Reuters Franzosentid erinnert. Eine
gesunde Unterhaltungslektüre bildet „De Lüde bon'n Diek"
von Heinrich Bösking (Pseud. J. M. Ranke; geb.
1865 in Bremen). Gewandt zu erzählen versteht Elisa=
beth Albrecht in ihren unter dem Titel „Dat Familien=
taschenbauk" gesammelten kurzen Geschichten. Talent und
scharfe Beobachtungsgabe zeigt Munzel (geb. 1859 in Leer)
in „Lustig un Ernst", besonders im ernsten Teil des Buches,

und Zierows (geb. 1870 in Nienhagen bei Doberan) Skizzen und Erzählungen „Irdgeruch" atmen in der Tat kräftigen Erdgeruch und bieten kernige, gut gezeichnete Menschen, während man den kurzen Geschichten „Olle Frünn" der Mecklenburgerin Lisbeth Peters nur nachsagen kann, daß sie gut erzählt sind. Talent verrät W. Resimius=Berkow (geb. 1862 in Lüneburg) in ihrem Epos „Lütt Heidelärk", doch hat sie sich im Stoff vergriffen. Die übernaive Heldin, der die Begriffe der Liebe und des Kusses völlig fremd sind, ist nicht von unserm Fleisch und Blut. Schlichte Skizzen aus den Vierlanden bringt Auguste Friedrichs in „Gesche Ivers". Eine fortlaufende Erzählung bietet sie nicht, auch fehlt dem Werk Entwickelung und Abschluß, immerhin verrät es Begabung für Schilderung von Kinderszenen.

Berechtigten Anspruch auf literarischen Wert machen auch die drei Bände der Märchensammlung „Wat Grotmoder vertellt" von Wisser (geb. 1843 in Klenzau bei Eutin), denen die hochdeutsche Literatur nur wenige gleichwertige Werke an die Seite stellen kann. Wisser hat die Märchen dem Volksmunde entnommen, und so bereiten sie schon durch ihre unverfälschte, kernige Sprache dem Freunde des Plattdeutschen eine Freude.

Heimatkunst steckt, wie schon gesagt, in fast jedem plattdeutschen Werk, und wenn hierunter noch eine Reihe Dichter besonders als Heimatkünstler aufgeführt werden, so heißt das eben, daß ihre Werke so innig mit der Heimat verwachsen sind, daß diese in ihnen zu selbständigem Leben erweckt ist. Wibbelt ist Heimatdichter, aber in erster Linie doch Humorist, und ähnlich steht es mit Wendt, Droste u. a. Ein echter Heimatdichter ist Wilhelm Poeck (geb. 1866 in Moisburg bei Buxtehude). In dem Titelhelden seines Erstlingswerkes „De Herr Innehmer Barkenbusch und andere Geschichten" schuf er einen drastischen Better von Kasper=Ohm und Peter Lurenz. Sein Roman „In de Ellernbucht" zeigt ihn dann als Heimatdichter großen Stils. Poeck führt uns in ihm zu den Gemüsebauern der Elbinsel Blomsand und erzählt uns von dem Leben eines Bauerngeschlechts. Er zeigt uns, wie der Fluß und die Großstadt, Schiffahrt und Hamburg wichtige Faktoren in diesem Leben sind und mit harter Hand eingreifen. Den

Freund der Anngreten lockt das Wasser, ihre Schwester Line verlockt die Großstadt, sie selbst aber, die Vollblutnatur, wurzelt fest im Boden der Heimat. Schon als Kind empfindet sie die harte Behandlung, welche die habgierigen Großeltern ihrer guten Mutter zu teil werden lassen. Als sie aufwächst, wird sie dem schwachen Vater eine Stütze und drängt die Großeltern zurück. Und als dann ihr Bruder Fiete durch die Schuld des Großvaters ertrinkt, da wird sie Herrin im Haus. Aber ihre Schwester Line tut ihr das Herbste an, indem sie ihr den zurückgekehrten Jugendfreund abspenstig macht und dann selbst den Lockungen der Welt erliegt. Nach langer Zeit kehrt der Jugendfreund, der inzwischen die Feuertaufe bei den Takuforts empfangen hat, zurück, und endlich kann Anngreten ihr Glück bauen. — In Poeck offenbart sich eine ursprüngliche, große Dichterbegabung; er weiß die feinsten seelischen Vorgänge ebenso treu zu schildern wie den aufregenden Kampf vor den Takuforts, und die Niederdeutschen mögen hoffen, daß er noch oft von seiner hochdeutschen Schriftstellerei zu ihnen zurückkehrt.

Dem Sietlande entstand ein talentvoller Dichter in G. Stille (geb. 1845 in Steinau, Hadeln). Hatte er in den Büchern „Ut'n Sietlann" und „Ut Landdokters Leben" schon vielversprechende Proben seines Talents abgelegt, so gab er sein Bestes in dem Roman „Nahberskinner". Mit warmer Anteilnahme berichtet er von der Kindheit Hermanns, des Wirtssohnes, und Emmas, der Pastorentochter, mit zarten Farben malt er, wie in der Brust Hermanns die Liebe zu der Freundin aufkeimt, die sie nicht erwidert, und wie er dann an der Seite einer andern ein stilles Glück findet. Prächtig ist als Hintergrund das wasserreiche Sietland mit den vielen Gräben und dem fernen Horizont gezeichnet, gegen den sich kräftig die Gestalten von Hermanns schwer geprüfter Mutter, von seinem Stiefvater, dem Nachbarn und dem Spökenkieker Ninzel abheben.

Die kurze Geschichte pflegt Fritz Lau (geb. 1872 in Möllenort bei Kiel). Schlichte Erzählungen sind es, die er in den „Katenlüd" bietet, in denen er kleine, alltägliche Schicksale mit träumerischer Poesie umwoben hat. Die Glanzstücke des Buches sind die tragische Geschichte „Ilkat" und die humoristische „Jakob Nachtwächter". Gereift ist er noch in „Ebb un Flot — Glück un Not", aus dem „Marie" und „In'n Nebel" als Kabinettstücke seiner Kunst hervorragen. Mit stillem Humor erzählt der Hannoveraner Aguft Biester in den „Heidschollen" von seiner Heimat, deren Menschen und Natur er trefflich schildert. Heinrich Hansen (geb. 1862 in Arnis a. d. Schlei) hat in „Moderleev" eine Sammlung von Geschichten und Gedichten aus dem Lande Angeln gegeben. Prächtige Charakterköpfe zeichnet er, und die Titelerzählung ist ein rührendes Bild von dem Glauben einer Mutter an ihren Sohn.

Einer der besten niederdeutschen Poeten ist Karl Wagenfeld (geb. 1869 in Lüdinghausen). Ein Meister der kleinen Erzählung und der Skizze reifte er von „'N Oehm" zu „'Ne Göpps vull", aus dem das packende „Hagelschuer" genannt sei. Eins der besten Bücher bescherte er der plattdeutschen Literatur mit „Un buten fingt de Nachtigall", einer Kette von Perlen, von denen „En Daugenix", „Hiärwst", „Blinne Marie" und „Allerseelen" als die leuchtendsten genannt seien. Mit feiner Kunst weiß der Dichter die Natur zu beleben und die Seelenregungen seiner Personen zu schildern. Seine Erzählungen sind im allgemeinen arm an Handlung, desto reicher aber an zartester Poesie. Wagenfeld ist ein Meister der Sprache wie nur wenige andere Dichter. Er läßt dieses sein Instrument in den wunderbarsten Tönen klingen, und es gehorcht ihm, mag er ein Adagio oder ein Fortissimo spielen.

Sein neuestes Werk „Daud un Düwel" stellt ihn in die erste Reihe der plattdeutschen Dichter. Das, was Albert Schwarz über diese Dichtung im Eekbom geschrieben hat, möge, zugleich als Muster einer guten plattdeutschen Kritik, hier Platz finden:

„Mit dit Bok is de plattdütsch Literatur üm en Meisterwark riker worden. Vör allen is dörch dit Bok mal wedder de Bewis brocht, dat de plattdütsch Sprak dat Tüg in sik hett, sik an de höchsten un deepsten Probleme ran to wagen un dat all dat Gedraehn von gewisse Lüd', de ehr blot en lütt Feld, wo de Daglöhner sinen Kohl up bugen kann, togestahn willen, nix nich wider as eben en leddig Gedraehn is. Wenn een dit prächtig Bok lesen deit, kümmt eenen ganz von sülfst de Gedank an de ollen plattdütschen

Dodendänz', un man möcht diss' Dichtung girn mit de in een Reeg' stellen. Kickt een aewer neger to, denn is doch en groten üteren Unnerscheed twischen de nige un de ollen Dichtungen. Der Tod ist der Sünde Sold, dit Wurt gelt bi den nigen Dichter sowoll as bi de ollen. Heet dat in den Lübecker Dodendanz von 1520 (mitdeelt von Prof. Dr. W. Seelmann in 't Jahrbuch des Vereins für niederdeutsche Sprachforschung, Jahrgang 1895):

> God vorboth Adam in deme paradyse:
> Eth nicht van desser frucht, de ick dy wyse,
> Dehstu hir entjegen, so mostu sterven,
> Nicht du alleyne, men ock al dyne erven —

so lud't dat bi Wagenfeld:

> „Vull Arbeit un Sweet un Möh en Liäben,
> Dat is jue Loos — dann müett't ji stiärben,"
> Sagg Guod, äs ut den Gaoren he jog
> Adam un Eva, we de Düwel bedrog.

Aewer wenn in de olle Dichtung de Dod all Minschen, von 'n Papst un Kaiser bet to de lütten unschülligen Kinner, upföddert: Folget alle na! un ehr bördanzt un tolezt irst seggt:

> Tredet alle heer, papen, ock gy leyen,
> Jk wyl jw alle umme meyen —

so finnen wi in de nige Dichtung nix von en Upföbberung tom Danz. Wagenfeld geiht sin eegen Weg' un bütt en ganz nig' Upfatung. As de irsten Minschen dat Leben verwirkt hebben un uns' Herrgott ehr dat Starwen in Utsicht stellt hett, dor begift sik de Düwel an de Arbeit un makt den Dod. He kned't em ut Lehm un brennt em in de Höll to Steen, denn en Hart dörft he nich hebben; denn smed't he em en Seiß un schickt em ut up Arbeit. Aewer börlöpig is noch wenig to don, irst mit de Sündflot geiht den Dod sin Warken los, un von nu an gift dat sovel to meihn, dat he Angst kriggt, sin Seiß künn stump warden. Dor kümmt de Düwel un trett mit em de

Reif' dörch de Welt an un wis't em, dat he keen Sorg to hebben brukt, denn „dat Liäben, dat dreihet den Slipsteen bi rund un slipp di scharp dine Seiß". Un he wis't em de saeben Dodsünnen: de Hoffart, den Giz, de Unkeuschheit, de Afgunst, dat Supen, den Vernin un de Fulheit, de all em de Seiß scharp hollen. In saeben Gesäng' teekent de Dichter saeben Biller von de Minschen ehr Laster un Sünnen, de in ehre eegenorige, sarpe Manier en Wirkung öben, de sik kum beschriben lett. Ball klingt de Sprak as en oll Volksleed, ball drög un knapp as en Zeitungsbericht, je nahdem as de Text dat verlangt. Sülfst de Humor bluckt hier un dor up, besonners aewer in den Gesang von de Fulheit. Von wunnerbore Schönheit is dat „Raospiell". De Dichter süht sik as Wannerburß dörch de Fröhjohrsherrlichkeit gahn, aewer „et lütt, äs wenn well mit mi göng düör Fröjaohrssunn un Singen." Dor wennt he sik an den unheemlichen Gast mit de Bidd: „Wocht, bis ick mine Arbeit daohn, de Saot an 'n Grunn, int Fack dat Kaohn — dann hau fast to!" Wi leggen dat Bok, dat de Widmung „Meinem guten Weibe" dreggt, in deepe Gedanken ut de Hand. Man vergett aewer den Inhalt kritisieren, man föhlt blot un weet blot, dat hier en Wark dan is, dat uns' Literaturgeschicht mit gollen Bokstaben in ehr Bläder indrägen ward, en Wark, up dat de plattdütsche Welt stolt sin kann".

Am gewaltigsten ist der Gesang „De Afgunst", in dem der Dichter schildert, wie ein König den anderen aus Neid über das Gedeihen von dessen Reich mit Krieg überzieht. Als die Schlacht geschlagen ist:

Dao spiellt de Musik dat Nachtgebätt:
„Wir beten an die Macht der Liebe." —
Wild, luthals hät dao de Düwel lacht —
„Nu singt se von Leiw! — Un erst häbbt se slacht! —
Härguod, wat häß du Gesellen!"

Un de Maohn bis haug an'n Hiemmel kleiht,
Kick still op all de Mensken.
Häört, wu se in Naut üm Hölpe schreit,
Häört blöd'rige Piär iähr Frensken.
Un häört en Gebätt un häört en Flok,

Un füht, wu föhllaus de Afgunst mol
So Aolle äs Junge to Liken;
Wu de Saot berrannt un de Hüf' berbrannt,
Wu Witwer lut klagt in Truer un Schand. —
Un de Maohn krüpp ächter de Wolken.
Dao stolterboltert de Daud vör Freid.
„O Düwel, du Lump, min Wait de bleiht!
So'n Liäben, dat dreiht mi den Slipsteen rund
Un slipp mi scharp mine Seiß".

Wagenfeld hat in dieser Dichtung das erhabenste Werk der neuplattdeutschen Literatur geschaffen, dem Stoff entsprechend knorrig in der Sprache, ein Werk, das auch dem Gegner der plattdeutschen Literatur wenn auch nicht Liebe so doch Achtung abringen muß.

10. Die Läuschendichtung

hat sich zu einem besonderen Zweig der niederdeutschen Literatur ausgewachsen. Die Freude an behaglicher Erzählung, am harmlosen Scherz, der nicht verwundet, steckt dem bedächtigen Norddeutschen tief im Blut. Zu tausenden laufen die spaßigen Anekdoten im Volk um, was den Urahnen erfreut hat, erfreut auch noch den Enkel. Vielfach liegt den Anekdoten wohl ein wirkliches Geschehnis zugrunde, dessen Wiedergabe einem witzigen Erzähler Beifall brachte und das dann den Weg in die Welt angetreten hat. So sind wohl Eulenspiegels Späße entstanden, aus solchen Anekdoten hat Scheller sein Sassisges Dönkenbok zusammengestellt und hat Reuter die meisten seiner Läuschen gereimt. Nach seinem Vorgang haben die plattdeutschen Dichter ihre Läuschen mit wenigen Ausnahmen in die Versform gekleidet, und so soll denn nachstehend unter „Läuschen" kurzerhand das Versläuschen verstanden sein. Die Läuschen gehören der epischen Poesie an und unterscheiden sich von den Romanzen und Balladen dadurch, daß sie eine Erzählung mit komischer Pointe darstellen. Sie pflegen die Komik in ihren drei Stufen: Dem Spaß, dem Witz und dem Humor. Diesen findet man allerdings am seltensten ver=

treten. Er steckt z. B. in Reuters Läuschen „De Buren bi Regenweder", während „En gaud Geschäft" witzig, „De Korten" spaßig sind. „De Ledder is lank, de bun den „Humor" dalreckt bet to en „Spaß", bunt Lachen, wo Een dat Hart mit bi bewert un de Tranen Een in de Ogen kamt, Tranen, oft nich blot ut Freid, Tranen öft de man twei drückt — bet to en guden Infall wo man bi Beer drinkt un vellicht mal in sin „Kroß" prußt". (Groth.)

Wenn auch in den Läuschen zumeist der harmlose Spaß gepflegt wird, so ist doch seine Berechtigung in der Dichtkunst anerkannt, so daß hierauf nicht weiter eingegangen zu werden braucht. Aus der Berechtigung der Läuschen in der Dichtung folgt nun allerdings nicht, daß jeder Verseschmied aus dem Beifall guter Freunde schließt, seine Läuschen bedeuteten eine Bereicherung der plattdeutschen Literatur, so daß er moralisch verpflichtet sei, sie drucken zu lassen, um sie den staunenden Zeitgenossen nicht vorzuenthalten. Klaus Groth mißtraute der Läuschendichtung von Anfang an, und heute kann man rückhaltlos anerkennen, daß es besser gewesen wäre, wenn Reuter seine Läuschen nicht geschrieben hätte, denn der Beifall, den sie immer wieder auslösen, hat die Läuschendichtung dermaßen ins Kraut schießen lassen, daß wohl die Hälfte aller auf dem plattdeutschen Büchermarkt erscheinenden Werke dieser Gattung angehörten. Damit aber ist die Gefahr entstanden, daß die Läuschendichtung die guten Werke überwuchert, zu einer Verflachung der plattdeutschen Literatur führt und den Geschmack des Publikums an besserer Kost verdirbt. Man würde sich die Läuschen ja noch gefallen lassen, wenn sie nach Inhalt und Form einwandfrei wären, so daß sie wirklich ein befreiendes Lachen, diese beste Arznei, auslösen könnten. Statt dessen haben die meisten Versebäcker ihren Läuschenkuchen nicht nur schlecht gebacken, sondern das attische Salz sogar gänzlich daran vergessen. Auch der Läuschendichter muß Dichter sein. Er darf sich nicht darauf beschränken, Gehörtes erzählend wiederzugeben, er muß von Eigenem hinzutun, lebenswahre, abgerundete Gestalten schaffen. „Die Narren sind in der ganzen Welt platt und frostig und ekel; wenn sie belustigen sollen, muß ihnen der Dichter etwas von dem Seinigen geben." (Lessing.) Erst dann wird ein Kunstwerk zustande kommen.

Die ersten Läuschen finden wir bei Babst, der die straffe Strophenform anwandte. Wilke und Zumbrock bedienten sich dann schon des „Bummelverses" (C. Schröder), der durch Reuter fast alleinherrschend geworden ist. Seit ihm ist fast kein niederdeutscher Dichter aufgetreten, der nicht auch das Läuschen gepflegt hätte (Landois, Storck, Stuhlmann usw.). Auch hochdeutsche Dichter haben dem Läuschen ihren Tribut gezollt, wie Heinrich Seidel. Die Zahl der eigentlichen Läuschendichter aber, welche dieses Gebiet hauptsächlich bebauen, ist so groß, daß nur die besten Vertreter der Gattung genannt werden können, die sich zwar vielfach auch auf anderen Gebieten betätigt haben, deren Hauptstärke aber doch in der Pflege des Läuschens liegt.

Der erste Nachfolger Reuters als Läuschendichter war Daniel Bartels (geb. 1818 in Lübeck, gest. 1889), dessen in mehreren Bänden erschienene „Grillenscheucher" diesen Namen mit Recht trugen. Derb und packend, anschaulich und mit gut herausgestellter Pointe tollen seine Läuschen einher und werden ihren Ruf noch lange behaupten. Auch H. Jürs (geb. 1844 in Altona) errang mit den „Spaßigen Rimels" u. a. vielen Beifall. Sinn für echte Komik bekundete auch H. Heine (geb. 1824 in Wolfshagen in Braunschweig, gest. 1879), der in seinen humoristischen und satirischen Gedichten „Wilde Heckenrosen" den straffen Strophenbau bevorzugt. Ein anderer Braunschweiger, Theodor Reiche (geb. 1839 in Adersheim bei Wolfenbüttel) schlägt in seinen Werken neben den humoristischen auch ernste Töne an. Harmlos heiter gibt sich der Lübecker Kindermann (geb. 1832), im „Feldblomenstruß" und den „Feldblaumen un Heckrosen". Von drastischer Komik sind des Westfalen Täpper (geb. 1845 in Holsterhausen) „Gesundheitspillen". Weitere talentvolle Läuschendichter sind Wilhelm Horn (geb. 1847 in Wolmirstedt), Heinrich Toball (geb. 1856 in Wehlau), der Hannoveraner G. Steinberg und Wilh. Reichermann (geb. 1845 in Kreuzburg, Ostpr.), der in seinen 16 Bändchen „Ut Noatange" eine große Fruchtbarkeit entfaltet. Der Reuterbiograph Paul Warncke (geb. 1866 in Lübz) hat sich in seinem Büchlein „Snurrig Lüd" als ein feiner Läuschendichter erwiesen, und auch Felix Stillfried weiß in „Biweg' lang" drollig zu erzählen. Drei weitere „Spaßmakeroltgesellen" sind Schleiff, Erichson und Schöning. Schleiff (geb. 1869 in Damgarten) hat im „Nasr-ed-bin Hodecha, de türkische Uhlenspeigel" eine Fülle wirklich humoristischer Schwänke prächtig vorgetragen, Erichson plaudert behaglich in seinen „Läuschen" und „Knallschoten", und der Rezitator Schöning (geb. 1855 in Parchim) erzählt in „Bi mi to Hus", einem Buch, das auch gute Lyrik enthält, plastisch und scharf pointiert seine Schnurren. Sein erstes Buch „Ut plattdütschen Lan'n" läßt bedauern, daß er sein Erzählertalent nicht weiter gepflegt hat.

Aus neuerer Zeit seien dann noch die Mecklenburger Metterhausen, Lenthe und Tarnow erwähnt, besonders bietet der zweite Band von Tarnows „Burrkäwers" eine Fülle derber, frischer Läuschen, wie sie auch in Domanskys köstlichen „Danziger Dittchen" zu finden sind.

11. Das plattdeutsche Drama.

Hatte die plattdeutsche Literatur auf den Gebieten der Lyrik und Epik manche Werke von bleibendem Wert hervorgebracht, so stand es mit dem Drama zur Zeit der Klassiker und Jahrzehnte nachher desto schlechter. Tragödie und gute Komödie fehlten vollständig, nur Volksstücke, Schwänke, Lustspiele und Possen wurden, besonders in Hamburg, gepflegt. Hamburg war die einzige Stadt, in der dem plattdeutschen Drama eine größere Bühne zur Verfügung stand, man ließ aber nur Momus den lauten Markt unterhalten. „Sobald es der Dichter bloß auf ein Lachstück anlegt und weiter nichts will, als uns belustigen, so können wir ihm auch das Niedrige hingehen lassen, nur muß er nie Unwillen oder Ekel erregen." (Schiller.) Unwillen aber konnten viele Machwerke wohl erregen, da sie durch unwahre und täppische Situationskomik den Geschmack des Publikums verdarben und das schon nicht übermäßig hoch im Kurs stehende Ansehen des Plattdeutschen noch weiter heruntertrieben, das auf der Bühne für die einfältigsten

Späße gut genug erschien. So sank das niederdeutsche Drama zu einer Gattung herab, die man wohl am besten als „Vereinsstück" bezeichnet, dessen hervorstechendste Eigenschaft meistens eine rührende Harmlosigkeit ist.

Noch in den vierziger Jahren hatte Volgemann (geb. 1815 in Hamburg, gest. 1899) mit dem Schwank „De Regenrock" auf der Bühne seiner Vaterstadt große Erfolge geerntet. Ihm folgte Lyser (geb. 1804 in Flensburg, gest. 1870), dessen Travestie „Linorah" (1860) und Posse „Melkman Clas sin Fastnach in Hamborg" (1861) gleichfalls viel gespielt wurden. Durch frische Menschendarstellung und prächtige Komik zeichneten sich die Schwänke „De Kopplschmid" (1861) und „De Kumpelmäntenmaker" (1875) von F. W. Grimme vor den vorher genannten Werken aus. Mit Arnold Mansfeld (geb. 1838 in Hamburg, gest. 1897) trat dann ein bühnenkundiger Schriftsteller auf, der mit den Bauernspielen „De Leev in Veerlann" (1869) und „Üm de Utstüür" (1879) geschickt an Bärmann anknüpfte, leider jedoch das Volksstück nicht weiter pflegte und sich dem Schwank zuwandte. Mit den nach Reuter dramatisierten „Wo is de Katz?", „Jöching Päsel" und „De Wett" errang er zwar vielen Beifall; das Beste, was man ihnen nachrühmen kann, ist ihre Bühnenwirksamkeit.

Reuters Gestalten in ihrer strotzenden Lebensfülle verlockten die Theaterdichter überhaupt leicht, sie auch auf den Brettern heimisch zu machen. Der Dichter hatte nach den mißglückten Versuchen, sich als Dramatiker zu betätigen, diesen Zweig in kluger Erkenntnis nicht weiter gepflegt. Seine Gestalten aber gingen der Bühne nicht verloren. Besonders waren es die Läuschen, die zu kleinen Lustspielen, häufig Einaktern, auseinandergezogen wurden. Albert Peter J. Krüger (geb. 1810 in Altona, gest. 1883) bearbeitete „Inspektor Bräsig", „Ut de Franzosentid" und „Hanne Nüte". Auguste Zinck (geb. 1821 in Rostock, gest. 1895) brachte die Schwänke „Jede Pott find't sien'n Deckel" und „De Schoolinspekschon" auf die Bretter. Herman Jahnke (geb. 1845 in Wintersfelde, Pomm., gest. 1908) dichtete „Dörchläuchting" (1876) und zusammen mit William Schirmer, der auch die „Französentid" und „Onkel Bräsig" bearbeitete, „Kein Hüsung", das trotz mancher ein schlechtes Hochdeutsch sprechenden Personen bühnenwirksam ist. Jahnkes bestes Bühnenstück blieb „Rahmer Bismarck", in dem er seinen Gestalten warmes Leben einzuhauchen versteht, während in den „Swestern" die Tendenz zu stark aufgetragen ist. K. B. J. Löffler zeigte in seinem Schwank „Leev weet Rath" Sinn für Bühnenwirksamkeit, die besonders Julius Stindes Werken große Erfolge verschaffen. Die lebendige Szenenführung hat allerdings seinen Volksstücken „Die Nachtigall aus dem Bäckergang" und „Familie Carstens" und den Schwänken „Hamburger Leiden" und „Tante Lotte" ein dauerndes Leben nicht einzuhauchen vermocht. Eine der erfreulichsten Erscheinungen auf dem Gebiet des plattdeutschen Dramas jener Zeit ist Johann Meyer. Schon in den Schwänken „To Termin" und „Uns' ole Moderspraak" stellte der Dichter kräftige Gestalten auf die Bühne. Besonders aber sein Volksstück „En lütt Waisenkind" (1887) wies auf die Bahn, auf welcher er gutes hätte leisten können. Die Gestalten sind scharf gezeichnet, der dramatische Aufbau ist nicht ungeschickt. Was dieses Stück hoffen ließ, hielt der Dichter jedoch nicht. Er wandte sich wieder dem Lustspiel zu und schuf „Rinaldo Rinaldini", „Dichter un Buern", „In Reuter sinen Gard'n" und „Hau mutt he hemm". Besonders die letzten beiden sind recht harmlos und überragen den Durchschnitt in keiner Weise. Meyer war letzten Endes kein Dramatiker, zum höheren Drama hätte seine Kraft nicht gereicht, allenfalls hätte sie für das Volksstück genügt, das aber immerhin der plattdeutschen Dichtkunst not tat, schon um ihr die Bühne zu erobern. Auch eine leichte Sentimentalität, ein ständiges Ingredienz der Volksstücke, stand ihm zu Gebot und hätte bei dem gesunden Empfinden des Dichters schon mit in den Kauf genommen werden können.

Wirksame Schwänke schufen Ludwig Kreutzer (geb. 1833 in Dömitz, gest. 1902; „Plattdeutsche Schwänke"), Fritz Worm („De dre Rüganer", „De Kaiser kümmt" und das Volksstück „Truge Leiw") und Hermann Böhmken (geb. 1838 in Bremen, gest. 1911; „Hei will frigen", „Spelt nich mit Füer"), die wenigstens gesund empfunden sind. Neben dem derben Schwank „Erst en Näs un denn en Brill" von Emanuel Gurlitt mögen dann noch zwei Versuche, der plattdeutschen Bühne durch Übersetzung vollwertiger Stücke aufzuhelfen, erwähnt sein.

Robert Dorr übertrug Shakespeares „De lostgen Wiewer von Windsor", und Bernhard Brons (geb. 1831 in Emden) bearbeitete Ibsens „Peer Gynt".

Die Ernte, die das plattdeutsche Drama im 19. Jahrhundert in seine Scheuern gebracht hatte, ließ nicht erhoffen, daß es noch Bühnenwerke schaffen würde, die einen festen Platz innerhalb der Nationalliteratur beanspruchen könnten. Es war kein einziges Werk geschrieben worden, das durch Kraft der Phantasie und dramatisches Empfinden die Bürgschaft der Dauer in sich trug.

Hoffnungsvoller läßt sich das neue Jahrhundert an. Zwar beansprucht die leichte Muse immer noch einen breiten Raum für sich und krankt an Überproduktion, neben ihr aber sind verheißungsvolle Ansätze zum Schauspiel und zur Tragödie vorhanden. Das „Vereinsstück" pflegte besonders Karl Schröder (geb. 1857 in Teſſin, Mecklb.), der in einer Reihe kleinerer Schwänke „Dei Inbräkers", „Schulten Rike" u. a. gewandten Dialog mit geschicktem Aufbau bei gesunder Empfindung verbindet, und mit dem Einakter „Smidt Boldt in'e Franzosentid" auch Talent für die Tragödie zeigt. Ein frisches Talent bekundet auch Julius Wiechmann (geb. 1854 in Burg auf Fehmarn), in dessen Schwänken („Georg Meter", „De flaue Peter", „Tante Greten", „Sultan Plumm" u. a.) sich manch komische Szene findet, die im allgemeinen jedoch recht harmlos sind. Seiner Tragödie aus dem Arbeiterleben „Hunger" fehlt der tragische Konflikt. Von weiteren Lustspiel- und Schwankdichtern seien genannt Karl Adolf Voß (geb. 1866 in Kiel; „Köſter Suhr", „Liſchen will frigen"), Jörgen van Eſſen (geb. 1861 in Norderwisch, Dithm.; „De Möller von Buttenhagen") und der Westfale Brockmann (Pseud. Halähr; „Dat aolle Leed met'n nien Täx", „Schulten Dina"), deren Werke drollige Szenen in geschicktem Aufbau enthalten. Ein anmutiges Lustspiel schuf Georg Richard Kruſe (geb. 1856 in Greiffenberg) mit „Anneken vom Mönchgut". Von weiteren neuen Lustspieldichtern seien die Mecklenburger Heinrich Lange („De Wendenkron") und besonders Zierow („De Kiesbarg") genannt, wogegen Elisabeth Albrecht („Danzt ward nich") sich recht harmlos gibt. Mit tollen Fastnachtspossen ohne literarischen Wert erheiterten Landois und Marcus (geb. 1854 in Münster) die Bewohner ihrer Vaterstadt. Auch Lau versuchte sich mit Erfolg im Schwank („Johann un Trina up Reisen"). Zu den besseren Werken zählt Bandlows witziger „Dörpreformator"; und auch Fischerbrots „Seemannsblot" erhebt sich über den Durchschnitt.

Das Schauspiel pflegte Friedrich Cammin in seinen Volksstücken „Min Herzog röppt", „Jrlich Lüd" und „Soldatenpack", deren dramatischer Aufbau allerdings nicht geschickt geführt und ohne Steigerung ist. Franz Grabe ist ein talentvoller Possendichter („Hein un Lotte" u. a.), höher stehen jedoch seine Volksstücke „De Spanger Scheeper" und „De Holschenkönigin". Klenz (geb. 1860 in Kröpelin, Mecklb.) dramatisierte wirksam Reuters „Dörchläuchting". Die Mecklenburger Albert Wolff und Rahmmacher schufen jeder die „Franzosentid" zu einem bühnenfähigen Volksstück um. Tiburtius dramatisierte seinen „Kandidat Bangbüx", ohne ihm jedoch Bühnenleben einhauchen zu können. Elisabeth Thomanns (geb. 1856 in Bergedorf) „Dat Veerlanner Paradies" muß zu den besseren Volksstücken gerechnet werden. Voll dramatischen Lebens sind F. Freudenthals „De Freewarwer" und „De eken Lad", in denen er abgerundete Gestalten auf die Bretter bringt. Dies ist auch Albert Lemmermanns (aus Meinstedt bei Heeslingen) dramatischer Bilderfolge „Eckers Dietrich" (Wigmodi) nachzurühmen, dessen bereits vor Jahren aufgeführtes, aber noch nicht in Buchform erschienenes Schauspiel „De neemodsche Bur" nach Berichten neben einer sorgfältig und lebensvoll abgetönten Ausgestaltung der Charaktere eine gut aufgebaute und in straffer Geschlossenheit sich abspielende Handlung bietet. Eins der besten Volksstücke der neueren Zeit ist Behers „Ut de Preußentid". Der Dichter hat seine Gestalten gut charakterisiert, und die Handlung schreitet in flotter Steigerung vorwärts. Erwähnt werden möge auch, obgleich es keine geschlossene Handlung hat, des Mecklenburgers Wossidlo „Winterabend in einem mecklenburgischen Bauernhause", dessen einzelne Szenen anmutig und voll echten Lebens sind. Zum größten Teil niederdeutsch ist der Dialog in Fritz Rassows (geb. 1881 in Bremen) „Mutter Grön". Rassow zeigt ein starkes dramatisches Talent. Die Titelheldin ist ein Starrkopf, wie wir sie unter den Land=

bewohnern häufig finden. Aber weder sie noch ihr Sohn Friede und dessen Schwägerin Grethe, für die es nach dem Selbstmord von Friedes Frau nur eine Möglichkeit, die Trennung, gibt, vermögen uns Sympathie abzugewinnen. Die Szenen sind jedoch packend geschrieben und die Gestalten bühnenwirksam. Rassow ist Naturalist wie der größte Dramatiker der plattdeutschen Literatur, Fritz Stavenhagen.

Fritz Stavenhagen wurde am 18. September 1876 als Sohn mecklenburgischer Eltern in Hamburg geboren. Nach seiner Konfirmation trat er als Lehrling in ein Drogengeschäft (1891). In dieser Stellung verblieb er drei Jahre, bis er sie infolge eines Zerwürfnisses mit seinem Lehrherrn verließ. Er wurde zunächst Rechercheur bei einer Auskunftei und dann Zeitschriften=Expedient bei einem Buchhändler, wo er sich durch Lesen eifrig fortbildete. Ende 1895 begab er sich zu seinem Schwager nach Greußen bei Sondershausen, um ihm im Geschäft zu helfen. Schon in Hamburg hatte er sich schriftstellerisch betätigt und fuhr in Greußen in dieser Beschäftigung fort. Im Jahre 1896 kehrte er nach Hamburg zurück. Auf Veranlassung eines Gönners siedelte er i. J. 1899 nach Berlin über, wo er Mitarbeiter an der „Gesellschaft" und der „Romanzeitung" wurde, kehrte jedoch i. J. 1900 abermals nach Hamburg zurück. Zwei Jahre später ging er nach München, nach mehrmonatigem Aufenthalt zog es ihn jedoch wieder nach Hamburg, wo er sich verheiratete. Bald darauf siedelte er nach Charlottenburg, 1904 nach Emden und dann wieder nach Hamburg über, wo der magenleidende Dichter am 9. Mai 1906 an den Folgen einer Operation starb.

Stavenhagen hatte seine dichterische Tätigkeit mit Prosa=skizzen und Erzählungen begonnen, die zum Teil in dem Bande „Grau und Golden" gesammelt sind und schon den Dichter ahnen lassen. Sein erstes Drama war der „Jürgen Piepers" (1900), großzügig in Anlage und Aufbau, voll starker dramatischer Wirkung, und, wie alle Werke Stavenhagens, vollendet in der Schilderung des Milieus. Aber noch ist die Feder des Anfängers zu spüren. In dem Stück ist vieles noch starr und auf Biegen oder Brechen gestellt. Die Gestalten des Jürgen Piepers und der Rike aber sind schon wuchtig gezeichnet und verraten die dramatische Begabung des Dichters. Einen Fortschritt bezeichnet der in

demselben Jahr geschriebene Einakter „Der Lotse"; in
kurzen, knappen Szenen läßt der Dichter in der Brust des
alten Lotsen ein erschütterndes Drama sich abspielen.

Nun beginnt die kurze Reihe der großen Werke Staben=
hagens, die mit der Komödie „De dütsche Michel" (1902)
eingeleitet wird. Es sei schon an dieser Stelle gesagt, daß
es dem Dichter in seinen Komödien nicht gelungen ist, jenes
erlösende Lachen zu finden, das wie ein Strahl der Welten=
sonne versöhnend und heiter über den Dingen schwebt. Zum
Humoristen hat er sich nicht durchgerungen. In der genialen
Anlage des Werkes aber erkennen wir den kraftvollen
Dramatiker, der seine Gestalten in die Sphäre des Rein=
Menschlichen hebt. Romantisch=phantastisch=naturalistisch ist
die Grundstimmung des Werkes, das in der fein abgetönten
Zeichnung der Personen und der plastischen Formung der
Bauernszenen den Meister zeigt. Der Dichter charakterisiert
(nach Paul Wriedes verdienstvoller Biographie in der Zeit=
schrift „Quickborn") den Grundgedanken des Werkes mit
den Worten: „Er ist tot! Und sie haben ihn in den Tod
getrieben! Jetzt heißt es gut machen! Wer gelobt werden
will, muß sterben! — Furcht, Achtung vor dem Toten und
Hiebe dem Lebenden!" Die ersten drei Akte sind voll großer
dramatischer Wucht, besonders das Festmahl des tollen
Grafen Malling und die wilde Bauernszene im Krug, gegen
die als Adagio der Sinfonie die wunderbar liebliche Szene
zwischen Malling und Hanna von Oertzen sich anmutig ab=
hebt. Wenn die letzten beiden Akte auch die Wirkung der
ersten nicht erreichen, so enthalten doch auch sie Szenen
von großer Kraft, und wieder sind es die Massenszenen,
deren Bau dem Dichter am besten gelungen ist, wie der
Auftritt, in dem der Graf sich zu erkennen gibt, die
Bauern ihn jedoch für einen Betrüger halten und ihn
verprügeln: „Wi willen di die Grauf, dat di Hürn un
Seihn vergeiht! — Immer schenk in!" Der Grundgedanke
ist vom Dichter rein herausgearbeitet. Daß ihm keine
Komödie im höchsten Sinne gelang, liegt auch am Stoff.

Nach dem „Dütschen Michel" wandte der Dichter sich
der Tragödie zu und schuf „Mudder Mews" (1903), sein
künstlerisch reifstes Werk. Die Szenen enthalten in ihrer
knappen Geschlossenheit kein überflüssiges Wort, alles drängt

mit eiserner Folgerichtigkeit auf den tragischen Ausgang hin. Im Gegensatz zur Fülle der Personen im „Dütschen Michel" ist sie in „Mudder Mews" sehr beschränkt, die wenigen Gestalten aber sind in schärferen Umrissen dargestellt. Mudder Mews ist das Fatum, das die weiche Elsabe vernichten muß, sobald sie ihren Weg kreuzt. Der Gegensatz zwischen beiden findet eine wirksame Ergänzung in dem Gegensatz zwischen den beiden Brüdern Willem und Hugo. Von Akt zu Akt wächst die Spannung, bis sie im Tod Elsabes eine wuchtige Entladung findet. Die Tragik des Dramas ist furchtbar, die vom Dichter gewählte Durchführung schlechthin vollendet, und nur ein Seitenstück können wir aus der deutschen Literatur zum Vergleich heranziehen, das ist Hebbels „Maria Magdalene". Wie Meister Anton dem Tod Klaras verständnislos gegenübersteht: „Ich verstehe die Welt nicht mehr!", so begreift auch Mudder Mews Elsabes Schritt nicht und geht ihrer gewohnten Beschäftigung nach, nur sich selbst bedauernd: „Nee, nee! wat ick ok alls dörchmaken mött!"

Noch einmal versucht der Dichter sich in der satirischen Komödie im „Rugen Hoff" (1905). Auch sie ist groß im Aufbau und prächtig in Einzelszenen, zuweilen spürt man allerdings, daß die Hand des kranken Dichters ermattet. An der Ungeniertheit, mit der geschlechtliche Fragen berührt werden, wird sich zwar nur ein Philister stoßen, der die Handlung nicht mit den Augen des Humors zu betrachten weiß, aber das Schicksal der Annliesch wirkt letzten Endes doch unbefriedigend. Ein reiner Humor ist aus dieser Komödie nicht erblüht, und wieder lag es am Stoff. Wie du mir, so ich dir! ist der Angelpunkt des Dramas, mit dessen Schattenseiten der Dichter zum Teil dadurch versöhnt, daß er im Schluß eine sittliche Forderung siegen läßt, indem Dürten für ihr Kind das Haus künftig rein halten will. — Ein Volksstück „De Kinner" hat der Dichter nicht vollendet.

„Stavenhagens Schaffen ist ein Lichtpunkt auf unserem Wege, wie er sonst nicht da ist. Stavenhagen besaß eine seltene Kraft für die Komödie, er hatte den rechten Blick für die vielen, ach so vielen uneingestandenen komischen Seiten des Lebens, der Menschen um uns her. Und ihm erschloß sich weiter mit jedem Werk mehr das Geheimnis echter Tragik, das Gesetz der Entwickelung echter tragischer Sühne aus fressender Schuld". (Weltzien.)

Stavenhagen ist der einzige große niederdeutsche Dramatiker gewesen. Sein Lebenswerk ist nicht vollendet, das Schicksal hat ihm versagt, die Leiter zum Ruhm ganz hinaufzuklimmen. Vielleicht wäre er der lange erwartete Dichter der deutschen Komödie geworden, der Nachfolger Kleists. Wenn man in späteren Zeiten von ihm sprechen wird, dann wird man stets seines „Lotsen" und des „Jugen Hoff" mit Achtung gedenken, dann wird man den „dütschen Michel" als sein genialstes, die „Mudder Mews" als sein reifstes Werk nennen. Ob er auf dem von ihm beschrittenen Weg gleichwertige Nachfolger finden wird, muß die Zukunft lehren, die Anregung, die er gegeben hat, ist von einem Wert, der nicht überschätzt werden kann. Auf seinen Spuren wandelt mit Erfolg Hinrich Wriede (geb. 1882 in Finkenwärder), der in seinem Trauerspiel „De Fischerlüd" dramatisches Talent verrät und dessen Tragödie „Uhlen" die Kritik echt tragische Wirkung nachrühmt. Auch J. C. Stülcken (Pseud. Peter Werth; geb. 1867 in Hamburg) tritt in „Die Schwarzen" und „Im Schatten" in Stavenhagens Spuren. Von neueren Dramatikern sei ferner mit Vorrang genannt Zober (geb. 1872 in Cöthen), der die Dramen „Arbeit" und „De Last" geschrieben hat; Gahl schuf das Volksstück „Ut de Dünn'n", Poeck bearbeitete Kleists „Zerbrochenen Krug" unter dem Titel „De Putt in Schören" und Hebbels „Maria Magdalena", Gorch Fock schuf den wirkungsvollen Einakter „Doggerbank" und Kähler eine Bauerntragödie „De Wedderschien", beides verheißungsvolle Werke. Einen guten Anfang gab in den letzten Akten seiner Tragödie „Störmflot" G. Stille, deren erste Akt an Mangel dramatischen Lebens kranken, weil der Stoff für ein großes Trauerspiel nicht ausreichte.

Eine Entwickelung verspricht Hinrichsen, der in den Dramen „Stormklokken" und „De Saen" bereits starke Talentproben abgelegt hat. Eine Entwickelung verspricht auch Wagenfeld, der in seiner einaktigen Tragödie „Dat Gewitter" ein packendes Bild aus dem Dorfleben in prächtiger dramatischer Steigerung gibt.

Die Aussichten auf eine gesunde Weiterentwickelung des plattdeutschen Dramas sind nicht schlecht. Wir wollen hoffen, daß ihm bald ein Genius ersteht, der ihm mit machtvoller Hand den Weg auf die Bühne bahnt und die Bühnenleiter zwingt, nicht achtlos an ihm vorüber zu gehen. Schon jetzt müssen die Niederdeutschen von den Bühnen die Aufführung der Werke Stavenhagens und anderer fordern und durch fleißigen Besuch auch dafür sorgen, daß das Haus gefüllt ist. Dann werden die Bühnenleiter schon im eigenen Interesse das niederdeutsche Drama pflegen.

12. Plattdeutsch im öffentlichen Leben; seine Pflege; Wissenschaft und Zeitschriften.

Das Wiedererwachen der niederdeutschen Literatur hatte in den ersten Jahrzehnten im Norden große Begeisterung für die Stammessprache ausgelöst. Manche träumten sogar davon, sie in ihre alten Rechte als Amtssprache für ganz Niederdeutschland wieder einzusetzen, ohne zu bedenken, daß eine dreihundertjährige Ausschaltung vom öffentlichen Leben sie in eine Bahn gedrängt hatte, die ihre Entwickelung nach der Seite des Gemüts fördern, nach der des Verstandes unterbinden mußte. Erfolge konnten deshalb nur die Versuche versprechen, sie in Glaubenssachen, in denen das Herz zum Herzen spricht, zu verwenden. Schon der Dithmarse Klaus Harms (1778—1855) hatte sich der Muttersprache in „den Bloodtügen för unsen Glooben Henrik van Zütphen syn Saak" bedient und hatte auch „Übungen zum Übersetzen aus der plattdeutschen Sprache in die hochdeutsche" (1813) verfaßt. In seine Fußtapfen trat Louis Harms (geb. 1808 in Walsrode, gest. 1865), der in seiner Gemeinde plattdeutsche Bibelstunden abhielt; seine Vorträge gab sein Bruder Theodor unter dem Titel „Honnig" in den Jahren 1869 und 1871 heraus. Besonders zu erwähnen ist aber Johannes Paulsen (geb. 1847 in Witzhave bei Trittau), der als Postor in Kropp unter Mitwirkung von Klaus Groth das neue Testament und die Psalmen nach Bugenhagens Ausgabe neu bearbeitete (1885) und auch 3 Bändchen „Plattdeutsche Bibelstunden" veröffentlichte. In neuester Zeit arbeitet der „Verein für Evangelisation in niederdeutscher Sprache" auf diesem Gebiet weiter, und H. Hansen (geb. 1862 in Arnis), Pastor auf Pellworm, gab „20 sassische Leeder" heraus, Übertragungen hochdeutscher Gesänge ins Plattdeutsche, und es wird jedem Niedersachsen eine Freude sein, zu sehen, wie frisch und kräftig die Lieder in der Muttersprache klingen. Als Probe eine Strophe des Abbentliedes:

 Din Zion streut di Palmen
 Un Twige jung un grön,
 Un if will of in Psalmen
 Di prisen heel un schön,
 Min Hart, dat schall Di grönen
 To stede Law un Dank,
 Tru schall't Di alltits deenen
 Min ganzes Lewend lang.

Besonders aber fand die plattdeutsche Sprache ihre Pflege in den **plattdeutschen Vereinen**. Im deutschen Reich bestehen zur Zeit etwa 150 Vereine, die sich zum größten Teil dem „Allgemeinen plattdeutschen Verband" angeschlossen haben. Weitere Kreise zog die plattdeutsche Bewegung in den Vereinigten Staaten von Amerika, die etwa 700 Vereine besitzen. Die Vereine suchen im allgemeinen durch plattdeutsche Theateraufführungen, Vorträge u. dergl. zum Gebrauch der Muttersprache anzuregen und Vorurteile gegen sie zu zerstreuen. Trotz der Gleichgiltigkeit der Niedersachsen haben sie bereits manchen schönen Erfolg zu verzeichnen.

Auch die **Sprach- und Literaturwissenschaft** erhielt durch das Aufblühen der plattdeutschen Dichtung neue Anregungen. Vor allem hat der „Verein für niederdeutsche Sprachforschung" in emsiger Arbeit viel für die Erforschung der Sprache und Literatur gewirkt. Ihm ist in neuerer Zeit der regsame „Quickborn" in Hamburg an die Seite getreten. Die Reihe der verdienstvollen Einzelforscher ist groß, so daß nur eine beschränkte Zahl von Namen genannt werden kann. Von Sprachforschern und Literarhistorikern seien erwähnt **Borchling, Grimme, Heyne, Jellinghaus, Lübben, Oesterley, C. Schröder**,

Seelmann, Frehbe, Hofmeister, Dohse, Welt=
zien, L. Schröder, Hoefer; die Reuterbiographen
Wilbrandt, Gaedertz, Römer, Warncke, Seel=
mann, K. F. Müller, Dohse; die Brinckmanbiographen
Römer und Sösserot; die Grothbiographen K. Eggers,
Ad. Bartels, Sierks, Timm Kröger; Heine=
mann als Biograph Meyers, Boeck als derjenige von
Fehrs; Bartels, Wriede und Dohse schrieben über
Stavenhagen, Decker über Helmuth Schröder, Heinrich
Klenz über Felix Stillfried. In das Verständnis der
Brinckmanschen Dichtung führt vor allem W. Ruft durch
seine Preisschrift „John Brinckmans hoch= und niederdeutsche
Dichtungen" ein. Als Grammatiker seien Marahrens
und Nerger genannt.

Den plattdeutschen Zeitschriften des 18. Jahr=
hunderts schloß sich etwa im Jahre 1819 der in Mecklen=
burg herausgegebene „Botter=Bagel. En nyes Wochenblad
för Stadt un Land; to'm Tidverdriw un ok to'r Lehr"
an. Nach C. Schröder scheinen der ersten Nummer weitere
Nummern jedoch nicht gefolgt zu sein. Das verheißungs=
volle Motto des Blattes lautete:

> Ick swew' herüm, bald hier, bald da,
> Im Wald' un up de Röm';
> Den söten Honig söl' ick da,
> Un fleg' damit to Wiem!
> En Peperkörnken ok towilen,
> Wenn ick dat finn', möt ick my ilen,
> Is't ok en bet'ken basch!

Eine längere Dauer schien derartigen Unternehmungen erst
die Zeit der Klassiker zu verbürgen. Die Begeisterung vieler
Niedersachsen für ihre Muttersprache schien ihr Bestehen
außer Frage zu stellen. Die Herausgeber hatten sich jedoch
verrechnet, und da sie von der Begeisterung ohne Abonnenten
nicht leben konnten, ließen sie ihre Zeitschriften — es sind
seit 1850 etwa 25 erschienen — bald wieder eingehen. Ge=
halten hat sich außer einigen amerikanischen nur der Eek=
bom, der als Blatt des Allgemeinen plattdeutschen Ver=
bandes eine sichere Abonnentenzahl hat und seit bald 30
Jahren als beliebte Halbmonatsschrift in viele Häuser ein=
kehrt. Von den übrigen Blättern sei als ältestes „De Pa=

pollere" (Arolsen 1859/60) erwähnt. Großen Einfluß hatte der „Plattdütsche Husfründ" (1876—80), dessen spiritus rector Klaus Groth war. Auch die „Husmannskost" (1883/4 Güstrow) und „De truge Husfründ" (1899—1903, Stralsund, unter Worms Leitung) hätten ein längeres Dasein verdient. In Amerika erschienen „Uns Moderspräk", „De Plattdütsche Post", „De Plattdütsche Zeitung", „New Yorker Plattdütsche Post". In neuerer Zeit wird das Plattdeutsche besonders in der verdienstvollen Halbmonatsschrift „Niedersachsen" gepflegt, und der „Quickborn" in Hamburg hat sich in seinen zwanglos erscheinenden Mitteilungen ein Organ geschaffen, das sich durch eine Fülle wissenschaftlicher Beiträge auszeichnet.

Im Anschluß sei auch kurz das Problem der Rechtschreibung gestreift. Auf der einen Seite wird die Ansicht vertreten, die plattdeutsche Schreibweise müsse sich möglichst der hochdeutschen anpassen, da das Auge im Erfassen hochdeutscher Wortgruppen besser geübt sei und so das Lesen erleichtert werde. Auf der anderen Seite wird erstrebt, die Schrift möglichst lautgetreu der Sprache anzupassen, sie also phonetisch zu gestalten. Hie Reuter — hie Brinckman! Zwischen diesen beiden Polen liegt ein weites Feld, das nicht nur von Vermittlern, sondern auch von Eigenbrödlern tapfer bebaut wird. Im allgemeinen hat die Reutersche Richtung aber mehr Anhänger gefunden als die Brinckmansche. Eine andere Frage ist die, ob für das ganze Sprachgebiet eine einheitliche Schreibweise geschaffen werden kann. Bei den vielen, lautlich sehr von einander abweichenden Dialekten zwischen Weichsel und Rhein erscheint eine Bejahung der Frage ausgeschlossen. Erreichbar aber ist eine einheitliche Schreibweise für die einzelnen Dialektgebiete, und wenn dieses Ziel erst genommen ist, dann wird auch dem Ostplattdeutschen das Lesen des westfälischen Dialektes leichter fallen, weil dann nicht mehr jeder Schriftsteller sich selbst seine Feder zurecht schneiden muß, sondern sich an ein Wörterverzeichnis halten kann. Und wenn bei Aufstellung der Wörterbücher für die einzelnen Dialektgebiete die Schreibweise nach einheitlichen Grundsätzen festgestellt wird, dann wird das erreicht sein, was erreichbar ist.

Rückblick.

Die Entwickelung der niederdeutschen Literatur weist eine eigenartige Linie auf, wie wir sie kaum bei einer zweiten Literatur wiederfinden. Sie leitet die deutsche National=
literatur mit einem gewaltigen Werk, dem Heliand, ein und verstummt dann. Nach einer Pause von rund 300 Jahren tritt sie wieder auf den Plan und blüht Jahr=
hunderte hindurch neben der oberdeutschen, auf einigen Ge=
bieten in ihren Spuren wandelnd, auf anderen selbständig eine Blüte am Baum der Nationalliteratur treibend, beson=
ders im Drama und in der Satire. Mit der Reformation be=
ginnt dann ein Abstieg, der Untergang der Sprache scheint be=
siegelt. Etwa von der Mitte des 16. Jahrhunderts an treten nur noch vereinzelt niedersächsische Dichter auf, bis sie mit dem Anfang des 18. Jahrhunderts gänzlich verstummen. Die hochdeutsche Literatur entwickelt sich inzwischen zur Nationalliteratur und bringt die erhabensten Werke hervor. Schüchtern wagt auch die plattdeutsche Literatur sich nach etwa 60 Jahren wieder ans Licht, und nach weiteren 60 Jahren treibt sie wiederum Blüten am Baum der National=
literatur, diesmal auf den Gebieten des realistischen Humors und der Heimatkunst.

Seit dem letzten Aufstieg wächst die Zahl ihrer ernst zu nehmenden Dichter mit jedem Jahrzehnt. Jeder vertritt die Eigenart seines Stammes und schreibt den Dialekt seiner Heimat, alle aber schreiben plattdeutsch. Bald hat dieser, bald jener Gau die Führung, jeder aber stellt vollwertige Männer in die Reihen der Dichter, welche längst die Be=
hauptung, die sich noch vor wenigen Jahren hervorwagte,

daß dem Plattdeutschen nur auf dem Gebiet des Komischen Erfolg blühen werde, widerlegt haben. Naturgemäß wird der Höhe auch wieder ein Abstieg folgen, dem vollen Chor der Sänger ein Zwitschern, noch aber grünt Reuters Eekbom. wie Helmut Schröder singt:

> Kein Winterküll un Sommerhitt
> Kann nu sin Waßdum dwingen.
> So wiet de Eik ehrn Schatten smitt, —
> Kein Flach, wo nich en Vagel sitt:
> Ein Singen is't, ein Klingen.

Schlußkapitel.

Stellung und Zweck der plattdeutschen Literatur. — Ihr Stoffkreis. — Pflege der plattdeutschen Sprache.

Manchem Leser wird sich wohl die Frage aufgedrängt haben, weshalb wir neben der hochdeutschen Literatur noch die Dialektliteratur pflegen. Muß es doch auf den ersten Blick erscheinen, als ob jede Dialektliteratur der hochdeutschen Nationalliteratur Abbruch tut, indem die Dichter in einer Sprache schreiben, die nur einem Teil der Nation verständlich ist, wodurch dem anderen Teil der Genuß der Werke erschwert oder gänzlich entzogen wird. Hätten wir nur eine kärgliche Produktion an hochdeutschen Werken, dann möchte ein solcher Einwand gerechtfertigt erscheinen, dann könnte man eine im nationalen Sinn unerwünschte Einengung des Hochdeutschen darin erblicken. Bei unserer reich blühenden hochdeutschen Literatur aber ist die Dialektliteratur ein Vorteil, da sie das Konzert durch klangvolle Töne verstärkt. Sie bereichert die Nationalliteratur durch Stoffe von kraftvoller Eigenart, die sie, die an der Quelle sitzt, aus den Tiefen des Volkslebens hervorsaugt, sie lehrt die einzelnen Stämme einander verstehen und achten und sie führt der hochdeutschen Sprache neue Worte zu: das sind die Segnungen, welche die Dialektliteratur spendet. Friedrich Theodor Vischer kennzeichnet die Stellung des Dialekts zum Hochdeutschen mit den Versen:

Nicht versteht es die Welt, welch' ungehobene Schätze
Köstlichen echten Golds er noch im Schoße bewahrt.
Draußen weiß man es nur, daß er nicht korrekt und
modern ist,
Und der Ironiker lacht über das lallende Kind.
Daß ein Schnitzer ihm scheint, was organisch gut und
naturvoll,
Reicher und saftiger ist, wundre und ärgre dich nicht!
Unrecht hat er, es sei! Doch Recht auch hat er im Unrecht;
Sieht er auch farblos hell, sieht er doch heller als du.
Soll vom Besondern heraus das Allgemeine sich bilden,
Schwindet auch immer ein Teil Frische und Fülle dahin.
Kennst du es ganz, das Gut, wenn in Einer Sprache
sich finden,
Sich empfinden, versteh'n sämtliche Stämme des Volks?
Kennst du des Gutes Wert? Er ist unendlich. Die Mundart,
Traulichem Lampenschein gleicht sie im wohnlichen Haus.
Aber die Sprache, sie gleicht der Königlichen, der Sonne,
Wie sie ins Offne hinaus Meere des Lichtes ergießt. —

Die Pflege der Dialektliteratur und damit des Dialektes will nicht etwa die Spracheinheit verdrängen, die uns auch nicht mehr abhanden kommen kann. Viele Kunstwerke aber, besonders die bodenständigsten, entfalten erst in der Mundart ihren ganzen Reiz, da sie ihnen kräftige Lokaltöne verleiht. Groth hat in seiner besten Schrift zur Ästhetik des Niederdeutschen „Über Mundarten und mundartige Dichtung" eingehende Untersuchungen über die Dialektliteratur angestellt und sagt: „Wenigstens ist die Mundart, die Volkssprache für den Künstler eine Hülfe, ein Mitarbeiter. Das Volk, der Volksstamm hat sich nämlich in seiner Sprache und Sprachweise selbst gezeichnet, hat in der Mundart seinen Charakter ausgeprägt, hat dem Künstler also schon vorgearbeitet, hat ihm Umrisse gezeichnet, Farben gemischt, die er nur zu nehmen braucht, **und ohne die er niemals im Stande wäre, Bilder von solcher Lebensfrische zu liefern**..... Wenn jene Rachel, Rist, Lund, Simon Dach und wie die plattdeutschen Dichter der ersten Periode, die hochdeutsch schrieben, alle heißen, wenn sie ihre Verse damals in plattdeutscher Sprache gemacht, wie Lauremberg, so hätten sie höchsten etwas ge=

schaffen, was das Gebiet des Hochdeutschen einengte, wie die holländische und vlämische Literatur der hochdeutschen einige Millionen Leser und Arbeiter entzieht. Man hätte übersetzen müssen, wie man Luthers Bibel plattdeutsch übertrug, was wertvoll war, ins Hochdeutsche. Wenn Reuter und ich nebst unseren Kollegen ganze Bibliotheken zusammenschrieben, so täten wir der hochdeutschen Literatur keinen Abbruch. **Denn wir wollen etwas schaffen, was sich in der Schriftsprache nicht schaffen läßt. Und uns übersetzen heißt die Farbe von unsern Gemälden wischen, um derentwillen wir nach der Mundart gegriffen.** Denn sonst hätten wir ja sämtlich nur selber es gleich hochdeutsch schreiben können. Wir wollen vielmehr der deutschen Literatur etwas zuführen, was die schriftdeutsche für sich nicht gewähren kann, wir wollen die hochdeutsche erweitern zu einer allgemein deutschen." Um dies auf die Dauer erreichen zu können, bedarf die plattdeutsche Sprache der Pflege, damit sie erhalten bleibt, dann wird sie gleichzeitig auch ein **Jungbrunnen für die hochdeutsche Schwester** sein und auch durch die **Erhaltung der niedersächsischen** Eigenart dem deutschen Volk von größtem Wert sein können.

Das Hochdeutsche ist eine Standessprache, die im täglichen Leben von einer Oberschicht der Bevölkerung gesprochen wird. „Die hochdeutsche Sprache", schreibt Semper, „ist in Norddeutschland auf dem Wege, völlig zu verarmen, da sie eine reine Buchsprache ist und von Leuten gesprochen wird, die, wenn die Zersetzung des einheimischen Volksdialektes noch weiter fortgeschritten sein wird, überhaupt keine lebende Sprache mehr besitzen. Es fehlt uns der natürliche Quell, aus dem sich Verluste stets neu ergänzen können. Ich hatte oft genug Gelegenheit, zu spüren, wie sehr das Schriftdeutsch seit Luthers Zeiten schon erstarrt und verarmt und verwildert ist. Sie im Süden sind besser daran. Wenn ich nicht irre, hat man die Kraft des heutigen Schweizer Schrifttums schon daraus abgeleitet, daß dort der Dialekt auch Sprache des Gebildeten ist, aber dem Gedanken kommt meines Erachtens viel weitere Bedeutung zu, als ihm bisher zugewiesen ist, und er ist sehr nützlich, um manche Unterschiede süd- und norddeutschen Wesens zu begreifen, zum Beispiel den Grund, aus dem man die gemeinsame Volksschule nicht zu uns übertragen kann, oder weshalb Begriff und Wesen der Demokratie bei uns etwas anderes ist als bei Ihnen." Im Gegensatz zur hochdeutschen Standessprache ist das Plattdeutsche eine Volkssprache. In engster Berührung mit dem täglichen Leben im Haus, auf der Straße, in Feld und Wald ist sie aufgewachsen und hat ihr inniges Verhältnis zur Umgebung bewahrt. „Da (d. i. in der Mundart) ist alles so viel ursprünglicher, natürlicher, persönlicher, behaglicher und gesunder. Nicht alles so glatt und verrieben, so gleichmäßig und phrasenhaft, so hastig und geschraubt, so verallgemeinert und auf den Begriff abgezogen. Wie diese Eigenart schon äußerlich dem Mutterboden nahe und vertraut sich auslebt, so steht sie ihm innerlich näher..... Ein vollkommener literarischer Niederschlag dieser Eigenart ist nur im Dialekt möglich; das macht den großen Wert der Dialektdichtung aus, und eben darum ist sie jeder Förderung wert." (Blüthgen.) Wenn die Folgen der Reformation die Entwickelung der niederdeutschen Sprache auch gehemmt haben, so daß sie in der Darstellung mancher Dinge unbeholfen erscheint, so zwingt gerade diese Unbeholfenheit, das Darzustellende durch ein Bild, einen Vergleich anschaulicher zu machen und bildet die Rede auf diese Weise plastisch und farbenreich, so daß sie an Gegenständlichkeit gewinnt und schärfere Lebensbilder gibt. Fehlen von Worten regt andererseits aber auch zur Wortschöpfung an. Nicht der Gebildete, der den ganzen Wortschatz einer Sprache beherrscht, wird neue Worte schaffen, sondern nur der weniger Gebildete, dem ein beschränkter Wortschatz zur Verfügung steht, wird seine Empfindung durch ein neues Wort, was ihm lautlich den gemeinten Begriff darzustellen scheint, ausdrücken. So wirken die Dialekte als allgemeine Sprache der unteren Volksklassen auch wortschöpferisch. Als Sprache der Wissenschaft sind sie allerdings nicht verwendbar. „Die Wissenschaft will sie (nämlich die Sprache) durchsichtig, die Poesie braucht sie farbenreich, und nur bis zu einem gewissen Grade läßt sich beides vereinigen." (Groth.) Wortschöpfung und Farbenreichtum des Plattdeutschen aber kommt dem Hochdeutschen zugute, denn die Mundarten sind die Quellen, die den Strom der allgemeinen Schriftsprache speisen. Solange die Schriftsprache frisch sprudelndes Wasser aus diesen Quellen empfängt, wird sie selbst frisch bleiben; versiegen die Quellen, dann verlangsamt sich auch das Fließen des Stroms, und seine Oberfläche wird, wie Max Müller sagt, zwar glänzend und glatt, aber starr und kalt. So ist denn die Erhaltung der Mundarten, anstatt dem Hochdeutschen Abbruch zu tun, eine wesentliche Bedingung für seine gesunde Weiterentwickelung.

Einen großen Wert aber hat die Erhaltung der Mundarten auch für die Erhaltung eines gesunden Volkskörpers. In neuerer Zeit hat man erkannt, daß die Stärke eines Volkes in der Erhaltung seiner Eigenart liegt und daß deren Schwinden ein Siechtum des Volkskörpers bedeutet. Man hat sich zu der Überzeugung durchgerungen, daß der politischen Einigkeit des Volkes die Eigenart der Stämme nicht geopfert werden darf. Viel ist schon verloren, aber ein großes Gut gilt es noch zu schützen, und so blühen denn in ganz Deutschland die Bestrebungen des Heimatschutzes und der dörflichen Wohlfahrtspflege. Zu den Eigenarten eines Stammes aber gehört die Sprache, die aus seinem innersten Wesen erwachsen ist, in der sich sein ganzes Denken und Fühlen ausgeprägt hat. Heimatschutz ohne Erhaltung der Stammessprache wäre ein verfehltes Beginnen. Und eine conditio sine qua non für das Leben einer Sprache ist, daß sie Kunstwerke hervorbringt, die ihr Ansehen heben und deren veredelter Stil fördernd auf die Entwickelung der Sprache zurückwirkt. —

Haben wir so außer dem Wert des Niederdeutschen für das Hochdeutsche und für die Nation die Stellung der plattdeutschen Literatur zur hochdeutschen gekennzeichnet, so entsteht weiter die Frage, ob der plattdeutschen Dichtung hinsichtlich des Stoffes und der Form Grenzen gesteckt sind. Groth vertrat in seinen „Briefen über Hochdeutsch und Plattdeutsch" die Ansicht, daß plattdeutsch alles gesagt werden dürfe. Von anderer Seite ist behauptet worden, daß die Mundarten und damit das Plattdeutsche sich nur zur Darstellung des Komischen eigneten, wenn sie auch vereinzelt ernster Wirkung fähig wären. „Den Kreis aber steckt das Herz ab", sagt Hebbel, „denn das Gemütsleben, trete es nun rein lyrisch als persönlicher Empfindungslaut des Individuums oder humoristisch als Gefühlsausdruck des allgemeinen Weltzwiespalts hervor, ist so untrennbar an die Muttersprache gebunden, wie das Blut an die Ader, weshalb sich Klaus Groth und Fritz Reuter, oder „Reinke, de Voß" trotz Goethe, nicht ins Hochdeutsche übertragen lassen, aber ebensowenig auch Ludwig Uhland und Eduard Mörike ins Plattdeutsche. In diesem Kreise haben die plattdeutschen Dichter sich auch instinktiv gehalten, selbst Klaus Groth, ungeachtet seiner Theorie, und ist ihnen nur Glück dazu zu wünschen." Die Dichter werden sich ja keine Vorschriften über den Stoffkreis machen lassen, und es hieße, die engherzige Katheterweisheit des 18. Jahrhunderts wieder aufwärmen, wollte man die Grenze fein säuberlich mit Pfählen abstecken und dem Poeten zurufen: Bis hierher und nicht weiter! Eine Grenze aber wird dem Dichter schon durch sein Handwerkszeug gezogen, durch die plattdeutsche Sprache. Sie hat, wie Groth sagt, „für alle Töne der Menschenbrust den direkten Ausdruck, für einen ganzen Menschengeist den artikulierten Leib, für jeden echten Gedanken das rechte Gewand; sie ist nicht etwa naiv, oder komisch, oder derb, oder schlicht: sie hat zum Lachen und Weinen die Geberde, sie kann gar vornehm und herablassend sein, und es steht ihr wohl an." Die Mundart ist der intimste Ausdruck der Eigenart eines Stammes, seines Lebens, seiner Anschauungen, Sitten und Gebräuche, und diese lassen sich in ihrer ganzen Lebenswahrheit, Tiefe und Stärke gänzlich rein nur in der heimischen Sprache wiedergeben. Hier ist der mundartliche Dichter dem hochdeutschen gegenüber also im Vorteil. Begriffe und Vorstellungskreise aber, die einer Sprache nicht in Fleisch und Blut übergegangen sind, lassen sich in ihr nicht wiedergeben; wird es aber dennoch versucht und muß der Dichter hochdeutsche Worte und Begriffe zu Hilfe nehmen, so wird die Sprache, um mit Lauremberg zu reden, alamodisch, und wie Mephisto im Pudel zappelt der Geist in einer ihm fremden Hülle. Die hochdeutsche Sprache ist elastisch genug geworden, auch niederdeutsches Leben widerzuspiegeln. Der plattdeutsche Dichter muß sich bescheiden, denn seine Sprache ist nicht so bieg- und schmiegsam und vermag in ihr fremde Stoffe nicht die erforderliche Stimmung hineinzuweben. An diesem Felsen ist Mähl mit seinem Don Quixote, ist Dühr mit seinem Homer gescheitert, und Warncke hat in seiner prächtigen Reuterbiographie die Klippe geschickt umschifft, indem er kritische Fragen teils gänzlich ausgeschaltet, teils sie mit Wiedergabe hochdeutscher Urteile beantwortet hat. Ohne andere Stoffe gänzlich auszuschließen, ist und bleibt das eigentliche Gebiet der plattdeutschen Dichtkunst die Wiedergabe volkstümlicher Stoffe aus dem niedersächsischen Leben, wo Stoff und Sprache schon eine künstlerische Einheit bilden. Auf diesem Gebiet hat die niederdeutsche Literatur ihr Höchstes geleistet. Wenn nun gerade in ihr das Humoristische eine große Rolle spielt, so liegt dies daran, daß der Niedersachse mit seiner scharfen Beobachtungsgabe und seinem tiefen Gefühl besonders für den Humor veranlagt ist und diese seine Eigenart in den humoristischen Gestalten der Dichtungen ihren Niederschlag gefunden hat. — Hinsichtlich der Form wird man dem Dichter erst recht keine Grenzen stecken dürfen, denn sie hängt von seinem eigentlichsten Können ab, und dem Könner werden Sonnett und Hexameter nicht mehr Schwierigkeiten bieten als Jamben und Knittelvers. An't Kaenen is't gelegen! sagt Brinckman.

Eine für die plattdeutsche Literatur wichtige Frage ist auch die des Absatzes plattdeutscher Werke. Es ist eine alte Klage der Verleger und Autoren, daß plattdeutsche Werke auf dem Büchermarkt nur schlechten Absatz finden, zumal die plattdeutsche Bewegung zum großen Teil von weniger kaufkräftigen Kreisen getragen wird. Wilhelm Poeck hat in einem lesenswerten Aufsatz im Kunstwart vorgeschlagen, gute plattdeutsche Werke ins Hochdeutsche zu übersetzen, dann würden viele Leser des Werkes das Bedürfnis empfinden, auch das Original kennen zu lernen. Ich fürchte, daß das Gegenteil der Fall sein wird, daß die Leser dann erst recht die Schwierigkeiten des Dialektes scheuen und sich mit der Übertragung begnügen werden und daß der Absatz noch weiter zurückgehen wird. Erfolg kann meines Erachtens nur eine Hebung der plattdeutschen Sprache, besonders eine Gewöhnung an plattdeutsch Lesen in der Schule versprechen. Daneben bedarf auch die Kritik plattdeutscher Bücher einer Verbesserung. Man liest so häufig, dieser und jener Autor wäre ein neuer Groth, dieser und jener Provinz wäre ein Fritz Reuter erstanden. Welch

Mangel an Urteilsfähigkeit in Verbindung mit Unkenntnis der plattdeutschen Literatur spricht aus solchen Urteilen! Wer dann ein solches in den Himmel erhobenes Werk kauft, wird meistens aus allen Wolken fallen und natürlich nicht so leicht wieder ein niederdeutsches Werk kaufen. Wir haben nur wenige sachkundige Kritiker der plattdeutschen Literatur, und ihre Stimmen verhallen gegenüber den urteilslosen Kritikern. —

Zum Schluß noch eine inhaltschwere Frage: wie steht es um die Zukunft der niederdeutschen Sprache und damit ihrer Literatur? Daß sie zurückgeht, wird nur ein Blinder bestreiten. Reuter sah ziemlich pessimistisch in die Zukunft, und Hamann hat die Muttersprache in einem rührenden Gedicht auf der Totenbahre und Reuter und Brinckman die Totenwacht halten sehn. Groth dagegen war Optimist und meinte, mit dem Sterben einer Sprache, deren Sprecher nach Millionen zählen und deren absolute Zahl sich seit Lauremberg schwerlich vermindert hat, habe es noch gute Zeit. Es ist ein schlecht Ding ums Prophezeien, und was die Zukunft bringen wird, müssen wir ihr überlassen. Das deutsche Volk wäre aber ein schlechter Hausvater, wenn es für eine Sprache, deren Wert für seine Nationalsprache und -literatur und für das Wohl des Volksganzen zweifellos feststeht, in der Stunde der Gefahr nicht einträte. Hier heißt es retten, was noch zu retten ist, und möglichst verlorenen Besitz zurückerobern. Dem Niederdeutschen muß das Eintreten für seine Stammessprache und ihre Pflege eine nationale Pflicht sein, besonders dem, welcher die Gefahr leichter zu erkennen vermag, dem Gebildeten. „Geistige Strömungen", schreibt G. Evers, „ziehen von oben nach unten, und was bei den Gebildeten verschmäht und verachtet wird, das kann auf die Dauer bei der großen Menge des Volkes nicht in Ehren stehen. Die Vernachlässigung und Verachtung der niederdeutschen Mundart ist von den Gebildeten ausgegangen und hat nach und nach auch die tiefsten Schichten des Volkes erreicht. Es kommt also darauf an, daß die Gebildeten sich wieder für heimische Art und Sprache erwärmen, und zwar nicht bloß theoretisch, sondern praktisch. Das heißt: es ist nicht genug, wenn ein Gebildeter für sich seinen Fritz Reuter liest und sich damit von Zeit zu Zeit eine vergnügte Stunde macht.

Von jedem Gebildeten muß man vielmehr erwarten, daß er den Dialekt seiner Heimat versteht und spricht, und zwar um so besser versteht und um so gewandter spricht, je gebildeter er ist. Die Unwissenheit in Bezug auf die heimische Mundart ist nicht als ein Zeichen seiner Bildung anzusehen, sondern als ein grober Mangel an gründlicher Bildung. Man verlangt heutzutage von jedermann aus dem Volke, daß er neben seinem Dialekte Hochdeutsch versteht und einigermaßen spricht; ein Gebildeter muß doch höheren Anforderungen genügen. — Wenn erst wieder Gebildete unbefangen und ohne Ziererei in der Mundart sich untereinander und mit Leuten aus dem Volke unterhalten, so wird nach und nach auch die verkehrte Meinung schwinden, als wenn das Plattdeutsch etwas Rohes und Gemeines und Plattes wäre."

Die plattdeutschen Vereine haben schon segensreich gewirkt, könnten es aber zum Teil noch viel mehr, wenn sie sich auf ihre eigentliche Aufgabe besinnen und sich nicht zu Tanzklubs auswachsen würden. Man darf nicht müde werden, dem Volk zuzurufen, daß das Plattdeutsche nicht roh und gemein, sondern daß es seine eigentliche Sprache und wert der Erhaltung und Pflege ist. Beschämend ist es, daß unsere großen Bühnen Dramen in schlesischem, tyroler und bayrischem Dialekt aufführen und an den Werken eines Stavenhagen vorübergehen. Auch hier muß zielbewußte Arbeit Wandel schaffen. Vor allem aber muß die niederdeutsche Jugend schon aus der Schule Liebe zur Stammessprache und Achtung vor ihr ins Leben mitnehmen. Plattdeutsche Lesestücke in den Schulbüchern, um die Kinder an das Lesen der Heimatsprache zu gewöhnen, plattdeutsche Lieder im Gesangsunterricht, Hinweise auf den Wert der Sprache, das sind einige Wege, auf denen viel zu erreichen ist. Den Wert des Dialektes für die Kinder schildert E. Krukenberg treffend: „Das Kind soll gute, deutsche Umgangssprache gebrauchen lernen, daneben aber lasse man ihm Freiheit, den heimischen Dialekt zu sprechen. Der Dialekt bereichert seinen Sprachschatz, sein Vorstellungsvermögen. Treffende Vergleiche, urwüchsige Wortbilder sind im Dialekt enthalten. Art und Anschauung des Volkes lernt das Kind dadurch verstehen. Je reicher an Anschauungen, desto größer die Ausdrucksfähigkeit des Menschen. Bilderreichtum steht dann als etwas die Sprache Schmückendes zur Verfügung." Auch plattdeutsche Vorträge und Leseabende auf dem Lande und in den Städten mögen das Ihrige tun, und besonders müßten unsere Tageszeitungen, die das Plattdeutsche fast garnicht pflegen, neben Morden und Diebstählen, Schweinemärkten, Jubiläen und Hausverkäufen auch der Landessprache ein Plätzchen gönnen. Bücher, welche auf die unserer Stammessprache drohenden Gefahren aufmerksam machen, wie Dohses verdienstvolles „Gefahr im Verzuge!", gehören neben guten plattdeutschen Werken in jede öffentliche Bücherei. Das aber muß der gebildete Niederdeutsche sich im vaterländischen Interesse zur Pflicht machen: selbst auch plattdeutsch zu sprechen, um seine Muttersprache dadurch wieder zu Ehren zu bringen, und seine Kinder plattdeutsch lernen zu lassen. Sie werden's ihm dereinst danken. Wenn so von allen Seiten mit vollem Ernst an der hohen Aufgabe gearbeitet wird, dann werden plattdeutsche Sprache und Literatur zum Wohl des Volkes blühen, und noch lange wird es dann von den Deutschen heißen:

> Eins nach außen, — schwertgewaltig,
> Um ein hoch Panier geschart!
> Reich nach innen, — vielgestaltig,
> Jeder Stamm nach seiner Art.

Register.

Abbenseeth 126
Abel 57, 58, 73
Ackermann 120
Adelung 64
Ahrens, J. Fr. 113
Alberus 47
Albrecht, Elis. 154, 166
Albrecht, F. W. 67
Alckmer, Hinrik van 29
Almonde 67
Arndt, E. M. 64
Arnim 64
Arnold von Immessen 38
Auerbach 75

Babst 64, 73, 162
Bacmeister 48
Bado 50
Baer 57
Bärmann 67, 72, 164
Bandlow 119, 167
Baring 34
Bartels, Adolf 77, 130, 174
Bartels, Daniel 162
Baudissin, Graf 126
Beccau 58
Berling 107

Beuthin, Angelius 123
Beyer, Karl 120, 167
Biester 157
Bismarck 79, 90
Blüthgen 181
Blum, Max 118
Bockels 110
Boeck 174
Böhmken 165
Bösking 154
Böltger 54
Bonn 48
Borchling 13, 88, 173
Bornemann 66, 71, 72
Bornewiek 110
Bote 27
Boysen 108
Brandes 27
Brandt, Adolf s. Stillfried
Brant, Sebastian 28
Brekenfeld 113
Brentano 64
Brinckman, John 53, 73, **90**, 99, 115, 131, 133, 136, 137, 150, 174, 175, 184, 185
Brinckman, Max 150

Brockdorff-Ahlefeldt, Luise,
  Gräfin von 149
Brockmann 166
Brons 166
Buckow 121
Bueren 71
Bürger 65
Buggenhagen 46, 172
Bummel 61
Burmester, H. 123
Burns 126, 135

Cammin, F. 153, 167
Cervantes 111
Claudius, Hermann 145, 147
Clauß, Wilh. 117
Coers 185
de Coster 54
Crone, W. 154
Cropp 68

Dach, Simon 56, 61, 179
Dahl 121
Dallmeyer 149
Daniel von Soest 50
Dannehl 3
Decius, Nik. 47
Decker 174
Derboeck 117
Dethlefs, Sophie 71, 72
Dirks, Joh. Friedr. 144
Dirks, Th. 112
Dörr, Julius 124
Dohse 145, 174, 187
Domansky 163
Dorr, Rob. 108, 166
Drachmann, Holger 119
Dräger 71

Dreyer, Max 142
Droste, G. 150, 155
Dücker 154
Dühr, Aug. 128, 184
Dürer, Albr. 5
Düsel 90
Düsterbrock 154
Dusayel 119

Eberhard 12
Eggers, Friedr. 126
Eggers, Karl 79, 126, 174
Ehlers 126
Eike van Repgowe 11
Engel 11, 26
Erichson 125, 163
Ernst, Friedr. 71
Ernst, Otto 119, 171
Essen, Jörgen van 166
Eymann 119

Falke, Gustav 145
Fehrs, J. H. 136, 174
Finke, G. 149
Fischerbrock 144, 167
Flemes, Christian 143
Fock, Gorch 150, 171
Fontane 128
Forchem 52
Frahm, L. 150
Freder 48
Freudenthal, Aug. 134
Freudenthal, Friedr. 135, 167
Freybe 174
Freytag, Gustav 75, 89
Friedrichs, Auguste 155
Friese 118

Gabriel, Hans 143
Gaedertz 52, 127, 174
Gahl 171
Garbe, R. 145
Geibel 99
Gerard von Minden 28
Gerdes 70
Giese, Franz 116
Giesebrecht 67
Gildemeister 125
Goethe 31, 54, 65, 74, 81, 82, 90, 131, 183
Gottfried von Straßburg 23
Grabe, Franz 121, 167
Graebke 128
Gramberg 67, 70
Graunke 144
Grimm, J. 31, 64
Grimme, F. W. 110, 164, 173
Gropper 50
Groth, Klaus 1, 2, 71, 73, **75**, 93, 94, 98, 99, 100, 106, 108, 113, 122, 130, 131, 136, 138, 161, 172, 174, 175, 179, 181, 182, 183, 184, 185
Gruber 48
Grübel 64
Grunnenberg 149
Gryse 48
Gurlitt 127, 165

Halähr 166
Hamann, Ernst 145, 185
Hansen, Heinr. 157
Hansen, H. 173
Hanßen, Ferd. 125

Harberts 128
Harm 127
Harms, Klaus 172
Harms, Louis 172
Hebbel 77, 99, 100, 170, 171, 182
Hebel 64, 72, 75, 99, 126, 130
Hector, Enno 110
Heine, H. 162
Heinemann, G. F. W. 113
Heinemann, Joh. 102, 174
Herder 64, 75
Herrmann 7
Heyne 173
Heyse, W. 107
Hinrichsen, Adolf 123
Hinrichsen, L. 149, 171
Hobein 108
Höfer, E. 121
Hoefer 174
Hofmeister 174
Holle, Berthold von 18
Holm, Adolf 125
Holm, C. C. A. 150
Horn, Wilh. 162
Howesch 47
Husmann 144

Jahnke, H. 164
Ibsen 166
Jean Paul 90, 119
Jellinghaus 173
Immermann 74
Johannes der Klausner 15
Josephy 113
Iselmott 116

Jürs, H. 119, 162
Jung 71

Kähler 149, 171
Kalff, Peter 39
Reetz 154
Kehding 113
Keller, Gottfr. 130
Kinau 150, 171
Kinderling 64
Kindermann 162
Kleist 171
Klenz 167, 174
Klopstock 8, 65
Kloth 124
Knöpken 48
Knoche 114, 115
Koch, Wilh. 117
Kock 52
Konemann 13
Kreutzer 165
Kröger, Timm 174
Krüger, Alb. P. J. 164
Krüger, Ferd. 123
Krukenberg 186
Kruse, G. R. 166
Kükelhaus 149
Kuß 117

Landois 116, 162, 166
Lange, H. 153, 166
Lange, J. L. 69, 70
Lau, Fritz 156, 167
Lauremberg 31, 46, 51, **54**,
  56, 57, 183, 185
Lauts 70
Lehmann-Schiller 150

Lemmermann 167
Lenthe 163
Leseberg 52
Lessen 68, 72
Lessing 65, 161
Lienhard 54
Liliencron, D. v. 128, 142
Löffler, K. V. J. 110, 165
Löns 116
Lübben 173
Lund 179
Luther 46, 48, 180
Lyra 71
Lyser 164

Mähl, Joachim 31, **110**, 125,
  137, 184
Mansfeld, Arnold 164
Marahrens 174
Marcus 166
Maß, K. 154
Mathesius 48
Meentz 70
Mengden 57
Mercatoris 51
Metterhausen 163
Meyer, Johann 73, **98**, 113,
  122, 126, 136, 165, 174
Meyer, N. 61
Minden, Gerard von 28
Mindermann, Marie 108
Mörike 183
Möser, Justus 64, 75
Müller, Fooke Hoissen 103, 131
Müller, Heinr. J. H. 109
Müller, Karl 118
Müller, K. F. 174

Müller, Max 182
Müller-Suderburg 144
Munzel 154

Rahmmacher 167
Neocorus 48
Nerese, M. 153
Nerger 174
Neumann, H. Fr. 144
Nümärker, de olle 110

Oesterhaus 127
Oesterley 16, 173
Opitz 55

Palleske 108
Paulsen, Joh. 172
Paysen-Petersen 145
Peters, Lisbeth 155
Petri, Marie 119
Piening, Th. 110
Piper, Otto 119
Plate 106
Poeck, W. 155, 171, 184
Pollitz 113
Poppe, Franz 136
Prätorius 61
Prümer 117

Quitzow 114, 120, 125

Raabe, Wilh. 120
Rachel 56, 179
Ranke, M. 154
Rapp 7
Rassow 167
Raupach 57

Rehberg-Behrns, Hella 143
Rehse, H. 154
Reiche Th. 162
Reichermann 162
Reinhard, L. 112
Reinhold, Alb. 71
Renner 31, 59, 73
Resimius-Berkow 155
Reuter 1, 73, 75, **83**, 96, 97,
  99, 102, 112, 113, 115, 117,
  125, 130, 131, 132, 134,
  136, 139, 160, 161, 162,
  164, 174, 175, 177, 180,
  183, 184, 185
Rickers 126
Rist 51, 179
Rocco 122
Römer, A. 91, 92, 96, 174
Rollenhagen 51
Rust 174

Sachs, Hans 48, 51
Sackmann 35, 61
Sander, Max 114, 118
Scheller 28, 44, 64, 71, 160
Schetelig 124
Schiller, Friedrich 26, 65, 74
  163
Schirmer, Adolf 108
Schirmer, William 164
Schlegel 65
Schleiff 163
Schlue 52
Schmachtenberg 127
Schmelzkopf 71
Schmidt, Wilh. 144, 167
Schneider, Wilh. 117

Schöning 163
Schrader, Minna 134
Schröder, August 154
Schröder, Dr. C. 28, 93, 118, 162, 173, 174
Schröder, Helmut 132, 153, 174, 177
Schröder, Karl 166
Schröder, L. 124, 149, 174
Schröder, Wilh. 92, 109
Schütte 149
Schulte 54
Schwanbek 143
Schwarz 114, 141, 157
Seelmann 49, 158, 174
Seemann, Aug. 145
Segebarth 126
Seidel, Heinr. 128, 162
Semper 180
Semrau 71
Shakespeare 166
Sibeth 110
Sierks 174
Söhle, Karl 149
Sparre 60
Spielhagen 123
Stavenhagen, Fritz 114, **168**, 172, 174, 186
Stein, Hugo 149
Steinberg, G. 162
Stephan, Meister 26
Stille, G. 156, 171
Stillfried, Felix 129, **131**, 134, 162, 174
Stinde, Julius 128, 165
Storck, Fritz 127, 162
Storm 122, 128

Stricker 52
Stülcken 171
Stuhlmann 141, 162
Süsserot 174

Tacitus 3
Täpper 162
Tannen 31, 54, 121
Tarnow 163
Teut 128
Theilmann 144
Thomann, Elis. 167
Thyen 118
Tiburtius 117, 167
Toball 162
Trede, Paul 122, 131

Uhde 144
Uhland 34, 64, 183
Uhlmann, s. Stuhlmann
Usteri 64, 130

Van der Boeck 117
van Senden 70
Vilmar 6, 8
Vischer 115, 178
Vogel, Dr. 89
Vogel, Otto 119
Volgemann 164
Voß, J. H. 64, 73, 130
Voß, K. A. 166

Wagenfeld 157, 171
Waldis 47, 51
Warmund 71
Warncke, Paul 84, 162, 174, 184

Weber, Ferd. 108
Weltzin, Otto 144, 171, 174
Wendt, Hans 150, 155
Werth 171
Westerich 149
Westhoff 109
Wette, H. 140
Weyergang, Wilhelmine 121
Wibbelt 150, 155
Wiechmann, J. 166
Wiedow, L. 121
Wienbarg 1
Wietholz, M. 153
Wilbrandt, Adolf 87, 174
Wilke 67, 162
Willem 29
Wisser 155

Wizlav v. Rügen 32
Wolff, Albert 167
Wolff, Julius 54
Wolke 65
Woort, Lüder 106
Woortmann 70
Worm 125, 165, 175
Wossidlo 167
Wriede, Hinr. 171
Wriede, Paul 174, 169
Wuthenow, Alwine 106

Zander 113
Zierow 155, 166
Zinck, Auguste 164
Zober 171
Zumbroof 102, 162

Zeittafel zur Geschichte der niederdeutschen Literatur.

(* Dramatische Werke.)

8. Jahrhundert.
Älteres Hildebrantslied.

9. Jahrhundert.
Um 830. Der Heliand.

12. Jahrhundert.
Leben des Antichrists.
Von der minschheit.
Offenbarung Johannis.

13. Jahrhundert.
Um 1216. Gandersheimer Chronik.
Um 1230. Sachsenspiegel.
1231. Flos und Blancflos.
1231(?). De truwe maget.
Konemann, Kaland.
sunte Marien wortegarde.
Um 1250. Berthold von Holle, Crane.
                    „   „   „ Demantin.
                    „   „   „ Darifant.
Vor 1251. Sächsische Weltchronik.
Valentin und Namelos.

Jüngeres Hildebrantslied.
König Ermenrichs Tod.
Dit bok het funte marin levent.
Unser leven frouwen rosenkrantz.
Genealogie Christi.
Von der bort Christi.
Von deme holte des hilligen cruzes.

14. Jahrhundert.

Susanna.
St. Brandanus.
Geißlerlied.
Von den 3 Königen.
Der verlorene Sohn.
Die Minnemäre.
Der segheler.
Die Frau des Blinden.
Van einem ebbelen krutgarten.
Spegel der mynsliken salicheit.
Bruwen = lof.
Kraneshals.
1325. Wizlav von Rügen gest.
1370. Gerard von Minden, Fabeln.

15. Jahrhundert.

Margareten = Passion.
Zeno.
Frauentreue.
Deif van Brugghe.
Broder Rusche.
Henneke Knecht.
Facetus.
Van dogheden unde van guden zeden.
Cato.
De Koker.

Niederdeutscher Äsopus.
De vos unde de hane.
Ratsversammlung der Tiere.
*Theophilus.
Lübecker Totentanz.
Leben der hl. Maria.
Wo de sele stridet mit dem licham.
Marien = Rosenkranz.
*1460. Arnold Immessen, Der Sündenfall.
*Um 1460. Wolfenbütteler Marienklage.
*Um 1460. Bordesholmer Marienklage.
*1464. Redentiner Spiel.
1480. Cölner Bibel.
1483(?). Erste Ausgabe des Dil Ulenspegel.
*1484. Henselin.
1493. Rostocker Karfreitagslied.
1494. Lübecker Bibel.
1497. Dat nye Schip von Narragonien.
1498. Reinke Vos.

16. Jahrhundert.

1504. Bote, Boek van beleme rade.
*Schede Kloth.
1515. Ältester hochdeutscher Druck des Dil Ulenspegel.
1520. Halberstädter Bibel.
*1523. Babo, Claws Bur.
1525. Rostocker Gesangbuch.
*1527. Waldis, Parabel vam vorlorn son.
1534. Buggenhagens Bibel.
*1539. Daniel v. Soest, gemeine bicht.
1540. Spiegel der Wißheyt.
Um 1550. Rimbökelin.
Um 1550. Künstlike Werldspröke.
Um 1550. Wo men böse Fruwens frame maken kann.
*1551. Forchem, Von dem Pappyrio praetextato.

*1560. Mercatoris, Van dem bode un van dem lebende.
*1584. Stricker, Düdescher Schlömer.
1592. Wegekörter.
1593. Floia Cortum Versicale.

17. Jahrhundert.

1602. Gryse, Christlike Gebede und Psalmen.
*1606. Schlue, Isaac.
*1609. Leseberg, Susanna.
*1616. Teweschen Hochtyt.
 *Teweschen Kindelbehr.
*1616. Vitulus.
1621. Letzte plattdeutsche Bibel.
*1630. Kock, Elias.
1637. Simon Dach, Annke von Tharau.
1652. Lauremberg, Scherzgedichte.
1664. Rachel, satirische Gedichte.
1679. Mengden, De fief Düwelskinder.
1696. Baer, Arctophonia.

18. Jahrhundert.

*1709. Die lustige Hochzeit. Singspiel.
1718. Sackmann, gestorben.
1719. Beccau, Schnickschnack.
*1725. Prätorius, Hamburger Jahrmarkt.
 *   —   Hamburger Schlachtfest.
1729 u. 1732. Abel, Übertragungen.
1732. Renner, Hennink de han.
1772. Älteste plattd. Zeitschrift: De Plattdütsche.
1776. J. H. Voß, Idyllen.
1788. Babst, Allerhand schnaksche Saken tum Tiedverdriew.

19. Jahrhundert.

1804. Wolke, Sinngedichte.
1810. Bornemann, Plattdeutsche Gedichte.
1812. Wilke, Gedichte.
1813. Claus Harms, Übungen zum Übersetzen.
1816. Gramberg, Gedichte.
1817. F. W. Albrecht, Plattdeutsche Gedichte.
1817. Claus Harms, Henrik van Zütphen.
*1821. Bärmann, Kwatern.
1822. — Rhmels un Dichtels.
*1823. — Windmööl un Watermööl.
1824. Lessen, Hellenia.
1827. Bärmann, Dat grote Höög= un Häwelbook.
1828. Sanghsona.
1829. Scheller, Dat Sassische Döneken=Bok.
1834. Rheinhold, Doktamedikus.
1841. Schröder, Dat Wettlopen twischen den Hasen un den Swinegel.
*1843. Cropp, Hans Bolt.
1845. Semrau, Plattdeutsche Gedichte.
1845. Lyra, Plattdeutsche Briefe, Erzählungen Ge= dichte usw.
1846. Schmelzkopf, Immen.
1847. Fr. Ernst, Plattdütsche Gedichte.
*1847. Bärmann, De drübbe Fyrdag.
1847. — Dat sülwerne Book.
1847. Zumbrook, Poetische Versuche in westfälischer Mundart. I.
1848. Dräger, Plattdüütsch Konfekt.
1849. Hektor, Harm Düllwüttel.
   Jung, Gedichte in plattdeutscher Mundart.
1850. Sophie Dethlefs, Gedichte.
1852. Groth, Quickborn.
1853. Reuter, Läuschen un Rimels I.
1854. Brinckman, Voß un Swinegel.

1855. Piening, Snack un Snurren.
Reuter, Reis' nah Belligen.
Brinckman, Kasper=Ohm un ick.
1856. Trede, Klas bun Brochdörp.
Piening, Reis naa'n Hamborger Dom.
Groth, Trina.
1857. Fooke H. Müller, Döntjes un Vertellsels.
(Darin Tjark Allena.)
Zumbrook, Poetische Versuche II.
1858. Plate, Dietrich un Meta.
Meyer, Dithmarscher Gedichte.
Alw. Wuthenow, En poar Blomen ut Annmariek Schulten ehren Goahrn.
Grimme, Sprikkeln und Spöne.
Reuter, Kein Hüsung.
— Läuschen un Rimels II.
1859. Brinckman, Vagel Grip.
Grimme, Spargitzen.
1859. Enno Hektor, Harm up't Dorn'mer Markt.
Meyer, Plattdeutscher Hebel.
Reuter Olle Kamellen I (Franzosentid).
1860. Berling, Lustig un trurig.
Ferd. Weber, Plattdeutsche Gedichte.
Reuter, Hanne Nüte.
Mindermann, Plattdeutsche Gedichte.
H. J. H. Müller, Ofen ärme Bastian.
*Lyser, Linorah.
Hobein, Blömings un Blomen ut frömden Gor'n.
Bartels, Grillenscheucher.
1861. Schirmer, Düt un dat.
Tannen, Reinke Vos.
Grimme, Grain Tüge.
Reuter, Schurr=Murr.
Heyse, Punschendörp.

Plate, Plattdeutsche Dichtungen.
Westhoff, Twee Geschichten in Mönsters Platt.
Wuthenow, Nige Blomen.
*Grimme, De Kopplschmied.
*Lyser, Melkmann Clas sin Fastnach.
1862. Groth, Rotgeter-Meister Lamp un sin Dochder.
Dorr, Twüschen Wiessel on Noacht.
Heyse, Meckelb. Burhochtid un Rosmarin un Ringelblomen.
Reuter, Ut mine Festungstid.
1863. Bockel, Instippen.
Palleske, Kubbelmubbel.
Heyse, Frische Karmiten.
Hobein, De Grofffmidt.
1865. Reuter, Ut mine Stromtid.
Bornewiek, Tau Hus un in de Frömm'.
Bohsen, Leeder un Stückschen.
L. Reinhard, Neun pl. Göttergespräche.
1866. Reuter, Dörchläuchting.
Piening, Querfritz.
Th. Dirks, Plattdütsche Klenner (bis 1870).
1867. W. Schröder, Swinegels Lebensloop un Enne.
1868. Reuter, Reis nah Constantinopel.
Karl Löffler, Ut't Dörp.
Zumbrook, Poetische Versuche III.
Sibeth, Dumm Hans.
Brinckman, Peter Lurenz bi Abukir.
Mähl, Tater Marieken.
1869. Mähl, Jean.
*Mansfeldt, Leev in Beerlann.
1870. Mähl, Fanny.
Reuter, Ok 'ne lütt Gaw för Dütschland.
Knoche, Niu lustert mol!
Löffler, De Theerschwöäler.
Sibeth, Geschicht von Peter Stahl.

Brinckman, Unf' Herrgott up Reisen.
W. Schröder, Swinegels Reise nah Paris.
*Alb. J. P. Krüger, Ut de Franzosentid.
  *   —   Inspekter Bräsig.
1871. Groth, Üm de Heid.
Josephy, Uns' Krieg mit den Franzos.
W. Schröder, Heideland un Waterkant.
Mähl, Lütj Anna.
1872. Groth, Quickborn II.
Burmester, Arm un Riek.
Breckenfeld, Ut uns' le Bourget=Tid.
1873. Meyer, Gröndunnersdag bi Eckernför.
Piening, Hans un Greten.
Buckow, Fritz.
Burmester, Schaulmeister Klein.
Ahrens, Feldblomen.
1874. Giese, Frans Essink.
Ahrens, Feldblomen.
Sibeth, Geschicht von de gollen Weig.
Landois, Frans Essink.
1875. Zumbrook, Poetische Versuche IV.
Fr. u. K. Eggers, Tremsen.
Hobein, Feldflüchters.
*Grimme, Kumpelmäntenmaker.
*Jahnke, Nahwer Bismarck.
*Stinde, Nachtigall aus dem Bäckergang.
  *   —   Hamburger Leiden.
*1876. Jahnke, Dörchläuchting.
Groth, Ut min Jungsparadies.
Storck, Jelänger jeleewer.
Beuthin, Klas Hinnerk.
Ad. Müller, Plattdeutsche Gedichte.
Weyergang, Olle Scharteken.
Zander, Bunte Biller ut min Kinnerjohren.
Quitzow, As Wisme wedder meckelborgsch würd.

1877. Ehlers, Mikrokosmos.
Jürs, Spaßige Rimels.
Grabe, Dit un dat.
Burmester, Ohmbetter.
Groth, Witen Slachters.
Gurlitt, Slacht bi de Kohstieg.
Quitzow, Hanne Möller un sin Mudder.
Tannen, Uut'n Flickenbüdel.
*Löffler, Leed weet Rat.
*Stinde, Die Familie Carstens.
*Dorr, De lostgen Wiewer von Windsor.
Heine, Heckenrosen.
1878. Harm, De Upstalsbom.
Löffler, Ut min Dischlad.
Pollitz, Biller ut de Kriegstid.
Zander, De Franzosenkrieg 1870/1.
Fehrs, Lütje Hinnerk.
Hoefer, Pap Kuhn.
Gaedertz, Julklapp.
Baudissin, Vertellen un Rimels.
Wiedow, Söß plattd. Geschichten.
Mähl, Reineke Vos.
Vogel, Russelbläder.
1879. van der Boeck, Spledder un Spöhn.
Zander, Kaiser Wilhelm.
Bockel, Ausgew. Gedichte.
Beuthin, De latinsch Buer un sin Nabers.
Rocco, Vor veertig Jahr.
*Meyer, To Termin.
*Mansfeld, Üm de Utstüer.
A. Freudenthal, Gedichte.
1880. Helm. Schröder, As't de Garw gifft.
F. Freudenthal, Bi'n Füer.
Gurlitt, Von de Nordseestrand.
Beuthin, Halfblod.

Grabe, Von de Elvkant.
Trede, Abel.
Prümer, De westfälsche Ulenspeigel.
*Meyer, Uns' ole Moderspraf.
1881. Trede, Grüne Blätter.
Burmester, Landstimmen.
Rocco, Scheermann u. Co.
Dahl, Holthäger Geschichten.
Storck, Kalloroden.
1882. F. Krüger, Rugge Wiäge.
Dahl, Meckelborger Geschichten.
Rocco, Kinner un ole Lüde.
1883. Täpper, Gesundheitspillen.
Oesterhaus, Juse Platt.
Hinrichsen, Wohre Geschichten.
  — Twei Leiwsgeschichten.
Prümer, Geschichten un Gestalten ut West=
  falen.
Schmachtenberg, En Freud on Leid I.
1884. Tiburtius, Kandidat Bangbüx.
Segebarth, De Darßer Smuggler.
Burmester, Harten Leina.
Trede, Lena Ellerbrok.
1885. Kloth, De Landratsdochder.
  — Sliperlisch'n.
Burmester, Hans Höltig.
Paulsen, Plattd. Bibel.
Segebarth, Ut de Demokratentid.
Rocco, Bi Grotmudder Lürssen.
Grimme, Lank un wiäß düär't Land.
1886. Fehrs, Zwischen Hecken und Halmen.
Grabe, Ut ole un nee Tiden.
Burmester, Nahwerslüd.
*Auguste Zinck, Jede Pott findt sien'n Deckel.
* — De Schoolinspecktschon.

       *Kreutzer, Plattd. Schwänke.
       Hantzen, Persetter sin Hannis.
1887. Fehrs, Allerhand Slag Lüd I.
       Stillfried, Wilhelmshäger Kösterlüd.
       Hinrichsen, De Ebers.
       Storck, Ommergrön.
      *Gurlitt, Erst en Näs un denn en Brill.
      *Meyer, En lütt Waisenkind.
1888. Schetelig, Lieschen Ströh un ehr Söhn.
       Segebarth, Strafgericht.
       Dörr, De Göderschlächter.
       Zumbrook, Poetische Versuche V.
1889. F. Freudenthal, In de Fierabendstid.
       Kutz, Ut mine Ferientid.
       Grabe, Ut'n Volkslewen.
       Friese-Müller, Feldblaumen.
1890. Trede, Brochdörper Lüd.
       Kutz, De Wiwerfind.
       Stillfried, Ut Slotz un Katen (Dürten Blanck).
       Sander, Hei kümmt doch. De grot Prozetz.
       Prümer, De westfälsche Husfründ.
1891. Fehrs, Allerhand Slag Lüd II.
       Erichson, Läuschen.
      *Jahnke, Kein Hüsung.
       Kutz, De Stadthauptmann von Fredenhagen.
      *Meyer, Rinaldo Rinaldini.
*1892. Meyer, Dichter un Buern.
       Schmachtenberg, En Freud on Leid II.
       Schetelig, Sin Eenzigst.
       Giese, Franz Miquel.
1893. Rickers, Ut sware Tiden.
       Jürs, Plattd. Humoresken.
       Ferd. Krüger, Hempelmanns Smiede.
       Blum, De Puppenspäler.
       Abbenseth, De Wunschring. Bur und König.

*1894. Meyer, In Reuter sinen Gaard'n.
Tannen, Niederdeutsches Haupt- und Heldenbuch.
Thyen, Plattd. Volkserzählungen I.
Stillfried, Bitweg'lang.
Grabe, Ut Marsch un Moor.
Stinde, Ut'n Knick.
1895. A. Freudenthal, Heidekkern.
Schneider, Et Kreegsjohr.
Brekenfeld, Erlebnisse ut 1870 un 71.
Dühr, Ilias.
Schöning, Ut plattdütschen Lann'n.
Rocco, De Komödjantenmudder.
Thyen, Plattd. Volkserzählungen II.
Sander, Unteroffzier Schult in'n franzöfchen Krieg.
Gildemeister, Jochen Frank.
*Worm, De dre Rüganer.
1896. Graebke, Prignitzer Kamellen un Hunnblömer.
Storck, Pitzepatzen.
Bandlow, Stratenfegels.
Marie Petri, Wohr is't!
Ackermann, De Bageldeputatschon bi Bismarck.
Gildemeister, Fiken Bolt.
Minna Schrader, Wat se sick in en Ramsbrinker Dörp vertellt.
Adolf Holm, Holsteinische Gewächse.
*Joh. Meyer, Hau mutt he hemm.
Wette, Westfälische Gedichte.
Stuhlmann, Rhmels mit Biller.
Mähl, Geschichten frisch ut Leben un deep ut Hart.
Stillfried, In Lust un Leed.

Prümer, Jup und Jan.
Worm, För Old un Jung.
1897. F. Freudenthal, Unner'n Strohdack.
Ad. Holm, Köst un Kinnerbeer.
Honke, Dierk Bolte.
F. Freudenthal, In Lust un Leed.
Erichson, Hütt und Mütt.
Storck, Dreiblatt.
Blum, Bossen sin Pulterawend.
Schneider, Ming eerste Liebschaff.
1898. Worm, Mönchgauder Spaukgeschichten und Ut de m. Spinnstuw.
Stillfried, De unverhoffte Arwschaft.
*Franz Grabe, Hein un Lotte.
*Worm, De Kaiser kümmt.
Piper, Ut 'ne lütt Stadt.
Nerese (Wietholz), Holt fast.
Dufayel, Durch Eilboten.
Husmann, Frühe Blüten.
Bandlow, Naturdokter Stremel.
Schmachtenberg, Rengelduwen.
Schwarz, Drag'knuppen.
Wibbelt, Drüke Möhne I.
Hanßen, Brodermord to Rantzau un Profiser Möller.
1899. Sander, De Burmeister.
Bandlow, Frisch Salat.
Helm. Schröder, Kränz' un Strüz.
Otto Ernst, Hamborger Schippergeschichten.
*Brons, Peer Gynt.
Lange, Potts Abenteuer.

20. Jahrhundert.

1900. Stillfried, Hack un Plück.
Piper, In'n Middelkraug.

Warncke, Snurrig Lüd.
*Stavenhagen, Jürgen Pipers.
*   — Der Lotse.
*Jahnke, De Swestern.
Thyen, Plattd. Volkserzählungen III.
Gildemeister, Ketelbeuters.
Blum, De dulle Prinz.
Wibbelt, Wildrups Hoff.
1901. F. Freudenthal, Wied un sied.
Poppe, Jan un Hinnerks gesammelte Werke.
Grunenberg, Giärd.
Camin, Nahschrapels.
Beyer, Swinegelgeschichten.
Lange, Dörch Nacht tau'm Licht.
*Grabe, De Spanger Scheeper.
*Rassow, Mutter Grön.
*Voß, Köster Suhr.
*Wossidlo, Winterabend in einem mecklb. Bauernhause.
1902. Bandlow, Ernst Spillbom.
Wibbelt, De Strunz.
Dücker, Söte Eken.
Graunke, Affids.
Cammin, Ut de Bilad.
Weltzien, Tosamsöcht Wor.
Graebke, Prign. Vogelstimmen.
Rehse, Arwsünn.
Fehrs, Ettgrön.
Seemann, Heitblicken.
Husmann, Frische Blomen.
*Böhmken, Hei will frigen.
*Cammin, Min Herzog röppt.
*Voß, Lischen will frigen.
*Voß und Fricke, De Reis' nah Belligen.
*Stavenhagen, De düt'sche Michel.

Wibbelt, Hus Dahlen.
Dallmeyer, Jan un Marie.
1903. Bandlow, Ut min Käk.
W. Crome, Lütt un grot.
Cammin, In korten Tüg.
Schneider, Kölsch Gemööt.
Stuhlmann, Leederbok.
Rehberg-Behrns (Hans Gabriel), Stille Dönken.
Maß, Dörch Blomen un Nettel.
Domansky, Danz'ger Dittchen.
*Cammin, Ihrlich Lüd.
*Grabe, De Holschenkönigin.
*Stavenhagen, Mudder Mews.
1904. Helm. Schröder, Bi Kräuger Bolt.
Ad. Holm, Rugnbarg.
Biester, Heidschollen.
Bandlow, Lustig Tügs.
Storck, Spreu.
Wisser, Wat Grotmoder vertellt.
Dreyer, Nah Huus.
Domansky, Flundern.
Cammin, Baddersarw.
*Beyer, Ut de Preußentid.
*Cammin, Soldatenpack.
*Kruse, Anneken vom Mönchgut.
Wibbelt, De lesten Blomen.
Hamann, Mien lütt Welt.
1905. Pahsen-Petersen, Kiekinnewelt.
A. Schröder, Eekbombläder.
Cammin, Burrosen un Astern.
Düsterbrok, En poor Planten ut minen Goren.
Kükelhaus, Budd ewer Gudd.
Helm. Schröder, Holzen Rike.
Wagenfeld, 'N Oehm.

*Stavenhagen, De ruge Hoff.
*Lange, De Wendenkron.
Wibbelt, Schulte Witte.
Dohse, Von Hart tau Harten.
Dallmeyer, Dat Schützenfest.
Kähler, Nige Kamellen.
Lehmann=Schiller, Ganz olle Kamellen ut Ithaka.
1906. Erichson, Ut Kraug un Katen.
Müller=Suderburg, Wat an'n Heidweg blöht.
Seemann, Anbäu.
Husmann, Een Kranz för de Görn.
Erichson, Kinnerriemels.
Poeck, De Herr Innehmer Barkenbusch.
Stille, Ut'n Sietlann'.
L. Schröder, Riägenbuogen.
Stuhlmann, Hasselpoggen.
Munzel, Lustig un Ernst.
Schleiff, Nasr=ed=din.
Hansen, 20 sassische Leeder.
*Wichmann, Georg Meter.
*Jörgen van Essen, De Möller von Butten=hagen.
*Klenz, Dörchläuchting.
*Karl Schröder, Schulten Rike.
* — Smidt Boldt in'e Franzosentid.
Falke, En Handvull Appeln.
Garbe, Görnriek.
1907. Wibbelt, Windhok.
Dühr, Odyssee.
Flemes, Plattd. Gedichte.
Poeck, In de Ellernbucht.
Fehrs, Maren.
Helm. Schröder, Veer Vertellen.

Graunke, An'e Bäk.
Seemann, Tweilicht.
Schneider, Alaaf Kölle!
Neumann, Lebensrunen.
Keetz, Schult von Strachau.
Stille, Ut Landdokters Leben.
Erichson, Knallschoten.
*Wichmann, De flaue Peter.
*Gahl, Ut de Dün'n.
*Lemmermann, Eckers Dietrich.
*Peter Wert, Im Schatten. Die Schwarzen.
1908. Poppe, Norddütsche Wihnachtsbom.
Thyen, Lüttge Geschichten ut min Heimat.
Wibbelt, De Pastor von Driebeck.
*Elis. Thomann, Dat Veerlanner Paradies.
*Wichmann, Tante Greten.
*K. Schröder, Dei Inbräkers.
Ranke, De Lüde von'n Diek.
Stuhlmann, Sünte Jürgen.
Wagenfeld, 'Ne Göpps vull.
1909. Wibbelt, Mäten-Gattlink.
Helm. Schröder, Ut minen lütten Gorden.
Wette, Neue westf. Gedichte.
Theilmann, Hunnenblomen un Maljen.
C. Holm, Im scheeben Stebel.
Schöning, Bi mi to Hus.
*Wriede, Fischerlüd.
*Wichmann, Hunger.
Dallmeyer, Kleidörn.
Seemann, Vierblatt.
Lange, Twei Geschichten ut'e Franzosentid.
1910. Wette, Pfingsteblaumen.
Stille, Nahberskinner.
Lau, Katenlüd.
F. Krüger, Witte Lillgen.
Schmidt, Wat Vagel Grip vertellt.

Seemann, Hänn'n.
Frahm, As noch de Trankrüsel brenn.
Graunke, Awendklocken.
Elis. Albrecht, Dat Familientaschenbauk.
*Lemmermann, De neemodsche Bur.
*Stille, Störmflot.
*Rahmmacher, Franzosentid.
*Wolff, Franzosentid.
Gorch Fock, Schullengrieper und Tungenknieper.
Wibbelt, De Järsschopp.
1911. Seemann, As dat Leben schaelt.
Lau, Ebb un Flot — Glück un Not.
Wagenfeld, Un buten singt de Nachtigall.
Wendt, Meckelbörger Minschen.
*Kähler, De Wedderschien.
*W. Brockmann, Schulten Dina.
*Elis. Albrecht, Danzt ward nich.
*Wichmann, Sultan Plumm.
*Zierow, De Kiesbarg.
*Lau, Johann un Trina up Reisen.
Schwanbek, Wenn de Bläder fallen.
Tarnow, Burrkäwers I.
1912. Wibbelt, Pastraotengaorn.
Max Brinckman, Allerhand Dummjungs=Geschichten ut mine Schooltid.
Claudius, Mank Muern.
Schwarz, Oschen un Astern.
Frahm, Eeken un Iloh.
Düsterbrock, Bur Kranich un anner Lüd.
Hansen, Moderleev.
Tarnow, Burrkäwers II.
Zierow, Irdgeruch.
*Wriede, Uhlen.
*Gorch Fock, Doggerbank.
Peters, Olle Frünn.

Wagenfeld, Daud un Düwel.
Wibbelt, Dat veerte Gebott.
Droste, Sunnenschien un Wulken.
*Wagenfeld, Dat Gewitter.
*Schmidt (Fischerbrok), Seemannsblot.
Lenthe, För de Schummerstunn.
1913. Friedrichs, Gesche Jvers.

Berichtigung:
Seite 58 Zeile 15 von oben lies „Jhm" statt „Jm".